会计大数据
原理与应用

曾建光 ◎ 编著

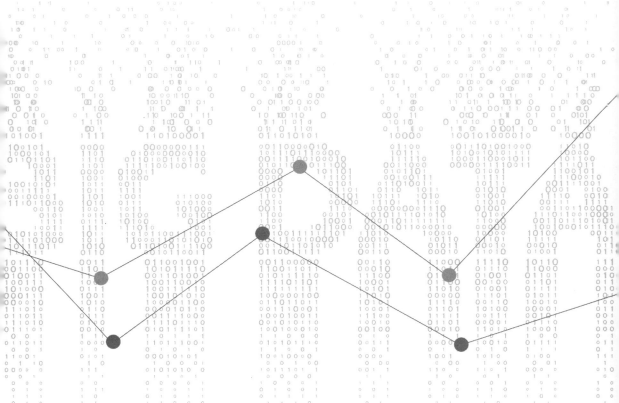

图书在版编目(CIP)数据

会计大数据原理与应用 / 曾建光编著 . -- 北京：北京大学出版社，2024.9. -- ISBN 978 - 7 - 301 - 35554 - 1

Ⅰ.F230

中国国家版本馆 CIP 数据核字第 2024SL7974 号

书　　　名	会计大数据原理与应用 KUAIJI DASHUJU YUANLI YU YINGYONG
著作责任者	曾建光　编著
责 任 编 辑	曹　月　贾米娜
策 划 编 辑	李　娟
标 准 书 号	ISBN 978 - 7 - 301 - 35554 - 1
出 版 发 行	北京大学出版社
地　　　址	北京市海淀区成府路 205 号　100871
网　　　址	http://www.pup.cn
微信公众号	北京大学经管书苑(pupembook)
电 子 邮 箱	编辑部 em@pup.cn　总编室 zpup@pup.cn
新 浪 微 博	@北京大学出版社　@北京大学出版社经管图书
电　　　话	邮购部 010 - 62752015　发行部 010 - 62750672　编辑部 010 - 62752926
印 刷 者	北京鑫海金澳胶印有限公司
经 销 者	新华书店
	787 毫米×1092 毫米　16 开本　20 印张　292 千字 2024 年 9 月第 1 版　2024 年 9 月第 1 次印刷
定　　　价	58.00 元

未经许可，不得以任何方式复制或抄袭本书之部分或全部内容。
版权所有，侵权必究
举报电话:010-62752024　电子邮箱:fd@pup.cn
图书如有印装质量问题，请与出版部联系，电话:010-62756370

前　言

大数据（Big Data）自提出以来，日益受到业界和学界的关注，并在各行各业得到广泛应用。党的二十大回顾了大数据技术在过去几年的快速发展和应用，肯定了大数据已成为推动经济、社会现代化进程不可或缺的力量。大数据作为未来发展的核心技术之一，其重要性不言而喻。通过深化数据资源整合、优化数据管理体系、促进数据资源开放共享，中国致力于构建大数据发展新格局，旨在全面提升国家治理现代化水平。党的二十大明确提出，要加快发展数字经济，促进数字经济和实体经济深度融合，打造具有国际竞争力的数字产业集群。这不仅展现了中国对大数据未来潜力的深刻认识，也体现了其将大数据深度融入国家发展各领域的坚定决心。反映经济活动信息的会计也深受大数据的影响，大数据与会计学的交叉越来越受到学界的重视。本书试图从大数据与会计学的交叉学科视角，系统阐述大数据思维和大数据工具思维如何影响会计学的理论与实务。

一方面，我们应该具备大数据思维。所谓大数据思维，本质上是一种"数据驱动"思维，就是从大数据中形成模型，进而对未知的情况作出最佳预测。从大数据与会计学的交叉学科视角而言，对经济活动的理解不能只依靠逻辑和经验，还要从大数据中去加以了解。大数据思维的基础在于大数据，要根据业务场景所形成的大数据，多角度掌握经济业务的本质，避免经验主义产生的主观性、片面性和局限性。

另一方面，我们需要具备大数据工具思维。当我们从业务场景中获得相关的大数据时，需要掌握安全存储大数据、处理大数据以及大数据建模的方法，使获得的大数据具有更强的可用性、客观性，将我们从繁杂的事务中解放出来。

因此，从大数据与会计学的交叉学科视角进行系统阐述是有必要的。我们从研究文献出发，结合现有的会计学理论和方法，对大数据会计的原理与应用进行系统梳理，揭示大数据与会计学的交叉学科的发展方向。

全书分为六章。第一章为"会计：企业决策的基础"，主要介绍会计信息在企业决策中的理论基础、作用及发展应用状况，由此引出大数据与会计学交叉的必要性和可行性。第二章为"大数据：融合会计信息与非会计信息的新方法"，主要介绍大数据新方法在融合会计信息与非会计信息上的优势。第三章为"会计大数据的数据要素市场"，主要介绍由开展经济业务活动所形成的大数据，它们是未来数据要素市场的重要组成部分，如何利用这些数据在要素市场上进行定价和监管是值得重点关注的话题。第四章为"会计大数据的数据治理：决策信息质量的保证"，主要介绍如何确保开展经济业务活动所形成的大数据的数据质量，使得会计大数据能够更有效地服务于经济决策。第五章为"AI：会计大数据的处理与分析"，主要介绍如何引入人工智能（AI）算法来处理与分析开展经济业务活动所形成的大数据，以促使大数据高效地为经济决策服务。第六章为"会计大数据的应用"，主要介绍会计大数据在经济决策链上的应用。

感谢我的硕士研究生和博士研究生的辛勤工作，他们是博士研究生严江南（负责第一章和第二章）、硕士研究生贾一帆（负责第三章）、硕士研究生邹玉涵（负责第四章）、硕士研究生侯凯夫（负责第五章）、博士研究生余淑娴（负责第六章）和博士研究生尤澜涛（统筹）。

本书研究得到 2024 年中央高校基本科研业务费项目"发展新质生产力

与现代化产业体系的总体国家安全观构建研究"(项目编号：2024CDJSKZK12)、2020年重庆市社会科学规划项目"重庆市营商环境的持续优化与加快推进'新基建'研究"(项目编号：2020YBGL80)、2020年重庆市留学人员回国创业创新支持计划项目（创新类）"区块链技术与重庆市营商环境持续优化研究"(项目编号：cx2020119)、2019年重庆市留学人员回国创业创新支持计划项目（创新类）"区块链技术与财务报表审计过程中的IT审计风险识别"(项目编号：cx2019154)和2019年重庆大学教学改革研究项目（一般项目）"区块链技术与会计学教学变革研究"(项目编号：2019Y04)的资助。

此外，北京大学出版社李娟和曹月编辑的辛勤付出使得本书可以顺利出版，同时本书在编写过程中，还参考了码农网上的相关资料及代码，但是，非常遗憾，该网站被永久关闭，相关资料无法检索到，导致我们无法在参考文献中引用，在此，我们一并表示感谢。

曾建光
2024年6月6日

目　录

第一章　会计：企业决策的基础 …………………………………………… 1
　　第一节　企业决策过程 …………………………………………………… 4
　　第二节　用于企业决策的信息 …………………………………………… 11
　　第三节　会计信息：企业决策有用性 …………………………………… 16
　　第四节　会计信息系统 …………………………………………………… 20
　　第五节　企业决策所需要的会计信息来源 ……………………………… 25
　　第六节　财务会计信息在企业决策中的作用 …………………………… 29
　　第七节　管理会计信息在企业决策中的作用 …………………………… 32
　　第八节　会计信息的公允性 ……………………………………………… 34
　　第九节　非会计信息：会计信息的补充与（或）替代效应 …………… 37

第二章　大数据：融合会计信息与非会计信息的新方法 ………………… 47
　　第一节　大数据的定义、特点 …………………………………………… 49
　　第二节　新基建：大数据发展的技术逻辑 ……………………………… 53
　　第三节　数字经济：大数据发展的经济学逻辑 ………………………… 60
　　第四节　大数据：企业决策信息的融合 ………………………………… 67
　　第五节　会计大数据的发展与构成 ……………………………………… 70

第六节　会计大数据的采集：物联网 …………………………………… 74
第七节　会计大数据的存储：云存储 …………………………………… 77
第八节　会计大数据的计算：云计算 …………………………………… 80
第九节　会计大数据的安全 ……………………………………………… 83

第三章　会计大数据的数据要素市场 ………………………………………… 92
第一节　数据要素与数据要素市场 ……………………………………… 95
第二节　数据要素的确权 ……………………………………………… 100
第三节　数据要素的会计确认与计量 ………………………………… 107
第四节　会计大数据与数据要素市场的形成 ………………………… 114
第五节　数据要素市场的会计定价机制 ……………………………… 130
第六节　数据要素市场的交易安全：区块链技术 …………………… 139
第七节　数据要素市场的监管 ………………………………………… 142

第四章　会计大数据的数据治理：决策信息质量的保证 ………………… 151
第一节　数据治理的背景、定义、特点 ……………………………… 153
第二节　会计大数据的数据治理：组织 ……………………………… 161
第三节　会计大数据的数据治理：标准 ……………………………… 168
第四节　会计大数据的数据治理：技术 ……………………………… 173
第五节　会计大数据的数据治理：评价 ……………………………… 181

第五章　AI：会计大数据的处理与分析 …………………………………… 196
第一节　会计大数据的处理与分析概述 ……………………………… 197
第二节　SQL 查询语言与会计大数据的分析 ………………………… 212
第三节　会计大数据与机器学习算法 ………………………………… 213
第四节　会计大数据与深度学习算法 ………………………………… 216
第五节　会计大数据的可视化 ………………………………………… 218
第六节　会计大数据分析软件介绍 …………………………………… 220

第六章 会计大数据的应用 …………………………………………… 234

第一节 会计大数据的应用概述 ……………………………………… 237

第二节 会计大数据的生产者应用效应 ……………………………… 253

第三节 会计大数据的消费者应用效应 ……………………………… 260

第四节 会计大数据的中介者应用效应 ……………………………… 268

第五节 会计大数据的监管层应用效应 ……………………………… 275

第六节 会计大数据的其他利益相关者应用效应 …………………… 279

附　录 …………………………………………………………………… 288

第一章　会计：企业决策的基础

学习目标

● 了解数据、信息与决策的概念及其相关关系，大数据与有限理性决策、理性决策的关系。

● 理解企业决策过程、会计信息与非会计信息的概念与内容、财务会计信息与管理会计信息的概念和作用。

● 掌握会计信息在企业决策全过程的作用、会计大数据基础。

● 思考大数据时代会计信息与企业决策的发展趋势。

关键术语

会计信息系统　会计信息公允性

引导案例

华为技术有限公司

一、华为公司简介

华为成立于1987年，是全球领先的信息与通信技术（ICT）基础设施和智能终端提供商。作为一家全球化的企业，华为的业务覆盖范围已经扩展到170多个国家和地区。华为致力于为运营商客户、企业客户和消费者提供高质量、有竞争力的ICT解决方案、产品与服务，以满足各行业的数字化转型和创新需求。2021年，华为的年营业收入达到6 368亿元，表现出强大的经济实力;华为的净利润也达到1 137亿元,反映出华为在ICT行业的领先地位。同时,华为也在经济发展和社会责任方面取得了可喜的成绩,为各国和地区的社会经济发展作出了贡献。作为一家全球性企业,华为将继续努力推进数字经济的发展,为全球经济增长和社会发展作出更大的贡献。

ICT是华为专注的领域,其官网简介中是这样写的:"华为致力于把数字世界带入每个人、每个家庭、每个组织,构建万物互联的智能世界……"

随着网络的不断发展与完善,华为意识到大数据对于企业发展和竞争力提升的重要价值。通过不断研发创新,基于大数据和大数据技术,华为不断改革优化内部管理及决策体系,同时积极拓展企业业务和消费者业务,提供基于云计算的数据中心、信息安全等方面的产品和服务。

二、大数据背景下华为面临的困难和问题

大数据时代下,对企业而言,数据是极具价值的资本。企业扮演着数据生产者、数据管理者的角色,如何充分利用这些海量数据发挥大数据价值,以数据驱动决策、以数据创造商机,是所有企业特别是华为这样的前沿科技企业需要解决的关键问题。

在面对大数据时,最初华为也遇到一些困难和问题:数据管理责任不清晰,造成数据问题无人决策解决;数据多源头,造成数据不一致、不可信;数据大量搬家,造成IT设施重复投资;数据无定义,造成人员难以理解、难以使用;各部门所发布报告的统计口径不一致,困扰业务决策;数据形态多样化,数据量迅猛增长,数据处理逻辑复杂,投资大;等等。

三、数据价值探索与工作框架

为解决上述问题,华为对大数据价值挖掘和治理体系构建等环节进行深入分析与探索。

一方面,数据是极具价值的资产。华为认为,数据是企业的生命线,谁掌握了准确的数据谁就获得了先机。在当前竞争日益激烈的市场上,企业在不同的细分市场上争夺优质客户。那么,如何在这样的市场环境中选择市场的经营策略？企业每一笔资金的来源与使用、每一次经营管理决策都必须基于准确的数据分析判断。只有基于准确的数据，企业才能在激烈的竞争中取得竞争优势。

另一方面，数据工作涉及许多方面，包括获取数据、形成数据湖、建立数据联结、保障数据消费和开展数据治理。这五个关键方面对确保数据的质量和安全、支持业务数字化的发展至关重要。第一，获取数据是数据工作的一个关键方面，包括从内部或外部数据源收集数据，并确保数据的准确性、完整性和实时性。获取数据是建立数据基础的第一步，因为数据是业务数字化的基础，只有准确和完整的数据才能支持业务数字化的发展。第二，形成数据湖是数据工作的另一个关键方面。数据湖是一个集中的数据存储库，包含来自不同数据源的各种数据。在数据湖中，数据以原始形态被存储，可以根据需要对数据进行清洗、加工和分析。数据湖可以帮助企业在不同的业务场景中更好地使用数据，并推动数据驱动的决策。第三，建立数据联结也是数据工作的一个重要方面。数据联结是指将数据从不同的数据源提取出来集成在一起，并建立数据集成和数据交换的机制。通过建立数据联结，企业可以在不同的业务场景中更好地使用数据，从而提高业务效率和准确性。第四，保障数据消费是数据工作的另一个重要方面。它确保数据按照授权和安全的方式被使用，防止数据被未经授权的人员获取和使用。保障数据消费可以通过访问控制、数据加密和数据备份等手段来实现。第五，开展数据治理是数据工作的最后一个关键方面。数据治理是指确保数据的正确性、一致性、准确性和可靠性，以支持业务数字化的发展。数据治理可以通过建立数据质量和数据安全的标准与政策、制定数据管理流程和规范来实现。综上所述，获取数据、形成数据湖、建立数据联结、保障数据消费和开展数据治理是数据工作的五个关键方面，其目的是确保数据质量和安全，支持业务数字化的发展。

四、大数据驱动的智能决策

基于大数据、AI技术，华为布局了一项智能硬件数据算法架构，通过分析用户的各种行为和数据,实现提前预测和智能决策。这一架构随后被应用于荣耀手机,即被称为"肚里的蛔虫"的"Magic Live"智能系统。

Magic Live 可以根据用户的聊天内容、行为举动自动定位并显示相关信息。例如,当用户聊天说"你在哪"时,Magic Live 就会自动定位,并显示在输入法中;当用户聊天说"天气如何"时,Magic Live 就会自动搜索天气信息。

Magic Live 还能进行智能学习,通过识别用户经常活动的位置和时间,为用户安排相应的智能提醒。也就是说,基于大量的用户行为数据,Magic Live 会慢慢对这些数据进行学习,以用户为核心,不断进化,在适当的时间作出判断和决策,从而适应机主的使用习惯等多重需求。

可见,数据和分析数据的能力(技术)是华为保持核心竞争力的重要因素。同华为一样,当下企业都面临海量数据,决策体系由"经验驱动决策"转向"数据驱动决策"已是必然。

资料来源:华为官网 https://www.huawei.com/cn/corporate-information;华为数据之道(5):华为数字化转型的目标、蓝图和愿景 https://cloud.tencent.com/developer/article/2257287。

第一节　企业决策过程

一、数据、信息、知识、智慧与决策

认知金字塔模型(DIKW 模型)揭示了数据(Data)、信息(Information)、知识(Knowledge)与智慧(Wisdom)的关系。DIKW 模型认为,人们的认知与学习遵循"数据—信息—知识—智慧"这一自下而上且层层递进的过程。其中,智慧是基于对已有信息和知识的掌握而产生的对未来发展的启发或思考,可以被简单归纳为判断和决策能力。因此,我们也可以将 DIKW 模型引入企业决策过程,即企业决策也存在一种金字塔模式:企业在作出决策和判断之前,首先要广泛收集数据,然后分析、整理海量数据,进行信息筛选,接着依据有价值的信息形成系统化和方法化的知识,最后将知识升华为智慧,

使决策者能够进行合理推断,进而作出决策,如图 1.1 所示。

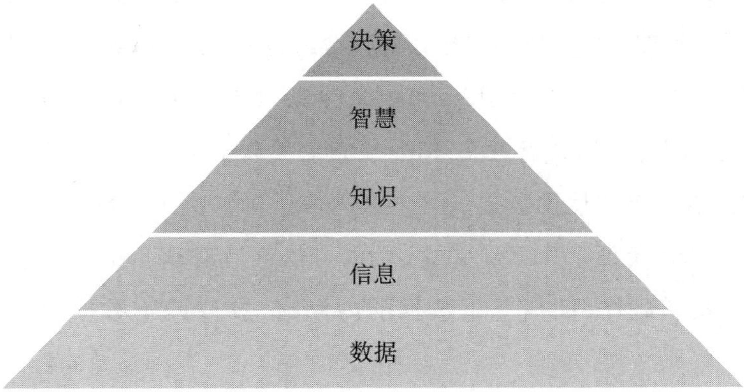

图 1.1　基于 DIKW 模型的企业决策

（一）数据

在 DIKW 模型中,数据处于最基础层次。数据是离散的、未经处理的原始值集,是对客观事物或事件的记录,如定量或定性事实或观测值。数据通常表现为数字、字母、符号、图形、音频等,反映客观事物的数量、性质、形态、结构、位置、相互关系等多种属性。

数据本身是缺乏实际意义的,如"15、200、0.7",这些最简单的数据形式虽然便于我们保存和传递,但其中的价值是隐藏在数据之后的。"数据"只有通过进一步加工被处理成"信息",才能显示其隐含而巨大的价值。

（二）信息

克劳德·香农(Claude Shannon)是信息论的创始人,他认为信息是用来消除随机不确定性的东西。诺伯特·维纳(Norbert Wiener)是控制论的创始人,他认为信息是人类和外部世界之间沟通而交换的内容。同时,经济学家和管理学家将信息视为"有效的数据,提供决策支持"。基于此,在企业的决策过程中,信息是"经过加工处理,具有相关性和有用性的、对决策有价值的数据流"。

信息与数据紧密联系又相互区别。一方面,信息以数据为基础,信息是由数据定义的。可以说,信息是通过提供上下文而被赋予额外含义的数据,是在数据的基础上进一步整理和分析、对数据进行赋值得到的。另一方面,信息和数据在可理解性、有用性和相关性等功能上有所不同。如上所述,"15、200、0.7"等数据缺乏意义,但是当它们关联上下文形成信息后就很容易被人理解,并且为使用者提供可参考的信息,如"员工人数15人、库存现金200元、资产负债率0.7"。总之,数据与信息是密不可分的,数据是信息的表现形式和载体,而信息是数据的内涵,信息依赖于数据表达其价值内涵。

(三) 知识

知识是通过学习、实践和经验将观察到的证据进行重塑而形成的产物,由此知识往往表现为规律性的形式,如概念、规则、范式、模式等。知识并不是孤立存在的,它可以是隐性的,也可以是显性的。隐性知识是指个人独有的知识,难以在人与人之间传递;显性知识是指个人从学习和实践中获得的广泛性知识,可以自由传递。

知识建立在数据和信息的基础上,经过进一步过滤、提炼和转化,相较于数据和信息更接近于决策。仍以前文的"员工人数15人、库存现金200元、资产负债率0.7"为例,这三则信息虽然给出了数据的含义和事件情景,但并不具备持久性的价值。也就是说,看到这组信息,人们知道发生了什么,却不知道反映了什么,会有什么后果。因此,只有对数据信息进行深入分析,提炼出其中有价值的信息保存下来,并与人类知识体系相互结合,才能完成价值信息向知识的转换。例如,通过实践可知,资产负债率在"0.4—0.6"范围内较为安全,此时"资产负债率0.7"的高负债率可能反映了业务事项的不良运作。

(四) 智慧

智慧是充分调动过去的经验和知识确定备选方案并选择最优行动的能

力,是一种为知识增加价值并包含个人和社会道德与伦理的结构,是知识的再次升华。智慧是理性的、外推的、启发式的和非确定性的。

智慧虽然建立在信息和知识之上,但与信息和知识存在本质上的区别。数据、信息和知识往往关注过去,反映过去的事实;而智慧则关注未来,通过理解过去的事实形成推断意识和判断能力。例如,"资产负债率0.7"意味着不良的业务事项,可能会增大企业未来面临的风险,那么智慧可能会促使我们着手探索改善资本结构的方法。

(五)决策

为了保证影响组织或个人生存和发展的决策的正确性,企业必须运用科学的方法进行决策。很多决策都是定性与定量相结合的。无论是采用定性决策还是定量决策,企业都需要有高质量的数据、充足的信息和相关的知识,才能作出高质量的决策。也就是说,决策依赖数据、信息和知识。例如,当资产负债率过高而需要改善资本结构时,结合实际情况,充分考虑多种备选方案后,管理层可能会作出"减少流动负债"这一决策。

总之,企业决策的认知过程就是在收集数据的基础上汲取信息,归纳总结形成系统知识,升华为关注未来的智慧,从而作出有效决策。无论是企业决策、政府决策还是其他决策,都离不开数据的支持。特别是在大数据环境下,企业还需要充分利用信息化手段和方法,对海量数据进行深度挖掘以获得有效且极具价值含量的信息,由此展开的信息处理和分析将为企业提供独有知识,从而形成决策,实现数据的价值升级。

二、基于数据的企业决策过程

企业决策过程一般包括以下几个步骤:①识别问题;②确定目标;③制订备选方案;④评估备选方案;⑤选择方案;⑥执行决策;⑦反馈决策;⑧修正决策。以上八个步骤可以被大致划分为四个环节:一是问题识别环节,包括①、②步骤;二是决策备选环节,包括③、④步骤;三是决策执行环节,包括

⑤、⑥步骤；四是决策优化环节，包括⑦、⑧步骤。数据、信息和知识贯穿整个决策阶段，如图1.2所示。

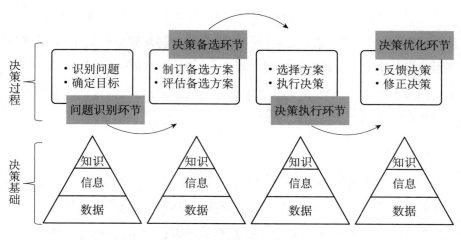

图1.2 基于数据的企业决策过程

（一）问题识别环节

识别问题是企业决策的起点，只有真正触及企业面临的核心问题，才能从错综复杂的问题中集中找到决策的方向和目标。在问题识别阶段，获取数据的数量、类型、准确度、全面度等都会影响决策者对问题识别与判断的精准性和及时性。例如，会计人员需要通过收集、分析各类财务指标、表内数据、销售数据、客户数据等发现可能存在的财务问题。价值往往隐藏在数据之后，数据给予决策者足够的、能够支撑判断的信息，从而实现对问题的探索和框定，并进一步确定接下来的决策目标。

（二）决策备选环节

决策备选是企业决策环节的核心。决策者在第一环节确定好决策目标后，就需要广泛收集数据，根据获取到的各类信息设计尽可能全面的备选方案。同时，在现代社会，我们面临的选择和决策越来越复杂与多元化，因此评估备选方案已成为一个重要的决策过程。在进行决策之前，我们需要获取大量的数据和信息，并进行分析和比较，以确保作出的决策符合理性预期。在评估备选方案时,历史业绩是一个非常重要的指标,因为它能够反映出备选方案的过去表现和潜力;同时,考虑未来趋势也非常重要,因为它可以帮助我们预测备选方案的未来表现和发展方向。此外,数据信息获取和知识掌握也是评估备选方案的关键因素,因为只有全面了解数据信息,才能确保备选决策评估的科学性、准确性和完整性。因此,在进行决策时,我们必须注意这些因素,并采取科学的方法进行评估,以确保作出的决策最优。

(三)决策执行环节

在决策执行过程中,相关的方案、规则、计划等将与环境(如企业内部管理环境、外部市场经济环境、行业竞争环境等)进行互动,不断的执行过程将输出大量含有决策执行效果的数据和信息,这些反馈数据将在决策优化阶段发挥价值作用。

(四)决策优化环节

决策优化是保障决策可持续性和环境适应性的关键。决策优化是基于决策方案应用于实践后的经验验证和反馈调试,在决策执行环节所产生的一系列数据和信息,此时可进一步加工整理以形成系统性和完整性的价值信息,帮助决策者找寻决策中的因果规律,不断积累已有的决策经验和知识。

信息、知识与智慧的应用关乎着企业的决策效率,而数据则是信息、知识与智慧的来源,更是生成决策的基础。然而,数据不容易获得,而且所获得的信息也很难形成对决策有用的知识,如何充分获得有效的数据一直是企业管理者面临的难题。一直以来,数据的限制很大程度地制约了企业管理的理性决策发展;而如今,数据爆炸和大数据技术的蓬勃发展又给高效管理决策注入了生机。

三、大数据驱动企业理性决策

(一)数据限制:有限理性决策的提出

决策是企业管理的核心与关键,企业决策的质量紧密关系到企业内部运作、经营业绩及未来发展。一直以来,理性决策一直是企业的追求。理性决策以"经济人"假设为前提,认为决策者在决策过程中能够获得全面且完备的有效信息、知识等资源,找到与决策目标相关的所有可行方案,并且准确地预测出每一方案可能产生的结果,从而作出最优决策。

然而,完全理性决策被认为过于"完美"并受到批评。实际上,在决策过程中,由于环境的复杂性和技术的局限性,决策者无法获取完备的数据信息,认知偏差也是不可避免的重要影响因素,因此决策者并不能作出完全理性的决策。对此,赫伯特·西蒙(Herbert Simon)和查尔斯·林德布洛姆(Charles Lindblom)对传统理性决策进行了批判,并提出了"有限理性决策"。有限理性强调决策者获取信息能力、处理信息能力的有限性以及外部环境的复杂性和不确定性,这些局限必然导致决策者不可能作出完全理性的决策。西蒙认为,在一定的历史条件下,知识的不完备性、预见未来的困难性以及备选方案的有限性导致完全理性的理想境界是无法达到的,我们所能做的就是求得有限理性,作出满意而非最优的决策。可见,信息不对称是使"最优"和"完美"难以实现的阻碍之一。即使决策者力争理性,但在有限的信息和知识的制约下,完全理性只是一个可望而不可即的目标。

在现代社会,是否理性被视为衡量决策科学性的重要标志。决策者的最终目标是得到最优结果,而理性是他们实现这一目标的基石。然而,完全理性决策在现实中很难实现,因为我们所拥有的信息往往是有限的,有限理性则是在这种情况下对完全理性决策的一种趋近。虽然有限理性并不能保证决策结果一定是最优的,但它可以帮助我们在有限的信息条件下作出更明智的选择。因此,有限理性在实际决策中扮演着非常重要的角色。

(二)大数据:理性决策的趋近

需要注意的是,有限理性决策对完全理性决策的批判并不是为了说明理性决策"不好",而是为了说明受客观原因的限制,我们"不能"做到真正的理性决策。当然,理性决策一直以来都是企业追求的目标。近年来,越来多的研究开始分析决策者的认知、心理,探索决策过程的有意或无意偏差,以此指导决策者尽可能避免非理性决策行为。幸运的是,大数据时代的到来使得处理复杂环境、收集完备数据、提升计算能力成为可能,企业决策开始不断突破有限理性的束缚,逐渐趋近完全理性。

已有研究指出,大数据技术可以提高人们的决策水平,突破有限理性的束缚,提高决策的科学性和智慧化水平,同时降低决策失灵的风险水平(陈国青等,2020;徐宗本等,2014)。在大数据时代,企业就某一问题进行决策时,可以收集到与决策问题相关的海量信息,从传统决策的个案分析和随机抽样分析转变为全样本分析,这样就避免了"样本不足以代表总体"的分析偏差,从而大大提升了数据分析结果的可靠性。此外,数据信息的爆发式增长也带来了一系列数据处理技术,如物联网、云计算、人工智能、区块链等。基于这类新兴信息技术,我们可以收集高维度、多类型的全样本数据,利用云计算将数据集分解、分发、合并,支持在短时间内完成从几个 GB(吉字节)到 PB(拍字节)乃至更大数据规模的处理和分析,深度挖掘大数据中的信息含量,从而帮助决策者以更低的时间成本作出更精准、更有效的决策(王天恩,2022;洪亮和马费成,2022)。

当下,虽然企业决策的基础数据已经达到极大的体量,但企业的大数据获取能力与大数据处理技术仍处于不断革新和进步之中,信息化、高效性的数据获取和分析手段推动科学决策的实现,也促使企业决策逐步趋近完全理性。

第二节 用于企业决策的信息

通常可以将企业决策相关信息分为两大类:企业内部信息和企业外部信息。内部信息又可大致分为六类,分别为企业战略信息、企业文化信息、技术信息、财务信息、人力资源信息、其他信息;外部信息也可大致分为六类,分别为政治信息、社会信息、技术信息、经济信息、市场信息、其他利益相关者信息。上述如图1.3所示。企业内外部信息是对数据加工整理后的产物,也是企业决策的基础。

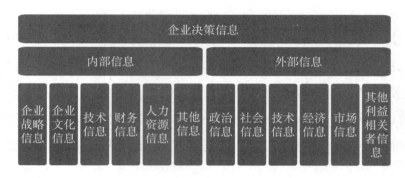

图1.3 企业决策信息

一、内部信息

（一）企业战略信息

企业战略信息关系到企业整体发展和未来目标的实现,具有概括性、全局性和长远性的特征。在企业管理中,战略信息是非常重要的,因为它直接关系到企业目标的制定以及实现这些目标所需的资源。战略信息不仅包括资源的种类和水平,还包括如何获取、使用和处理这些资源的指导方针。企业需要将这些信息在各个管理层面进行共享和传递,以便每个管理部门都能够在自身的工作上作出贡献。例如,销售部门需要了解生产部门的资源情况,以便对销售计划作出更准确的预测。同时,生产部门也需要了解销售部门的计划,以便根据需求调整生产。总之,战略信息的重要性在于它为企业的决策提供了关键的参考和指导,同时帮助不同管理部门实现协作和协调,提高企业的效率和竞争力。进一步从战略类型上看,企业战略信息包括企业文化战略、市场拓展战略、生产战略、投资战略、品牌战略、融资战略等;从战略层次上看,企业战略信息包括公司层次战略、竞争层次战略和职能层次战略。举例来说,前述企业文化战略信息属于公司总体层次,市场拓展战略信息属于企业竞争层次,生产战略信息则属于企业职能层次。

(二)企业文化信息

企业文化是指企业内各组织成员对最佳做事方式所持有的一种相似信念(Van den Steen,2010),这些共同的信念和价值观成为企业实现目标和愿景的内在驱动力。企业文化虽然是一种抽象的精神符号和价值观念,但是在企业日常运营过程中,企业的多方面要素都传达了企业的文化信息。这些要素可简单划分为三个层面:①物质层面,如在产品外观、企业装饰等物质层面体现出的文化信息;②制度层面,指企业各项规章制度所传递的文化信息;③精神层面,包括团队价值观、群体意识、企业传统等文化信息。研究发现,企业文化会影响公司作出某些决策的方式,比如具有风险文化(偏好风险)的公司有更大的研发强度(Pan等,2017),具有控制文化的公司更有可能在业绩表现不佳时作出更换首席执行官的决策(Fiordelisi 和 Ricci,2014)。Guggenmos 和 Van der Stede(2020)认为,具有创造性文化的公司会倾向于采用更高水平的管理方法。

(三)技术信息

技术信息是指企业对本领域相关技术、创新型技术方面的发展动态和现状所掌握的相关信息,如企业在高新技术方面的创新、企业在创新研发方面投入的资金成本、企业相关技术在市场的应用情况等。通过了解企业的技术发展现状,决策者据此决定未来的研发投入和研发方向。特别是对于高新技术企业而言,技术信息对企业决策尤为重要。

(四)财务信息

企业财务信息是指存在于资金运动中的,能够反映企业在发展过程中的资金管理、财务收支、预算及分配等一系列财务活动内容的财务信息。财务信息具有可计量、可定义、可靠、相关的特点,可以从企业财务报表及其扩展资源中得到。财务信息可以帮助管理者了解过去发生的事情以及公司的现状,使在日常活动中难以察觉的事件显现,提供有关公司的定量概述,并帮助管理者为未来的活动和决策做好准备(Socea,2012)。

(五)人力资源信息

人力资源信息是指企业人事相关信息,如招聘、培训、薪酬、绩效、行政管理等。人是企业最核心的资源,员工素质和员工管理与企业成功息息相关。现有研究将人力资源信息分为人力规划信息、绩效评估信息和继任计划信息三个维度。其中,人力规划信息包括企业目前拥有的员工数、企业员工已具备和尚需学习的职业技能、员工流动率等,帮助企业决策如何分配人力资源以及留住人才;绩效评估信息反映员工在一段时间内的工作完成度和完成效果,承担着员工激励工具的角色;继任计划信息确定企业管理层角色的未来发展趋势,是对企业目标和愿景的侧面反映。

(六)其他信息

其他信息包括企业生产活动方面的信息、物流信息、企业内部未披露的重大业务和重大事项规划、企业内部会议讲座信息等。

二、外部信息

(一)政治信息

政治信息主要是指政府制定的法律法规以及政府的态度。来自政府的法规和制度要求会直接影响企业的发展方向与市场活力。例如,当国家政策大力扶持技术创新时,政府补贴将为企业提供研发资金,缓解企业创新所需资金短缺问题,并降低可持续创新的成本,这会直接增强企业创新动力。此外,政府制度建设行为本身及政府对营商环境的重视程度也会影响企业决策。国家的法律法规体系越完善,政策执行保障越到位,外地或外资企业的进入动力越大;与此同时,制度压力也将改善企业的投机行为。

(二)社会信息

社会信息包括企业面临的人口环境和文化背景信息。对企业而言,人口和文化不仅是社会学概念,还具有重要的经济意义。以营销战略的制定为例,企业在决定采取何种市场营销策略之前,必须对目标市场的人口数量、人口结构、需求偏好、文化习俗等信息进行充分调查,而这些信息是企业细分目标市场的决策基础。只有划分好不同的细分市场,企业才能灵活地采取不同的营销策略。例如,对于老龄化细分市场,采取低价多销策略;对于年轻化细分市场,采取小众个性化销售策略。

（三）技术信息

外部技术信息与内部技术信息有所不同。内部技术信息是指企业自身在技术方面的投入和发展,而外部技术信息则是指社会环境下整个科学技术的发展趋势和应用背景,这些技术可能暂时尚未应用到企业的生产经营活动之中,却会对社会变革和企业发展产生深刻影响。如今,数字化转型成为信息时代企业的核心战略,为了提高自身竞争力和技术水平,企业对新兴技术信息的关注度也在持续提升,越来越多的企业希望借助大数据、AI、量子计算等技术提高业务管理能力,把握新一轮科技革命机会。

（四）经济信息

经济信息是指企业所在国家的经济制度、经济结构、产业布局、资源状况、经济发展水平以及未来经济走势等。经济信息是宏观层面信息,但是会决定企业微观战略和业绩水平。企业决策需要的经济信息包括居民消费倾向、股票市场趋势、贷款利率、国民生产总值变动、就业率等。在经济全球化和贸易国际化的背景下,国际经济的变动也会对企业产生影响,因此企业往往还需要关注他国的经济信息,如国际汇率、进出口税率等。

（五）市场信息

市场信息是指反映市场变化、竞争趋势、产品供应状况等的信息。其一,消费者是企业发展的重要驱动力,市场需求、市场规模、市场结构等都与消费者相关,准确的需求分析是企业制定决策的前提;其二,竞争者信息对企业而言是非常有价值的情报,所谓"知己知彼,百战不殆",了解竞争对手的行动和策略可以帮助企业制订更有利的应对方案,而且对竞争者的市场进入与市场退出情况的把握也有助于企业预测行业前景;其三,供应商信息的重要性对企业来说也是不可忽视的,了解各类供应商的采购价格、专业程度、战略契合度等方面的信息,可以帮助企业取得市场优势,降低采购成本,有助于规划自身业务产品或服务战略。

(六)其他利益相关者信息

利益相关者会影响到组织,企业在决策中也会将他们的相关信息作为重要参考因素。除内部员工、国家政府、供应商、消费者、竞争者外,其他利益相关者(如税务机关、投资者、审计机构、分析师、媒体等)也是企业决策的外部信息来源。例如,投资者的意见和想法可能会优化或阻碍企业某一战略的实施。

第三节 会计信息:企业决策有用性

一、会计信息概念

会计信息是企业管理和决策中必不可少的一部分,它记录和反映资金运动状况,提供重要数据和资料,为内外部利益相关者作出决策提供有关企业财务状况的信息,帮助企业进行财务分析和评估经营状况,发现问题和机会。会计信息仅仅包括与价值运动或资金运动等相关的内容,并没有反映整个企业的所有活动。

按不同的分类标准,我们可以对会计信息进行以下细分:

(一)按主要内容分类

会计信息按内容可分为有关企业财务状况的信息、有关企业业绩的信息、有关企业现金流量的信息。

财务状况信息是指反映企业在特定时点资产、负债和所有者权益等的规模、结构与状况的信息,如企业本年度的总资产账面期末余额、企业本年度的负债类会计科目具体构成状况等。业绩信息是指企业在特定会计期间内取得的经营成果与综合收益的信息。其中,经营成果反映企业在特定会计期间内的收入、费用和利润,综合收益反映企业在特定会计期间内除股东增资与减资外的因素引起所有者权益变动的所有项目与数额的信息。现金流量信息是指反映企业在特定会计期间内从事经营活动、投资活动和筹资活动所产生的现金流入、现金流出及现金净流量情况的信息,如企业销售产品产生的现金流量。

（二）按表现形式分类

会计信息按表现形式可分为比率式会计信息、报表式会计信息、附注式会计信息。比率式会计信息通过比率形式反映会计信息,如资产负债率;报表式会计信息通过资产负债表、利润表、现金流量表等反映会计信息;附注式会计信息则是对报表式会计信息中一些综合性及重要性的项目给出的解释或说明。

（三）按报送对象分类

会计信息按报送对象可分为对外会计信息和对内会计信息。对外会计信息是指提供给外部信息使用者的会计信息,如报送给税务部门的信息等;对内会计信息是指提供给内部信息使用者的会计信息,包括一切凭证、账簿记录和财务报表信息等。

二、会计信息的可靠性和相关性

会计信息是企业及其利益相关者进行决策的重要参考与依据,具备决策有用性的特性,而这一特性存在的前提条件就是会计信息可靠且相关。

（一）可靠性

会计信息可靠性是会计信息具备决策有用性的先决条件,失真的会计信息无论是对企业决策还是外部信息使用者决策都毫无意义。企业会计信息的决策有用性还要求信息真实可靠,即企业的会计信息必须与其目前最真实的经营状况一致；否则，不仅会影响到管理者决策的正确性，还会影响到企业形象。

会计信息可靠性的实现要充分重视两个方面：一方面，企业在编制会计信息时，要切实根据已经发生的交易进行确认计量和核对，然后将各类资产、负债、收入、费用等内容反映到财务报告中，不能高估或低估，要遵循企业会计准则、企业会计制度；另一方面，在披露会计信息时，要尽可能保证会计信息的全面性，尽量将信息的不完整性和遗漏程度降到最低，全面覆盖对用户决策有帮助的信息。

（二）相关性

会计信息相关性是指企业向决策者提供的会计信息要与决策问题相关，只有这样，决策者才能对企业现状作出恰当判断，进而对公司的未来发展趋势进行分析，作出合适的决策。即便企业决策者已有决断，也能在有效的会计信息基础上优化决策。因此，会计信息具有决策有用性，其必要条件之一就是这些信息为企业决策者所需。

在对会计信息的相关性进行考察时，我们必须从以下几个方面进行深入分析：第一，会计信息的预测能力。企业要重视会计信息能否真正有助于企业在经营中对过去、现在及将来事件进行判断和预测，从而使投资者作出更好的决策。第二，会计信息的反馈能力。这是指会计信息能否有助于企业优化甚至改变已作出的决策，推动企业发展。第三，会计信息的及时性。及时性是对相关性的保证，企业处于不断变化的环境之中，只有及时更新的会计信息才有利于企业作出最合适的决策。

三、会计信息与企业决策的关系

（一）会计信息是企业经营决策的基础

在现代企业的运作过程中，会计是一个不可或缺的角色。会计人员收集、记录、处理及分析原始信息，使会计信息完整地将经济事项传递给管理层。利用这些会计信息,企业决策者可以对企业的经营情况有一个全面的认识和掌握,并结合企业的发展现状来制定企业的发展目标,进而作出与企业自身发展相适应的战略规划。会计信息始终与辅助企业决策紧密相关。与此同时,随着科学技术的不断发展,市场环境复杂多变,企业面临更多的不确定性和机遇。这些不确定因素往往以各种形式存在于企业运营过程中,企业必须根据其相应特点,采取有效措施来应对这些不确定因素带来的挑战。在这种情况下,会计信息能够帮助企业发现问题,进而找出问题的根源,为企业的经营决策提供有力的支持。从这一点可以看出,在企业的经营活动中,会计信息有着举足轻重的作用。

(二)会计信息贯穿企业经营决策的全过程

企业进行经营决策的整个过程包括问题识别环节、决策备选环节、决策执行环节、决策优化环节。作为企业决策的依据,会计信息对于企业制定目标和方案、优化资源配置以及评价效果和调整方案等方面的作用非常大。首先,通过收集和分析会计信息,决策者能够了解企业的财务状况和经营情况,制定合理的经营目标和发展策略;其次,在选择最佳方案后,决策者可以利用会计信息来优化资源配置,合理分配资金、人力和物资等资源,确保企业各项工作有序进行;最后,会计信息也可以为决策者提供经营效果的反馈,帮助他们及时调整经营方案,提高企业的经济效益和竞争力。在实际操作中,决策者需要深入理解会计信息,掌握其基本概念、原则和方法;同时还需要了解企业内部控制、审计和税务等方面的知识,以便更加准确地分析和利用会计信息。此外,决策者还应该注重会计信息的准确性和可靠性,避免因错误的会计信息而作出错误的决策,给企业带来损失。因此,决策者需要加强对会计信息的学习和应用,从而更好地为企业的发展和经营决策提供支持。

(三)会计信息是组织层级沟通的桥梁

在实际的日常工作中,企业经营决策是一个动态且双向的过程。具体地说,企业的决策有着自上而下的特点,高层管理者需要根据企业的经营状况和目标制定战略决策,中层管理者需要根据战略目标制定管理决策,基层管理者则需要根据中层管理者的决策制定具体的业务决策。而在后续的战略执行过程中,由于企业面临的现实情况可能会发生改变,与此相对应就需要对前期决策进行调整,而决策调整的基础就是通过层层决策反馈回来的会计信息,即基层管理者将会计信息反馈给中层管理者,中层管理者又将会计信息反馈给高层管理者,最后高层管理者才能从企业战略层面进行决策调整。这样,企业决策和各层次的会计信息就构成一个双向流动的沟通回路。

(四) 会计信息影响企业决策的执行效果

会计信息的正确与否与质量高低直接影响企业决策的执行效果。高质量的会计信息可以真实反映企业的经营状况,让信息使用者准确把握企业状况,这对提升企业决策水平和决策执行效果有着积极作用,有助于实现企业设定的发展目标,提升企业的市场竞争力。相反,失真、低质量的会计信息会使决策者对企业的现实状况作出错误的评估,作出错误的判断和决策,从而给企业带来风险和利益损失,影响企业的可持续发展,甚至直接导致企业衰退破产。另外,会计信息还能协助决策者发现在决策执行中存在的问题,并据此作出相应的调整,这也在一定程度上保障了决策执行效果的长久性。

第四节　会计信息系统

一、会计信息系统概述

会计信息系统是企业管理系统的一个重要子系统,负责收集、存储和处理用于内部管理决策的财务、会计数据,以及直接影响财务处理的非财务活动信息。会计信息系统由三类主要子系统组成:交易处理系统、总账系统和财务报告系统、管理报告系统。交易处理系统负责支持日常业务运营或交易,信息系统的最初作用就是使业务流程自动化,这也是会计信息系统所要实现的首要功能;总账系统和财务报告系统是密切相关的系统,前者用于汇总周期性的经营活动,后者用于检测和披露财务资源状态,通常以财务报表或纳税申报表的形式输出;管理报告系统属于管理信息系统范畴,它为内部管理提供有专门用途的报告和决策所需的信息,如预算表、责任报告等(Hall,2010)。

会计信息系统对会计信息生产、企业运作以及内外部决策具有重要作用。第一,会计信息系统可以帮助企业收集、存储、管理、处理、检索和报告财务数据;第二,会计信息系统可供会计师、顾问、业务分析师、经理、首席财务官、审计师和监管机构等使用,为外部及时提供相关可靠的信息,帮助使用者获取会计信息、分析财务现状;第三,会计信息系统能帮助企业内不同部门协同工作,促进部门间信息流转和共享;第四,会计信息系统的内部控制和外部控制对于保护企业的隐私数据至关重要;第五,会计信息系统运行的好坏直接决定着会计信息的质与量。

二、从会计信息生成到决策使用

会计信息系统实现了企业会计信息的流转,具体包括:①会计信息的收集;②会计信息的存储;③会计信息的处理;④会计信息的输出。通过会计信息系统,海量复杂的数据将转变为决策有用的会计信息,成为信息使用者的决策基础,具体过程如图1.4所示。

(一) 会计信息的收集

会计信息的收集是指对各项经济交易或事项有关资料的采集,如采购、销售、借贷等事项。这些交易或事项中具有完整的、可核查的记录与内容且可以通过货币计价结算的部分,即为经济交易或事项。在对会计数据进行

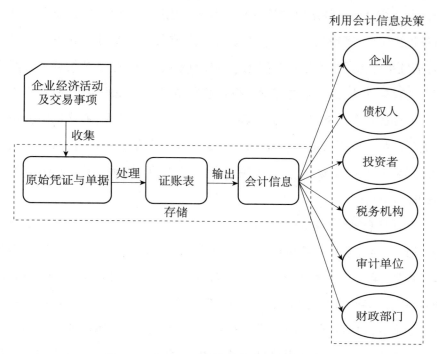

图 1.4 会计信息从生成到决策使用的过程

收集的过程中,最主要的工作就是获得原始凭证和单据,常见的原始凭证和单据包括发票、收据、领料单、验收入库单、工资单、折旧计算单等。经济业务信息是会计信息的根源,随着企业的经营活动变得越来越复杂,企业需要收集的会计信息也逐渐具备多样性和多维度的特征。

(二)会计信息的存储

会计信息系统的存储功能不仅是对原始数据和会计信息的保存,还是实现会计数据"一次录入,多次使用"的关键。在会计信息系统中,会计信息以数据库文件的形式被保存和管理,如会计科目库文件、记账凭证库文件、科目余额库文件、往来客户库文件、部门库文件和对账单库文件等,由这些相关的后台数据库文件构成的电子账套会根据使用者的操作而改变和更新。会计信息的及时保存和保密存储非常重要,关系到后续的信息调用和追溯。大数据时代对企业的信息存储技术提出了更高的容量和安全要求,对此,许多企业开始探索将云存储技术应用到会计信息系统。

(三)会计信息的处理

会计信息的处理包括原始凭证处理、会计分录编制、账簿登记、账簿稽查、财务报表编制。企业收集到的经济业务信息以及与之有关的原始信息,起初都是以原始单据或凭证的形式呈现出来的。首先,要利用会计规则对这些原始数据进行判断和处理,并在此基础上编制出对应的会计分录,指明特定经济交易或事项对应的账户名称、借贷方向及数额。其次,要根据会计要素的具体项目,对会计分录所记录的单个经济交易或事项的信息进行汇总,形成一个分类的、系统的、连续的财务活动记录。再次,还要对各种账本进行"账证核对""账账核对""账实核对"等检查,以保证财务报告所反映的会计信息的准确性,并及时纠正错误。最后,依照会计准则和会计信息使用者的要求,整理、计算、分析账簿信息,完成财务报表的编制。当然,在各个分系统以及分系统与总账系统间的相互传递和交换也是会计信息的重要组成部分。会计信息是会计信息流转过程中的核心要素,目前对数据处理的要求也逐渐趋向重视实时性和批量性。

(四)会计信息的输出

会计报表编制完成后,会以相应的形式向企业内外输出。会计信息系统可实现显示输出、打印输出和网络输出等多种形式。会计信息的输出对象包括企业内部管理者、税务部门、财政部门、审计部门、投资者和债权人;输出的最终目的则是为使用者提供决策有用的会计信息,帮助使用者作出有效决策。会计报表是财务会计工作的核心,是企业、政府部门和投资者之间重要的信息交流渠道。企业的管理者可以通过会计报表及时了解企业的财务状况和经营成果,以便于根据实际情况作出决策,调整经营措施,提高企业的经济效益和市场竞争力。政府和税务部门也可以通过会计报表对企业的财务状况和纳税情况进行审计与检查,以便及时发现企业存在的问题和隐患,并采取必要的监管措施,维护市场秩序和公平竞争。政府和税务部门还可以根据会计报表的数据进行宏观经济管理和调控，制定财税政策，推动经济的可持续发展。投资者和债权人也可以通过会计报表了解企业的偿债能力、获利能力、投资回报和利润分配情况等重要信息，从而更加准确地评估企业的价值和风险，作出合理的投资、融资和信贷决策。此外，会计报表还可以帮助投资者和债权人了解企业的经营状况与发展前景，以便他们更好地把握投资机会和风险。

上述流程从信息系统角度看实际上是一个原始信息输入、信息加工、信息输出使用的过程，在会计工作上是一个会计确认、计量、记录和报告的过程，而对应到会计信息决策角度则是一个数据获取、信息处理加工、知识生产、形成判断和作出决策的过程。经历会计信息系统这一完整的信息流转过程之后，会计信息实现了从生成到使用的蜕变。在实际企业活动中，这一过程是循环往复的，会计循环不断地为决策者提供新的信息，支撑决策者作出一个又一个判断和决策。

三、大数据对会计信息系统的冲击

（一）数据范围方面

随着科学技术的发展、客观经济环境的变化，现代企业管理人员对会计信息的要求变得更高，期望会计信息系统能为企业的经营决策提供更多有用且完备的会计信息（陈松蹊等，2022）。大数据环境下的会计信息系统首先必须拓展会计数据的采集范畴：从不同的子公司、不同的部门、不同的地理位置，收集与经营活动有关的全部数据。除了结构化数据，许多半结构化及非结构化会计大数据也蕴含丰富的价值含量，只有将这些数据充分融合到会计信息系统中，才能真正实现大数据环境下的会计核算，有效提取信息知识。

（二）数据集成方面

大数据环境也对会计大数据集成提出了要求，即把不同来源、格式、特点、性质的数据进行逻辑或物理融合,从而产生数据共享功能。这就需要企业强化对财务、业务信息系统的深度融合,建立起业财数据交互共享的渠道,让数据交互变得更加快捷流畅,提升数据的集成共享程度,让业务数据和财务数据能够互通互联。与此同时,会计信息系统必须提高数据提取、分析、传递的效率,让每一个业务环节的管理需求得到及时解决,让数据驱动管理的效果得到充分提升,从而帮助企业高质量发展。

(三) 数据处理能力方面

数据本身是没有价值的,对数据的处理能力决定了数据能否发挥其背后的价值。现代的会计信息系统包含着大量的数据和信息,因此企业必须运用信息技术有效地处理会计数据,并将其与业务需求相匹配,将难以直接利用的会计数据转变为可获取、可解析的会计信息,从大量的数据中挖掘出有用的信息。

(四) 会计信息质量方面

大数据时代对实时财务报告和会计信息质量提出了更高的要求。一方面,信息使用者渴望基于高质量会计信息实现精准决策,因此以精准化分析、整合、捕捉、计算、分类、演化等形式处理数据库里的全部数据是会计信息系统的优化目标;另一方面,会计信息的披露形式也要有所转变,从简单的数据呈现形式转变为可视化动图、多媒体数据等更具用户友好性的呈现形式。

第五节 企业决策所需要的会计信息来源

一、内部来源

企业决策所需会计信息的内部来源主要包括财务报告、财务计划、内部控制信息、管理会计相关的信息、招股说明书、上市公告书及其他相关资料。

（一）财务报告

财务报告是向用户呈现财务数据，以便用户更好地了解企业财务状况的主要信息来源渠道。资产负债表是企业财务状况信息的来源，反映了企业的偿债能力、资本结构、流动资金充足性；利润表是企业经营成果信息的来源，反映了企业的盈利能力、盈利状况、经营效率；现金流量表是企业现金流信息的来源，反映了企业获取现金和现金等价物的能力；所有者权益变动表是企业权益项目信息的来源，反映了企业的所有者权益结构和变动情况。

（二）财务计划

财务计划是指企业根据对未来经营情况的分析而制订的符合企业发展的经营计划，包括长期财务计划和短期财务计划。财务计划反映企业各项收入、费用等历史信息，同时又对未来的生产、销售、物资供应等作出预测，确定具体经营目标。财务计划是企业进行内部控制的基础之一，也是企业进行投融资决策需要参照的标准。

（三）内部控制信息

内部控制信息包含管理内部组织、人员、流程、基础设施等方面过程中的各类信息。内部控制信息实际上是对财务报告披露的财务信息的补充，能够帮助管理者增强内控意识，提升企业对内控的重视程度。除此之外，内部控制信息披露还能够为投资者提供间接的证据，让他们能够最大限度地规避风险，并作出正确的投资决策。

（四）管理会计相关的信息

管理会计涉及处理和操纵财务会计数据，为管理层提供各种预测性和分析性信息，包括成本、销售、利润、资金需求、短期运营和长期投资决策、责任会计和全面预算、成本控制和库存管理数据。这些数据能够协助管理层深入了解企业内部运作，增强预测和决策的科学性，从而提高公司的效率和竞争力。

（五）招股说明书

招股说明书是企业在对外募集股份时发布的，关于企业信息、经营范围、盈利优势、企业结构、人员构成等方面的说明书。招股说明书决定了发行人与中介机构法律责任的基础和来源，是企业作出的一种可持续的承诺。详细的招股说明书从风险规避与监督角度影响决策，可减少代理成本和利益冲突。

（六）上市公告书

上市公告书是向信息使用者发布的有关上市公司信息披露的文件，通常于股票上市之前发布，其重要作用在于保护投资者合法权益。上市公告书与招股说明书类似，提供了企业基本情况、经营情况、股本结构等信息，减缓了企业与利益相关者的信息不对称程度。但上市公告书面向的对象范围更广，招股说明书主要针对公司股票投资者，而上市公告书面向股票市场的所有投资者。

（七）其他相关资料

除以上来源外，会计信息的内部来源还包括企业调研报告、生产管理资料、内部条例等。

二、外部来源

企业决策所需会计信息的外部来源主要包括供应商与消费者信息、分析师报告、审计报告、媒体报道、监管层信息及其他利益相关者的信息。

（一）供应商与消费者信息

采购和供应商管理、销售和消费者管理是供应链管理不可或缺的环节，在实现可持续供应方面发挥着重要作用。供应商直接提供关于原材料价格变动、原材料短缺或充足、产品交货期、劳务报酬等信息，与企业生产经营成本息息相关；消费者则与市场需求、产品偏好和市场结构挂钩，与产品市场定价、目标市场确定、营销战略设计等决策紧密联系。因此,这两部分的会计信息会对企业的经营活动产生巨大影响,从而影响企业决策。

(二) 分析师报告

分析师报告是投资者获取信息的重要来源,它可以为投资者提供企业业绩、行业趋势、市场前景等信息,帮助他们作出明智的投资决策。特别是对于盈余预测,分析师报告可以缓解信息不对称问题,使得投资者能够更准确地估计企业未来的盈利能力,从而提高股票价格信息含量和资本市场运行效率。此外,分析师报告还可以帮助投资者了解企业的财务状况、管理层素质等方面的信息,从而使投资者更好地评估企业的价值和风险。

(三) 审计报告

审计报告是注册会计师基于审计准则,对被审计单位的财务报告发表意见的书面文件。审计报告的功能主要表现为鉴证和保障。鉴证是指审计师通过对被审计单位的财务报表进行审查,确定它们是否真实可靠,并对此发表意见。这可以保障公司债权人、股东及其他相关人员的利益,因为他们可以根据审计报告了解企业的财务状况,判断企业的偿债能力、盈利能力和成长潜力。同时,审计报告还可以提高企业的信誉度和透明度,增强投资者对公司的信任,增强资本市场的稳定性和发展性。此外,审计报告还可以帮助企业发现财务管理方面存在的问题,促进企业内部管理的改进和提高。

(四) 媒体报道

大众媒体作为舆论传播的便捷渠道,在企业治理结构、财务舞弊行为、高管报酬等方面起到很好的监督作用,从而对企业的决策产生一定的影响。与此同时,媒体报道也减少了信息的获得与确认费用。因此,大众媒体作为一种重要的会计信息源,能够最大限度地缓解和抑制会计信息的不对称性,从而有效抑制会计信息的扭曲。Dyck 等(2010)的研究结果显示,仅有6%

的企业财务舞弊能被美国证券交易委员会检测到,14%的企业财务舞弊能被审计检测到,更重要的发现渠道是媒体(14%)、行业自律组织(16%)和企业雇员(19%)。

（五）监管层信息

监管机构针对企业的会计准则遵循情况和财务信息披露情况进行定期监督,并向公众披露企业各事项中可能存在风险的领域,如收入、金融资产、债务重组、商誉减值等会计处理问题。这些信息不仅是对企业经济活动真实合法性的监督,也为信息使用者提供了可靠性参考。此外,证券交易所的公告也可以及时向投资者传达上市公司财务状况变更的情况,有助于保护投资者利益。

（六）其他利益相关者的信息

除以上来源外,其他利益相关者也会提供部分会计信息,如员工透露的企业信息、行业自律组织提供的信息、税务信息等。

第六节　财务会计信息在企业决策中的作用

财务会计对可货币化、已发生的交易或事项,使用专门的会计方法进行确认、计量和报告,定期向各利益相关方提供会计信息,属于"报账型会计"（葛家澍,2003）。财务会计具有反映和控制的职能,服务于企业管理,其目标是改善企业的经营管理,提高企业的经济效益。

财务会计信息主要指财务报告中包含的信息,包括五表一注以及财务情况说明书等。财务会计提供的信息对企业决策有着重要的意义。财务会计信息有助于信息使用者掌握企业的历史状况,方便管理层根据现状做进一步的管理调整;同时,财务会计信息也有助于提升企业信息透明度,增强外部监管的效力。

财务会计信息在企业决策中的作用具体表现在以下几个方面：

一、反映经济活动

在企业的经营决策过程中，财务会计信息利用多种会计核算方法，客观、真实、准确地记录并反映各项经营活动和财务收支情况，能够为企业的内部管理工作提供全面的经济信息。其一，管理者能够从企业的财务状况中及时了解企业的经营状况，从而作出如何改善企业内部管理和经营水平的判断。通过财务会计工作，管理者能提前发现企业经营管理问题，进而采取相应的控制手段，避免企业遭遇财务风险。其二，财务会计信息在一定程度上可以弥补其他方面信息的不足，能够将企业的盈利能力、运营能力、利润水平及负债情况等反馈给使用者。与此同时，公司的财务会计信息还必须具备真实性、可靠性和相关性，只有高质量的财务会计信息才具有可靠的参考价值，从而提高使用者的决策水平。

二、提升信息透明度

由于财务会计信息能够将企业在目前发展过程中存在的问题和发展现状如实地反映出来，因此它也具有提高信息可信度和透明度的作用，有助于缩短企业管理者和企业投资者之间的信息距离。企业投资者可以通过财务会计信息，对目前企业的发展状况和主要发展方向有所了解，这在一定程度上提高了企业管理者和企业投资者之间的信息同步率。信息距离的缩短和信息同步率的提高，不仅可以提升企业内部管理者与企业外部投资者之间的协调性，而且有利于企业管理层及时掌握企业内部状况，帮助企业各部门间进行深度协作。企业领导在理解和分析财务会计信息时，可以及时找到企业在发展中面临的问题，从而对企业的各项制度进行相应的调整。这样既可以确保企业在后续发展的过程中不会遭受无谓的损失，又可以对相关政策进行规范的调整，从而避开企业在后续发展中可能遇到的一些误区，使企业可以持续发展，提升企业的竞争力。

三、替代公司治理机制

财务会计信息还可以作为企业的替代治理机制,对管理层展开监督和约束,敦促企业管理者在决策时全面考虑,避免出现决策偏差。在实践中,企业高层决策者要根据财务会计信息和发展战略的需求,作出正确的决策。除此之外,利用财务会计信息对管理层进行约束,还能减少信息不对称引起的道德风险,避免管理层侵害投资者的利益,并缓解二者之间的委托代理问题,同时也能遏制管理层为追求自身利益最大化而损害企业利益的行为,让管理层能够将有限的资源投入更有价值的项目中,优化决策。

四、发挥市场监督功能

财务会计信息不仅可以辅助管理者进行投资决策,还能够起到监管作用。Verdi(2006)利用1980—2003年美国49 543个企业的数据,发现企业高质量的财务会计信息会提高企业的投资效率。类似地,Biddle等(2009)基于投资机会模型,对财务会计信息与投资效率的关系进行分析,得出的结论仍然是:高质量的财务会计信息可以提升投资效率。国内学者周春梅(2009)对2004—2007年沪深两市上市公司进行实证分析,结果表明盈余质量的提高不仅可以直接提升企业的资源配置效率,还可以通过减少公司的代理成本间接提升企业的资源配置效率。

五、保护投资者利益

财务会计信息对政府、投资者和国家资本的保护非常关键,因为它揭示了企业财务状况的透明度和可追溯性。政府可以通过财务会计信息来监管企业的经济活动,及时发现和惩治违法行为,并保护投资者的合法权益。同时,政府还可以根据财务会计信息制定相关政策,为国家的经济发展提供依据和方向。对于投资者而言,财务会计信息在投资决策的各个环节都起到至关重要的作用。这些信息可以帮助投资者评估企业的财务健康状况、风险和收益情况,从而使他们作出明智的投资决策。此外,投资者还可以通过比较不同企业的财务会计信息,找到最有利的投资机会,提高自己的投资回报率。企业必须保证财务会计信息的准确性和时效性,以保障政府、投资者和国家资本的利益。公开财务会计信息也是企业的一项社会责任,可以增进企业与投资者之间的信任关系,提高信息透明度,促进市场竞争,最终实现企业和国家的可持续发展。因此,企业需要加强内部管理,建立健全的财务会计制度和流程,确保财务会计信息的真实性、完整性和及时性,同时加强对外披露和公开信息,使财务会计信息的保护和利用达到最优状态。

第七节 管理会计信息在企业决策中的作用

管理会计是对财务会计提供的企业已发生交易和事项的信息资料进一步加工分析得出的有助于决策的新信息,通过及时修正执行过程中出现的偏差,为管理决策提供信息,有助于企业生产控制,属于"经营管理型会计"(贺颖奇,2020)。

管理会计信息在企业决策中的作用具体表现在以下几个方面:

一、提升预算管理水平

管理会计的管理工具覆盖了企业业务和财务的多个方面,它可以使企业对成本、绩效以及流程的估测更加科学、准确,为后续的科学预算提供基础。同时,管理会计更多从责任的角度考核成本预算,通过对成本的分解使预算更加科学。以管理会计为基础,全面预算管理涵盖企业经营的每一个流程、每一个步骤,兼顾成本与效率,可以减少各部门间的冲突。在此基础上,管理会计将企业整体的发展趋势与企业的财务状况相联系,并将企业的财务状况与企业对成本的要求相结合,这样就能很好地缓解各级管理人员之间的矛盾,更好地协调各方的利益。

二、监督和改善经营管理

管理会计信息可以对资金需求、资金增长趋势进行预测,有助于决策者提前做好应对准备工作,确保资金灵活流动与周转。管理会计信息可以比较全面地展现企业的整体面貌,更容易让外部信息使用者发现企业运作中的问题。因此,企业通过向外部提供更多的管理会计信息来提高外部治理效率,利用外部对企业进行更严格、全方位的监管。这样的外部督促效果也能够反作用于企业行为,敦促企业快速、及时地发现经营管理中存在的各类问题,从而推动企业尽快制定出行之有效的对策来解决这些问题,提高企业的管理水平。

三、优化资源配置

运用管理会计可以最大限度地分配企业的预算资源。在传统的企业预算管理体制下,企业的预算管理更多从企业的财务层面来设定目标,而对企业非财务层面的评价相对较少。而像平衡计分卡这样的管理会计工具可以从多维度对预算管理的结果展开全面考核,从而更为科学地调整企业管理策略,提升资源配置效率。对于企业而言,没有一个健全而精准的预算管理系统,必然会导致资源浪费。企业利用管理会计信息可以提高资源配置的合理性,从而使内部资源得到更有效的利用。

四、传递信号

改革开放以来我国上市公司日益增多,企业治理体系日益完善,一般的财务会计报告已经难以满足外界对企业信息的需求。从外部信息使用者的角度来说,企业能否提供高质量的管理会计信息是评价企业治理结构是否完善的重要标准。真实且高效披露的管理会计信息不仅能够帮助外部投资者了解企业的经营状况和发展前景,更重要的是能传递企业持续发展的积极信号。如此,国家将给予企业政策上的支持,银行这样的金融组织也会愿意贷款给企业,潜在的外部投资者也会信赖这家企业并积极投资于企业,这样便为企业的发展提供了一个有利的机会,从而使企业能够更好地完成发展目标。

五、提高分析师预测决策准确性

预算信息可以对企业的战略和经营的总体目标进行定量解释,并且与分析师的信息需求有效地结合,为分析师提供基于运营的评估指标,从而弥补分析师对企业信息缺乏了解的缺陷。预算信息不仅为管理者决策提供了重要方向,而且为财务信息提供了更多的验证与决策依据,是推动分析人员进行信息处理与决策的关键要素。预算信息是达成企业内部目标的一种有效途径,它是企业"内部市场价"的一种增量信息。预算管理自身也能将企业的资源禀赋与其所处环境相结合,能对企业未来的特有风险、市场地位、增长预期等进行预测,并能为分析师提供更多的附加信息(许楠等,2020)。

第八节 会计信息的公允性

一、公允与公允性

公允指公平恰当、不偏不倚。公允性是会计基本原则之一,是指会计信息应做到不偏不倚地表述经济活动的过程和结果,避免有倾向性或有选择性地披露会计信息。

Scott(1941)建议在会计中使用公允概念,并表示会计规则、程序和方法应该是公允的、不偏不倚的、公正的,它们不应该为某个特定利益组织服务。会计程序必须平等对待一切利益集团,财务报告应该毫不歪曲地做真实和正当陈述,会计数据应该是公允的、不偏不倚的。

《审计准则说明书》由美国注册会计师协会（AICPA）公布，认为公允性只有在符合公认会计原则的情况下才有意义。如果审计师对财务报告发表了正面意见，这就意味着他们相信以下几点特征已经得到满足：①所选择和运用的会计原则被广泛接受；②会计原则符合实际情况；③财务报告以及相关注释反映了使用、理解和揭示财务报告重大事项的影响；④财务报告中反映的信息已经合理分类、汇总，即详略得当；⑤财务报告对财务状况、经营成果和财务状况变化所做的陈述反映了基本事实和交易，并在可接受的限定范围内进行了表达。在这里，"可接受的限定"指的是对财务报告允许的合理和现实的限制。此外，在1963年公布的《审计程序说明第33号》中，AICPA就"呈报的公允"作出以下解释：①遵循公认会计原则；②公开披露；③一致性；④可比性。

我国于1996年1月1日生效的《独立审计基本准则》第二十二条和《独立审计具体准则第1号——会计报表审计》第二十四条规定：注册会计师应判明企业的财务报表"在所有重大方面是否公允地反映了其财务状况、经营成果和资金变动情况"。

在具体的会计处理中，会计信息公允性还包括交易价格的公允性、资产减值会计的公允性、固定资产折旧的公允性、费用配比的公允性、高管报酬的公允性、非常项目损益的公允性等，且会计处理的过程和结果都应是公允的。

二、会计信息公允性与其他性质

会计信息公允性还与会计信息的合法性及真实性紧密相关，但我们需要区分公允性与这两者的概念。

（一）公允性与合法性

在一些观点中，公允性与合法性是等同的，也就是合法性即为公允性，只要合法必然公允，不合法则一定不公允。但实际情况表明，公允性和合法性并不是完全等同的：合法不一定公允，不公允也未必就不合法。对此，一些观点认为合法性不是公允性，而是公允性存在的前提。这一观点虽然弥补了前者的缺陷，却过分强调合法性，没有意识到公允性和合法性的不必然联系，也就是说公允未必合法，不合法未必不公允。此外，也有观念认为公允性是对合法性的补充，但在实际工作中，公允性似乎在某些情境下并不能完全弥补合法性的空白。

公允性与合法性可以从制定和操作层面加以区分（邹蕾和李永焱，2004）。在制定层面，合法性和公允性有着不同的滞后性。合法性通常反映以过去的法规制度为标准，而公允性则反映当前和未来的经济情况。因此，在某些情况下，合法性可能会阻碍公允性的发挥，需要根据公允性的要求进行修正，以达到为经济业务服务的目的。然而，公允性也受到合法性包含的法规制度的限制，这可能会对经济业务和经济情况起反作用。在实践中，如何平衡公允性和合法性是一个有挑战性的问题。不同国家对这两者的侧重点也可能存在差异。为了实现成本效益，我们需要在尽量减少违背其中一个目标的损失的同时，实现另一个目标的最大收益。总之，公允性和合法性是经济活动中不可或缺的因素，我们必须认识到它们之间的相互关系，在实践中作出正确的决策。

（二）公允性与真实性

会计上的真实性，是指财务报告所反映的交易与事项必须是真实发生的。但是，即使财务报告所反映的交易与事项满足真实性原则，仍然会导致决策失误，即会计信息不公允所导致的决策偏差。公允性注重实质，反映的是经济活动的过程和结果，更加抽象，如公允价值以市场价值为准；真实性则侧重于事实，反映的是商务事实及现行状况，比较客观，如以资产账面价值为准。

具体而言，真实性包括结果真实和过程真实两方面，分别对应"如实反映"和"可验证性"，两者相互关联，是目标与基础的关系。公允性包含"中立性"和"完整性"两方面。具体来说,"中立性"指的是会计人员在执行会计准则时应站在中立的立场上,避免诱导特定行为的发生。"完整性"是指会计信息必须完整再现企业财务状况、经营成果及现金流量的全貌信息,局部真实的会计信息依旧是不可靠的。

第九节 非会计信息:会计信息的补充与(或)替代效应

一、非会计信息及其替代效应

在传统会计中,会计信息被认为足以评估公司的业绩现状和走向。然而事实上,近年来非会计信息越来越受到相关组织和学术界的关注,会计正在摆脱传统程序,非会计信息在决策中的重要性也日益凸显。

最初,非会计信息被定义为未在公司财务报表中披露的其他信息。随后,非会计信息被广泛定义为包括所奉行政策、业务运营以及政策在产出或结果方面的所有定量和定性数据,且与财务记账系统没有直接联系的信息(Admiraal 等,2009)。Manes-Rossi 等(2018)认为非会计信息涉及广泛的主题和问题,例如环境和社会政策(如资源和能源使用、温室气体排放、污染、生物多样性、气候变化、废弃物处理、员工的健康和安全、性别平等、教育),对这些问题的思考有利于完善对利益相关者的问责制和提高信息透明度。由此可知,非会计信息广泛包括财务报表及相关会计资料文件以外的信息,包括市场信息、公司治理信息、宏观经济信息、社会责任、背景信息、组织竞争等。与此同时,随着互联网技术的发展,在线搜索数据、社交媒体数据、卫星图像数据、信用卡交易数据等另类数据也进一步补充了会计信息(廖理等,2021)。这些信息有利于信息使用者对企业作出综合全面的分析评价。

(一)非会计信息可弥补会计信息的不足

会计信息披露一直是缓解信息不对称的有效手段。然而,随着经济事项的日益复杂，投资者不仅需要企业披露会计信息，还需要企业披露更多非会计信息（Dhaliwal 等，2011）。从非会计信息的角度来看，其功能与会计信息相同，有助于提高企业信息透明度，降低信息不对称程度，提高决策效率（张川等，2006），提高客户满意度。另外，外部投资者通常更倾向于投资非会计信息披露质量较好的企业，因为这类企业可以有效地减少盈余管理行为。由此可见，非会计信息能有效弥补会计信息的不足。

（二）高质量的非会计信息对决策成功有积极影响

非会计信息或者说非财务信息具备价值相关性，能够引导管理层作出成功的决策（Ibrahim 和 Lloyd，2011）。当非会计信息被认为足够有用时，就可以将其纳入决策过程加以分析和考虑。在组织环境中，决策通常涉及确定目标、收集信息，并使用信息来确定实现设定目标的最佳行动方案。然而，这一过程涉及持续性的风险，为了取得成功，决策者需要信息来支持他们的选择，包括定性和定量的信息（Smith 和 So，2021），尽可能多的实时数据可以帮助决策者作出最佳选择。管理者能否作出成功决策与其所收集信息的数量、复杂性和准确性以及信息收集过程的复杂度相关。其中，非会计信息是造成信息收集和处理难度上升的关键因素，也是提升决策质量的关键。可以说，非会计信息可以缩小决策所需信息方面的现有差距，即非会计信息是会计信息的补充和替代，使用此类信息有助于正确评估公司状况。

二、会计信息与非会计信息的优劣势比较

会计信息在企业决策中扮演着至关重要的角色，因为它可以提供关于企业财务状况（如利润、资产、负债、现金流量等）的精确、可靠的信息。这些信息通常用于评估企业的盈利能力、偿债能力和流动性等方面，有助于企业作出更好的经营决策。然而，会计信息也存在局限性。例如，它难以反映非货币性信息，如企业声誉、品牌价值和员工士气等。此外，会计信息通常基于过去的财务数据，难以预测未来的业务趋势和市场变化，这可能会限制企

业的发展。相比之下,非会计信息的覆盖范围更广,包括市场趋势、消费者需求、竞争对手动态等。这些信息可以提供更全面的视角,帮助企业更好地了解市场和客户需求,以及竞争对手的行动计划。但是,非会计信息也存在一些问题,比如如何处理和规范这些信息以及如何保证信息可靠性。因此,将会计信息和非会计信息整合在一起,可以为企业提供更全面、更准确的信息,帮助企业在市场竞争中取得成功。整合这两类信息要求企业制定一套有效的信息管理系统,以确保信息的准确性和可靠性。这些信息可以通过数据分析、机器学习和其他技术手段加以利用,以帮助企业更好地理解市场需求,优化产品和服务,提高综合竞争力。

三、会计大数据的基础:会计信息与非会计信息的整合

在大数据时代,市场要求会计信息更完备、更多样,能全方位反映企业现状,同时可预测企业未来发展趋势,这便促进了会计信息与非会计信息的融合。在这一过程中,我们亟须改善、健全非会计信息的处理和披露规范,建立科学的信息系统,有机整合会计信息与非会计信息,充分挖掘并发挥会计大数据的内在价值,提升企业决策效率。

(一)提高非会计信息的可靠性

可靠性是非会计信息能够切实辅助决策的根本,对非会计信息可靠性的加强可以从多环节、多机构入手。首先,在整个信息处理流程中,需要加强对非会计信息收集、整理、加工、处理及传递等各个环节的控制,仔细甄别非会计信息。同时,将会计信息与非会计信息进行比较,使两者相互解释、相互印证,以此保证信息质量。其次,需要提高会计人员和管理人员的职业素养与道德水平。非会计信息难以量化,在计量过程中会融入会计人员的人为判断和估计,因此会计人员对市场价值的判断精准度、诚信公正的职业道德水平、会计估计的专业能力、管理盈余操纵的动机等都会影响非会计信息的可靠性和公允性。最后,为尽可能避免非会计信息失真,企业内部审计

部门、外部审计机构、监管单位、社会媒体等应充分发挥监督作用,对可能产生的非会计信息操纵形成有利约束。

(二) 完善非会计信息处理与披露规则

非会计信息具有高覆盖、多维度、难计量的特点,如何高效处理和披露这类信息是构建会计大数据过程中所面临的难题。在信息处理方面,需要建立标准化的数据处理和对比规则,提高非会计信息的可比性,思考不同企业、不同行业的同类非会计信息如何权衡优劣等问题。在信息披露方面,与会计信息的规范化披露方式(如会计财务报表)不同,非会计信息披露有着更主观化的内容、方式以及载体选择空间,盈余公告、企业官网新闻、投资者交流平台和其他社会媒体新闻都可能是非会计信息的披露平台。这些多样化的选择拓宽了非会计信息的边界,也削弱了非会计信息的可靠性和可理解性。只有依据规范化条例披露的非会计信息,才能更好地被信息使用者理解和使用,也才能更好地发挥其决策有用性。

(三) 建立"会计信息+非会计信息"的会计大数据信息系统

非会计信息不仅有补充、完善企业信息披露的作用,某些情况下还能提供较强的相关性和较高的预测能力。一方面,企业收集或产生的会计信息与非会计信息不一定是连贯的,而是局部、片段的;另一方面,会计信息与非会计信息并不是完全对应、一一关联的关系,而可能是一对多、多对多甚至互相独立的关系。在这种情况下,信息使用者很难将这些碎片化的信息融合成一个有价值的信息系统。随着大数据技术的成熟与应用落地,我们可以利用数字技术重新整理这些零散的信息,并挖掘其中的价值,组成新的信息链条。

思考题

1. 举例说明对企业决策重要的非会计信息有哪些。
2. 简要说明会计信息在会计信息系统中的形成过程。

3. 结合实际,阐述大数据时代如何实现企业科学决策。

参考文献

曹琼. 会计盈余二维真实性、审计意见与投资效率[D]. 徐州:中国矿业大学,2014.

陈国青,曾大军,卫强,等. 大数据环境下的决策范式转变与使能创新[J]. 管理世界,2020(2):95-105.

陈美华. 真实与公允观念在会计概念框架中的定位研究[J]. 会计之友,2006(10):18-19.

陈思. 培育数据要素市场的逻辑理路、安全困境与应对策略[J]. 当代经济管理,2023(3):24-31.

陈松蹊,毛晓军,王聪. 大数据情境下的数据完备化:挑战与对策[J]. 管理世界,2022(1):196-207.

陈震. 财务信息与非财务信息的比较与整合[J]. 财会月刊,2007(36):7-8.

丛力群. 工业4.0时代的工业软件[C]//第十届中国钢铁年会暨第六届宝钢学术年会论文集Ⅲ. 北京:冶金工业出版社,2015.

董妍. 管理会计在国有企业全面预算管理中的作用[J]. 环渤海经济瞭望,2022(9):88-90.

范煜. 数据革命:大数据价值实现方法、技术与案例[M]. 北京:清华大学出版社,2017.

冯莉. 相互替代还是相互促进:会计信息与非会计信息的相关性探讨[J]. 新疆财经大学学报,2017(3):48-55.

葛家澍. 财务会计的本质、特点及其边界[J]. 会计研究,2003(3):3-7.

贺颖奇. 管理会计概念框架研究[J]. 会计研究,2020(8):115-127.

洪亮,马费成. 面向大数据管理决策的知识关联分析与知识大图构建

[J].管理世界,2022,38(1):207-219.

李成熙,文庭孝.我国大数据交易盈利模式研究[J].情报杂志,2020(3):180-186.

李莉,孙铁翔,谷峻虹.我国政府会计监管的完善趋向[J].财政监督,2006(15):30-31.

李永红,张淑雯.数据资产价值评估模型构建[J].财会月刊,2018(9):30-35.

梁媛媛.公允价值会计信息的相关性和可靠性研究[D].贵阳:贵州财经学院,2010.

廖理,崔向博,孙琼.另类数据的信息含量研究:来自电商销售的证据[J].管理世界,2021(9):90-104.

林立山.上市公司非财务信息披露:理论探讨[J].财会通讯(学术版),2006(7):45-47.

刘晓丹.大数据在企业非财务会计信息披露中的应用[J].中国管理信息化,2017(16):29-30.

吕先锫,李朝霞,唐敏.论财务报告审计目标[J].四川会计,2002(12):3-5.

欧阳日辉,杜青青.数据要素定价机制研究进展[J].经济学动态,2022(2):124-141.

欧阳日辉,龚伟.基于价值和市场评价贡献的数据要素定价机制[J].改革,2022(3):39-54.

綦好东,苏琪琪.会计如何更好赋能数字经济发展[J].财务与会计,2021(15):9-12.

秦海.制度、演化与路径依赖[M].北京:中国财政经济出版社,2004.

石涛.我国上市公司年度会计信息披露制度研究[D].镇江:江苏大学,2005.

孙立新．对注册会计师审计目标的再认识[J]．中国乡镇企业会计，2008(9)：156-157．

汤在新．生产要素按贡献参与分配的理论依据和实现方式[J]．学术研究，2004(1)：35-39．

唐素华．谈上市公司非财务信息披露[J]．合作经济与科技，2008(14)：112-113．

万勇．企业信息孤岛问题研究[D]．合肥：中国科学技术大学，2006．

王佳龙．多厂级火电实时数据测点标准化采集研究[J]．中国科技信息，2022(11)：81-82．

王茹．德国工业4.0的优势、挑战与启示[J]．经济研究参考，2016(51)：3-6．

王涛．风险导向的财务分析程序研究[D]．青岛：中国海洋大学，2010．

王天恩．大数据的结构开放性及其人类发展意义[J]．武汉科技大学学报(社会科学版)，2022(3)：320-327．

王卫，张梦君，王晶．国内外大数据交易平台调研分析[J]．情报杂志，2019(2)：181-186．

熊励，刘明明，许肇然．关于我国数据产品定价机制研究：基于客户感知价值理论的分析[J]．价格理论与实践，2018(4)：147-150．

熊巧琴，汤珂．数据要素的界权、交易和定价研究进展[J]．经济学动态，2021(2)：143-158．

徐宗本，冯芷艳，郭迅华，等．大数据驱动的管理与决策前沿课题[J]．管理世界，2014(11)：158-163．

许可．数据爬取的正当性及其边界[J]．中国法学，2021(2)：166-188．

许楠，刘浩，叶志远．预算信息的外部使用与影响条件研究：基于战略和管理行为特征的视角[J]．会计研究，2020(12)：137-152．

尹洁．建峰公司数据沉没问题研究与对策[D]．乌鲁木齐：新疆大学,2015.

张川,潘飞,John Robinson. 非财务指标与企业财务业绩相关吗:一项基于中国国有企业的实证研究[J]. 中国工业经济,2006(11):99-107.

张红春,杨涛. 以大数据俘获理性:"数据—知识—决策"框架下的公共决策理性增长逻辑[J]. 甘肃行政学院学报,2022(1):57-68.

张旭. 投资者保护研究综述:财务会计信息的作用[J]. 东方企业文化,2015(22):154-155.

张原. 管理会计信息外部作用探析[J]. 中国乡镇企业会计,2008(8):161.

张志刚,杨栋枢,吴红侠. 数据资产价值评估模型研究与应用[J]. 现代电子技术,2015(20):44-47.

周春梅. 盈余质量对资本配置效率的影响及作用机理[J]. 南开管理评论,2009(5):109-117.

周筱. 会计信息的替代信息来源探讨[J]. 现代商业,2012(23):179.

朱万红,朱晨鹏. 基于课程思政导向下市场营销观的构建探索[J]. 洛阳理工学院学报(社会科学版),2022(2):93-96.

邹蕾,李永焱. 对审计目标中合法性与公允性关系的认识[J]. 财会月刊,2004(22):62-63.

左文进,刘丽君. 基于用户感知价值的大数据资产估价方法研究[J]. 情报理论与实践,2021(1):71-77.

华为人才结构的启示[J]. 施工企业管理,2021(8):32-33.

华为与双星携手共建"胎联网"实现轮胎产业数字化[J]. 橡塑技术与装备,2021(13):61.

为构建万物互联的智能世界一往无前:华为技术有限公司[J]. 中国大学生就业,2020(17):24-25.

ADMIRAAL M,NIVRA R,TURKSEMA R. Reporting on nonfinancial information[J]. International journal of auditing,2009,36(3):15.

BIDDLE G C,HILARY G,VERDI R S. How does financial reporting quality relate to investment efficiency[J]. Journal of accounting and economics,2009,48(2):112-131.

DHALIWAL D S,LI O Z,TSANG A,et al. Voluntary nonfinancial disclosure and the cost of equity capital:the initiation of corporate social responsibility reporting[J]. The accounting review,2011,86(1):59-100.

DING X,LI Z,LIU T,et al. ELG:an event logic graph[J]. CoRR,2019.

DYCK A,MORSE A,ZINGALES L. Who blows the whistle on corporate fraud[J]. The journal of finance,2010,65(6):2213-2253.

FIORDELISI F,RICCI O. Corporate culture and CEO turnover[J]. Journal of corporate finance,2014,28:66-82.

GUGGENMOS R D,VAN DER STEDE W A. The effects of creative culture on real earnings management [J]. Contemporary accounting research,2020,37(4):2319-2356.

HALL J A. Accounting information systems [M]. 7th ed. Stamford:South-Western Educational Publishing,2010.

IBRAHIM S,LLOYD C. The association between non-financial performance measures in executive compensation contracts and earnings management[J]. Journal of accounting and public policy,2011,30(3):256-274.

JIA R,DAO D,WANG B,et al. Towards efficient data valuation based on the Shapley value[J]. CoRR,2019.

LUO S,XING L. Neutrosophic game pricing methods with risk aversion for pricing of data products[J]. Expert systems,2021,38(5):1-30.

MANES-ROSSI F,TIRON-TUDOR A,NICOLÒ G,et al. Ensuring more sustainable reporting in Europe using non-financial disclosure—de facto and de jure evidence[J]. Sustainability,2018,10(4):1162.

PAN Y,SIEGEL S,WANG T Y. Corporate risk culture[J]. Journal of financial and quantitative analysis,2017,52(6):2327-2367.

SCOTT D R. The basic of accounting principles[J]. The accounting review,1941,12:25-28.

SMITH K C,SO E C. Measuring risk information[J]. Journal of accounting research,2021,60(2):375-426.

SOCEA A-D. Managerial decision-making and financial accounting information[J]. Procedia-social and behavioral sciences,2012,58:47-55.

VAN DEN STEEN E. On the origin of shared beliefs (and corporate culture) [J]. RAND journal of economics,2010,41(4):617-648.

VERDI R S. Financial reporting quality and investment efficiency[R]. SSRN electronic journal,2006.

第二章 大数据：融合会计信息与非会计信息的新方法

学习目标

- 了解大数据及其技术应用场景和经济驱动作用。
- 了解新基建(新型基础设施建设)和数字经济概念及发展现状。
- 理解物联网、云计算、云存储、区块链等信息技术概念和特征。
- 理解会计大数据的含义、构成及发展过程。
- 掌握会计大数据与新兴信息技术融合的必要性和优势。

关键术语

新基建　物联网　云存储　云计算

引导案例

上海经禾信息技术有限公司

一、公司介绍

上海经禾信息技术有限公司(下称"经禾")成立于2014年,是中国领先的金融大数据服务企业,旨在利用自身的技术和经验为客户提供大数据产品和服务,开发基于资本市场的数据库、软件产品,并将这些产品推向市场。公司经营范围包括信息科技专业领域内的技术开发、技术咨询、技术服务和技术转让等。

在财经数据领域，经禾不仅使用最前沿的计算机分析技术，还与资本市场资深专家、国内外知名高校财经领域教授和学者合作，建成国内完整、准确的大数据分析平台和财经数据仓库，数据内容涵盖股票、基金、研报、专利、微博、股吧、财经新闻等领域，并且不断扩展和实时更新财经数据信息以满足机构投资者的投资需求。针对金融行业在投资、研究、学术以及监管等领域不同类型客户的不同需求，经禾根据不同需求开发了一系列数据检索、提取、分析的数据库及工具箱。通过经禾提供的产品与服务，用户可获取具备及时性、可靠性、准确性的财经新闻、金融市场数据等。

二、海量多维的信息覆盖

经禾提供高质量的财经大数据解决方案，拥有数以亿计的上市公司信息，广泛涵盖会计信息和非会计信息，是会计大数据集成的代表。这些信息以多维度、多类型的形式存储在经禾，包括新闻、研报、股吧、征信、年报、公告、法律文书等。经禾希望尽可能全面、完整地收集所有会计财务相关信息，"不遗漏任何关键信息，提供丰富多元的产品和服务"。

基于海量财经数据，经禾依托各类信息技术确保大数据的获取、建模和分析。在数据获取阶段，经禾采用分布式爬虫收集全网信息，经过数据清洗和过滤后，获取完整的相关信息；在数据建模阶段，经禾基于Hadoop（海杜普）大数据处理平台，采用机器学习、文本识别、自然语言处理等方法，精确计算数据；在数据分析阶段，经禾与财经、计算机专家合作，深度挖掘数据信息含量。基于此，经禾能确保从海量会计信息与非会计信息中提取高价值含量信息，构建会计大数据收集与分析的技术平台。

三、会计大数据解决方案

经禾广泛获取大量非传统类型的会计信息，包括网络财经报道、纸质媒体新闻、搜索指数、股吧评论、投资者情绪、高管新闻、并购信息等。这类信息大多以文本形式呈现，无法用传统计量方法进行处理。对此，经禾基于大数据技术开发了一个集成各类财经信息的多功能系统——人工智能财经系统。经禾人工智能财经系统不仅采集和分析财经数据,而且嵌入最前沿的计算机技术,并结合资本市场资深专家、财经领域知名学者的专业知识。该系统可为量化投资提供参考指标以及财经文本分析,为分析师和研究人员提供个股信息智能分析,为上市公司提供舆情动态监控等。

此外,经禾开发了企业全息画像系统,为信息使用者提供多维度、可视化的信息图像。该系统可实时监控公司新闻舆情和市场动态,对负面新闻、重大新闻等作出预警,同时基于大数据构建信息关系图谱,将企业价值链上的所有参与者信息以可视化的形式呈现给客户,包括借款方动态、持股公司信息、人才市场变动、市场风险信息等,实时监测企业与相关方的动态,预测风险,为企业提供决策依据。

资料来源:经禾官网 http://www.efindata.com/Home/About;经禾企业全息画像系统 http://www.efindata.com/Home/Holographic;经禾技术支持 www.efindata.com/Home/Support。

第一节　大数据的定义、特点

一、从数据到大数据

2017 年,《经济学人》(*The Economist*)表示,世界上最有价值的资源不再是石油,而是数据。根据美国芝加哥市场研究和商业咨询公司 Maximize Market Research 发布的《大数据市场:全球行业分析与预测(2024—2030)》[①],2023 年大数据市场规模为 2 172 亿美元,预计 2024—2030 年大数据市场规模将以 12.4% 的复合年增长率增长,到 2030 年将达到近 4 922.9 亿美元。由于数字化程度的提高和新型先进技术的出现,大数据现象近年来引起越来越多人的关注(Ardito 等,2019)。调查报告显示,2020 年,全球每年创建的数据和

---

① 详见 https://www.maximizemarketresearch.com/market-report/global-big-data-market/66349/。

信息规模约为59 ZB,预计到2025年将增长到175 ZB。①

现今,大数据正在全方位地影响人们的生活,以大数据为基础,各种新兴信息技术(如物联网、云计算、云存储、人工智能、区块链等)为市场带来了新的活力和机会,新技术在全球范围内的应用正在改变组织的运营环境,发挥着经济增长效应(杨俊等,2022)。随着信息技术的高速发展,会计形态也从电算化会计逐步转变为大数据会计,如图2.1所示。

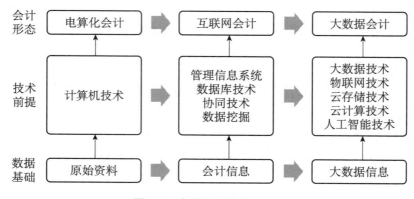

图2.1　大数据会计发展历程

在会计与企业决策方面,大数据也为如何捕获海量会计数据,如何更高效地处理、存储会计信息提供了可行的解决方案。会计大数据是企业决策的基础,而大数据技术则是运用会计大数据的最佳手段。

二、大数据的概念

理论界和学术界对于大数据的概念尚未形成统一定义。目前有影响力的主要观点如下:

1997年,美国国家航空航天局(NASA)的一份报告中首次出现了"大数据"的概念,以强调他们在存储大量信息时面临的问题。NASA的描述为:"数据集通常相当大,占用了主内存、本地磁盘甚至远程磁盘的容量。"

---

① 详见 https://www.statista.com/statistics/871513/worldwide-data-created/。

麦肯锡全球研究院认为,大数据是一个数据集合,具有数据规模大、流转速度快、类型多样化和价值密度低的特点,大数据工具在数据的获取、存储、管理与分析方面的能力是传统数据库软件工具远远不能达到的。

美国技术交易协会对大数据的定义如下:大数据是一个术语,描述了大量高速、复杂和可变的数据,并且这些数据需要先进的技术来实现对其的捕获、存储、分发、管理和分析。

欧盟委员会将大数据定义为:从各种类型的来源(如人、机器或传感器)生成的大量不同类型的数据,可以是气候信息、卫星图像、图片、视频以及全球定位系统信号。大数据可能涉及个人数据,即与个人有关的任何信息,可以是姓名、照片、电子邮件地址、银行账户信息、社交网站上的帖子、医疗信息或计算机 IP 地址等任何内容。

甲骨文公司(Oracle)将大数据定义为:一个体量更大、内容更复杂的数据集,尤其是来自新数据源的数据集。这些数据集非常庞大,以致无法使用传统的数据处理软件管理它们。传统的数据是结构化的,并且"整齐"地适合关系数据库。随着大数据的兴起,数据以新的非结构化类型出现。非结构化和半结构化类型的数据(如文本、音频和视频)需要额外的预处理才能派生含义并支持元数据。处理大数据,必须处理大量低密度的非结构化数据。

此外,不同学者基于大数据特征或功能解释了大数据的概念。

一些学者从数据的"数量"和"多样性"角度对大数据下了定义。例如,Schroeck 等(2012)认为,大数据包括实时信息、非传统形式的媒体数据、新技术驱动的数据、最新的流行语和社交媒体数据。

也有部分学者从"速度"和"价值"角度出发,进一步补充了大数据的概念。例如,Gentile(2012)指出,大数据有非常丰富的来源,包括互联网点击量、用户生成的内容、社交媒体、通过传感器得到的网络或商业交易信息等。这些数据需要使用强大的计算技术来揭示这些数量极其庞大的社会经济数据集内部和彼此之间的趋势和模式。这些数据是实时的,能够缩小信息差距和时间差距。此外,Goes(2014)从"决策"角度定义了大数据,他认为大数据是指大量为支持不同类型决策的各种观测数据。

综上所述,虽然不同机构或学者对大数据的定义不同,但他们都揭示了大数据所应具备的特征。接下来,我们将对大数据的特征做进一步阐述。

三、大数据的特征

一些观念认为,大数据具备五个方面的特征,分别是 Volume(大量)、Velocity(高速)、Variety(多样性)、Value(低价值密度)、Veracity(真实),即 5V。

Volume 是指数据量。大数据大小一般以 TB 和 PB 为单位报告。大数据所谓的"大量"概念是相对的,且受数据获取时间和数据所属类型的影响而不同。今天被视为大数据的东西在未来可能达不到阈值,因为存储容量将增加,从而允许捕获更大的数据集。此外,在多样性下讨论的数据类型定义了"大"的含义。两个相同大小的数据集可能需要基于其类型的不同而采用不同的数据管理技术,如表格数据与视频数据,因此大数据的定义也取决于行业。这些考虑使得为大数据设置特定阈值变得不切实际。

Velocity 是指生成数据的速率以及分析和处理数据的速度。传统的数据管理系统无法即时处理庞大的数据输送,这就是大数据技术发挥作用的地方。它们使企业能够快速、实时地分析大量数据,随着数据量的激增,处理数据的效率就是企业具备大数据时代核心竞争力的关键。

Variety 是指数据结构的异质性。在当今社会,受以 ABCD[①] 为代表的数字技术的发展和应用的影响,我们不仅能够采集传统的结构化数据,还能够收集更多的半结构化和非结构化数据。结构化数据是指在电子表格或关系数据库中发现的表格数据。文本、图像、音频和视频是非结构化数据的示例,这些数据有时缺乏机器分析所需的结构组织。半结构化数据介于全结

---

① AI(人工智能)、Blockchain(区块链)、Cloud Computing(云计算)、Big Data(大数据)。

构化数据和非结构化数据之间,部分具有结构化特征,但并不符合标准的数据模型结构。可扩展标记语言(XML)是一种用于在 Web 上交换数据的文本语言,是半结构化数据的典型示例。

Value 是指大数据的价值密度。具体来说,相较于其庞大的数量,单位原始数据具有相对较低的价值。例如,随着物联网的广泛应用,信息感知无处不在,企业能够获取海量信息,但这些信息集涵盖了大量不相关信息,导致价值密度较低。但是,分析大量此类数据可以获得高价值信息。

Veracity 是指数据的可靠性和可信任程度。大数据来源于真实世界,与真实世界息息相关。与此同时,大数据背景下必须确保数据是真实的,如果数据存在虚假,它就失去了存在的意义。因此,处理不精确、不确定数据是大数据使用需求的另一个方面,通常使用为管理和挖掘不精确、不确定数据而开发的工具进行分析。

除此之外,也有学者将可变性和复杂性作为大数据的两个附加维度。可变性是指数据流速率的变化。通常,大数据的流动速度不一致,并且具有周期性的波峰和波谷。复杂性是指大数据是通过无数来源生成的。

第二节　新基建:大数据发展的技术逻辑

一、新型基础设施建设

2020 年 4 月,国家发展和改革委员会提出新基建主要包括三类:一是信息基础设施,如 5G、物联网、人工智能等;二是融合基础设施,即新技术和传统基建的融合,如智能交通系统、智慧能源系统等;三是创新基础设施,即用于支持科技创新的基础设施,如大科学装置、科教基础设施等。当前,新基建主要聚焦七大领域(见图 2.2):①5G 基站建设;②特高压;③城际高速铁路和城际轨道交通;④新能源汽车充电桩;⑤大数据中心;⑥人工智能;⑦工业互联网。

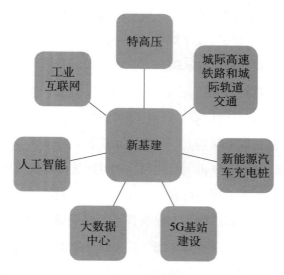

图 2.2　新基建构成

（一）5G 基站建设

5G 基站是 5G 网络的核心设备，它能提供无线网络的无缝覆盖，是实现从有线网络到无线终端的重要节点。5G 基站具有高速度和泛在网的特点。高速度是指 5G 网络的数据传输速度较 4G 网络有了很大的提升；泛在网是指 5G 网络的覆盖程度得到了进一步延伸，包括广泛覆盖和纵深覆盖，突破了时间、空间的限制。

（二）特高压

在我国，特高压指的是高压直流电和交流电，其中直流电需达到 ±800 千伏及以上，交流电需达到 1 000 千伏及以上。特高压技术的应用极大提高了我国电力工业水平。特高压站拥有丰富的数据采集能力和很大的数据容量，结合大数据技术，特高压站的数据将得到充分的挖掘和利用，从而为电力行业提供决策依据。

（三）城际高速铁路和城际轨道交通

城际高速铁路和城际轨道交通作为我国的新型智能交通模式，实现了互联互通、智慧城市、绿色出行的功能。一方面,大数据作为城际高速铁路和城市轨道交通发展的重要资源,通过大数据挖掘、数据可视化等技术,可以更好地服务城市轨道交通运营管理;另一方面,数据与轨道交通创新融合也为城市轨道交通的可持续发展提供了决策参考依据。

(四)新能源汽车充电桩

随着越来越多的新能源汽车进入市场,充电桩成为我国新能源汽车产业链下游的重要环节。我们可以将充电桩看作一个进入大数据世界的端口,在与5G、特高压、大数据中心、人工智能、工业互联网等其他新基建的协同作用下,未来的充电桩将会具有智能物联网的属性,它将不仅仅是一个充电接口,还将是一个智慧终端。

(五)大数据中心

大数据中心被称为"互联网市场的粮仓",拥有对集中数据计算、存储、处理的功能,承载了大数据时代的关键计算能力。大数据中心也被广泛应用于金融、管理、政务、农业等方面,有效提升了数据爆炸时的数据利用率,是助力其他新基建发展的关键。

(六)人工智能

人工智能是指赋予机器以人类思考的模式来完成任务,包括图片识别、语音识别以及语言处理等多种技术。人工智能技术同样基于大数据,随着海量数据的累积,人工智能获得了持续、大量的动力来源,这为人工智能深度学习、强化学习算法的优化提供了动力。与此同时,人工智能的发展也催生出更高效的数据挖掘和分析技术。二者相互促进,不断提升数据挖掘价值和辅助决策的能力。

(七)工业互联网

工业互联网是新一代信息通信技术与工业经济深度融合的新型基础设施。对于工业互联网而言,网络是基础,平台是核心,安全是保障,数据是关键。可以说,工业大数据是工业互联网的关键要素,大数据给工业互联网提供了最主要的信息和知识,对于工业互联网提升决策质量、发现因果关系、优化分析效率及准确性等具有决定性作用。

二、新基建发展现状

(一) 新基建发展现状

1. 全球发展现状

目前,各国都在积极建设5G、大数据中心、工业互联网等新基建。据全球移动供应商协会(GSA)统计,截至2020年3月,全球超过100个国家、近400个运营商正在建设5G通信网络,且多国、多运营商提供至少一项第三代合作伙伴计划(3GPP)标准的5G服务。

与此同时,大数据中心和工业互联网也进入持续建设的快速发展阶段。2019年,据Synergy Research Group发布的报告,全球用于数据中心软硬件的支出达1 520亿美元,共有512个大数据中心。艾媒咨询(iiMedia Research)的数据显示,2016—2020年,全球工业互联网软件与平台市场规模由3 322.82亿美元增至4 181.35亿美元。

自2016年起,人工智能被许多国家先后列为国家战略,人工智能技术成为抢占科技创新先机的关键。中国信息通信研究院2019年发布的《全球人工智能产业数据报告》显示,截至2019年3月,全球有5 386家活跃人工智能企业,其中,美国有2 169家,占总量的40.27%,中国大陆有1 189家,占总量的22.08%。

2. 我国发展现状

根据中国社会科学院技术创新与战略管理研究中心、社会科学文献出版社及政信投资集团联合发布的《新基建蓝皮书:中国新基建发展报告(2022)》,近年来,我国算力基础设施逐步完善,通信基础设施持续增多,融合基础设施不断升级,多元化投融资体系加速形成。数据显示,近70家中央企业的700多家子公司在新基建领域持续扩大投资布局,截至2021年,我国在新基建领域投资超过4 000亿元,且"十四五"规划投资项目超过1 300个,计划总投资额为10万亿元。

此外,受各国市场需求、发展目标、供货能力的影响,其他国家在特高压、城际高速铁路和城际轨道交通等项目的发展较为有限。2021年12月,我国已有51个城市开通、运营城际轨道交通线路269条,运营里程达8 708公里。在特高压领域,我国已拥有世界上电压等级最高的±1 100千伏直流输电和1 000千伏特高压交流输电线路。

(二)新基建政策现状

新基建概念最初由我国于2018年提出,表2.1对相关政策进行了简要梳理。

表2.1 我国新基建政策

时间	会议、机构或文件	内容
国家层面		
2018.12	中央经济工作会议	首次在中央经济工作会议中提出新型基础设施的概念
2019.03	国务院《政府工作报告》	加大城际交通、物流、市政、灾害防治、民用和通用航空等基础设施投资力度,加强新一代信息基础设施建设
2020.01	国务院常务会议	大力发展先进制造业,出台信息网络等新型基础设施投资支持政策,推进智能、绿色创造
2020.02	中央全面深化改革委员会	基础设施是经济社会发展的重要支撑,要以整体优化、协同融合为导向,统筹存量和增量、传统和新型基础设施发展,打造集约高效、经济适用、智能绿色、安全可靠的现代化基础设施体系
2020.03	中央政治局常务委员会	要加大公共卫生服务、应急物资保障领域投入,加快5G网络、数据中心等新型基础设施建设进度
2020.05	国务院《政府工作报告》	"新基建"被写入《政府工作报告》

(续表)

时间	会议、机构或文件	内容
2020.11	《中共中央关于制定国民经济和社会发展第十四个五年规划和二〇三五年远景目标的建议》	系统布局新型基础设施
2020.12	中央经济工作会议	大力发展数字经济,加大新型基础设施投资力度
2021.03	国务院《政府工作报告》	统筹推进传统基础设施和新型基础设施建设
2021.07	国家发展改革委、国家能源局	到2025年,实现新型储能从商业化初期向规模化发展转变
2021.12	中央经济工作会议	适度超前开展基础设施投资
2022.02	国家发展改革委、中央网信办、工业和信息化部、国家能源局	东数西算,全国一体化大数据中心体系完成总体布局设计
地区层面(部分地区)		
2020.04	《吉林省新基建"761"工程实施方案》	加快推进5G基础设施、特高压、城际高速铁路和城际轨道交通、新能源汽车充电桩、大数据中心、人工智能和工业互联网"7大新型基础设施"建设
2020.04	《上海市推进新型基础设施建设行动方案(2020—2022年)》	主要任务集中在"新网络""新设施""新平台""新终端"
2020.06	《北京市加快新型基础设施建设行动方案(2020—2022年)》	聚焦"新网络、新要素、新生态、新平台、新应用、新安全"六大方向
2020.06	《重庆市新型基础设施重大项目建设行动方案(2020—2022年)》	积极布局5G、数据中心、人工智能、物联网、工业互联网等新型基础设施建设,有序推进数字设施化、设施数字化进程,为全市经济社会高质量发展注入新动能
2020.07	《浙江省新型基础设施建设三年行动计划(2020—2022年)》	实施数字基础设施建设行动、整体智治设施建设行动等十大行动
2021.03	《天津市新型基础设施建设三年行动方案(2021—2023年)》	加快建设信息基础设施,推进信息网络演进升级;全面发展融合基础设施,构建多元智能应用生态;前瞻布局创新基础设施,夯实智能经济发展基础

三、新基建的驱动作用

（一）场景驱动

5G等网络基础设施能助推数据行业的更多应用场景落地,如无人驾驶、远程医疗、虚拟现实等。这些应用场景为医疗、出行、文娱、生活等各方面提供了更加多元化和便捷化的服务,促进了产业数字化和工业数字化的发展。

（二）市场驱动

随着数字化时代的到来,数据成为各个行业发展的重要基础和资源要素。为了更好地利用数据资产进行业务变革和服务创新,政府、企业和社会组织将积极参与数据要素市场建设。在数据要素市场的建设过程中,政府的作用尤为重要。政府将重视大数据平台建设,并将数据要素市场机制建设作为地方改革的重点。政府将加强数据标准化管理,推动数据资源共享,鼓励企业和社会组织参与数据交易,促进数据要素市场的发展。同时,政府还将建设大数据平台,提供数据分析、数据挖掘等技术支持,帮助企业和社会组织更好地利用数据进行业务变革和服务创新。除此之外,企业和社会组织也将积极参与数据要素市场的建设。企业应把数据视为一种战略资源,加强数据管理和应用,通过数据分析和挖掘等手段,优化生产和经营过程,提高效率和效益。社会组织将利用数据进行公益创新,通过数据分析和挖掘,发现社会问题和需求,提供更好的公益服务。总之,政府、企业、社会组织的积极参与和协作,将推动数据要素市场的发展和完善,促进数据在各行业、各业态、各模式中的融通应用和价值释放。

（三）创新驱动

新基建从创新和创业两个维度发挥着创新驱动作用。在创新方面,新基建促进了基础平台、数据存储、数据分析等产业链关键环节的自主研发,以及数据库、大数据平台等领域的自主能力建设。在创业方面,新基建与产业深度融合,为交通、医疗、制造业、金融业提供数字化服务。

(四)政策驱动

新基建是一项由国家统一部署,各省市对应实施,并由企业和政府部门联合参与的工程项目。通过新基建的实施,政府将统一数据资源编目,建立全国性的数据资源库,并加强数据共享和交流。各省市将按照国家统一的标准,建设符合标准的数据中心和云计算中心,实现数据资源共享和互联互通。企业、政府部门将共同参与数据的建设和维护,提高数据使用的效率和质量。这种协作方式将有助于打破原来数据条块分割的状况,避免各地产生数据孤岛现象,实现数据的共享和流通。同时,统一的数据建设标准和数据互联规则将为数据的应用与管理提供基础保障,促进数据在各行业、各领域的融合和应用,这将为我国数字经济的快速发展提供坚实的基础和支撑。目前,政府出台多项基于新基建的政策,如"上云用数赋智"、工业互联网创新应用工程、数字乡村等。

第三节 数字经济:大数据发展的经济学逻辑

一、数字经济的定义与内容

(一)数字经济定义

关于数字经济的定义早期侧重于计算机技术层面,随着信息技术的不断发展和市场经济的变革,数字经济的概念也得到延伸和扩展。部分学者对数字经济的概念解释如下:

Yang(1978)认为,数字化经济代表了来自国际维度"数字输入"的总体经济产出的份额,其中包括数字能力、设备(通信工具、软件和硬件)以及生产中使用的中间数字化服务和商品。这些广泛的措施标志着数字化经济的基础。

Heng等(2010)将数字经济描述为一种广泛的经济活动,将数字、数据和知识作为主要生产要素,将现代数据网络作为重要的活动空间,将数据应用和通信技术作为重要的生产驱动力与经济结构优化手段。

Abhyankar 和 Ganapathy(2014)指出,数字化经济代表基于信息技术增强的全球经济活动体系,可以被描述为以数字化经济为中心的经济。

赵涛等(2020)指出,数字经济在激发消费、拉动投资、创造就业等方面发挥重要作用。

Szeto(2018)将数字化经济分为四个不同的部分:高数字服务和商品、混合数字服务和商品、基于 IT 的生产集约化服务、IT 行业。

Lauscher(2019)认为,在互联网智能时代,数字经济不仅与网络技术、智能机器有关,还与人类使用技术有关,它将创造力、知识和智能相互关联,以突破现有的社会和财富发展模式。

2016 年 G20 杭州峰会提出的《二十国集团数字经济发展与合作倡议》指出,数字经济是指以使用数字化的知识和信息作为关键生产要素、以现代信息网络作为重要载体、以信息通信技术的有效使用作为效率提升和经济结构优化的重要推动力的一系列经济活动。这给了数字经济明确和官方的定义。

(二)数字经济的技术集群

数字经济中所谓的数字化指的是利用数字技术实现对经济发展的推动。数字技术是推动经济良性发展的核心引擎,与产业结构调整密切相关。如图 2.3 所示,数字经济技术包括云计算、大数据、物联网、虚拟现实、人工智能、区块链和工业互联网,这些技术以集群式、交互式、爆发式的状态快速发展,带来了以技术驱动创新的空前扩张,推动着数字经济时代的发展。

1. 云计算

云计算是一种通过互联网存储、访问数据和程序的计算资源,具有敏捷性、安全性和可扩展性的特性,并能够显著提高数据处理能力。德勤全球报告称,2016—2018 年间,采用云计算的金融机构数量增加了三倍。一些银行

图 2.3　数字经济技术

已经转向应用云计算。例如,巴克莱(Barclays)使用 Salesforce 来简化抵押贷款处理流程,美国第一资本金融公司(Capital One)利用亚马逊(Amazon)网络服务来更快地开发新型应用程序。

2. 大数据

为了有效地处理大量、时效较长的数据,运用大数据需要特殊的技术支持。适用于大数据的技术包括但不限于大规模并行处理(MPP)数据库、数据挖掘、分布式文件系统、分布式数据库、互联网以及可扩展存储系统等。

3. 物联网

我们可以将物联网技术简单地解释为人—计算机—事物之间的联系。物联网技术使用射频识别、红外传感器、全球定位系统、激光扫描仪等信息传感设备,将互联网协议下的任何物品与唯一的 IP 地址链接起来进行信息交换和通信,可以实现物品的智能定位、跟踪、监控和管理。

4. 虚拟现实

虚拟现实是一种由计算机生成的环境,通常与头盔或类似耳机的物体相关,这些设备帮助计算机生成可视化环境,以便用户进行交互(Jensen 和

Konradsen,2018)。

5. 人工智能

人工智能可被定义为"展示智能的程序、算法、系统或机器"(Shankar,2018)。换句话说,通过使用机器学习和自然语言过程等关键技术,人工智能可以正确解释外部数据,从这些数据中学习,并通过灵活地适应、利用这些"学习"来实现和完成特定的目标与任务(Kaplan 和 Haenlein,2019)。

6. 区块链

区块链技术是 P2P 网络中的安全分散数据库或分类账。买卖双方可通过智能合约直接互动,该合约是账本中的单个区块,可由系统中的任何用户或节点查看。对于该系统中的交易,买方可以使用加密货币作为支付媒介,并将其存入智能合约块。区块链本质上是去中心化的,因此没有中央机构来处理争议。

7. 工业互联网

工业互联网也称工业 4.0,是一种新兴技术,通过使用大量联网嵌入式传感设备和集成尖端计算技术,可以彻底改变制造和生产模式(Ilmudeen 和 Malik,2016)。通过整合先进的信息技术(如物联网和云计算)和工业制造技术,工业互联网能实现数字化转型,催生智能产品、工厂和服务。

二、数字经济现状

(一)数字经济发展现状

根据《全球数字经济白皮书(2022 年)》,全球 47 个国家的数字经济增加值规模在 2021 年达到 38.1 万亿美元,同比名义增长 15.6%,占全球 GDP 的比重为 45.0%。发达国家的数字经济规模大、占比高,2021 年达到 27.6 万亿美元,占发达国家 GDP 的比重为 55.7%。而发展中国家的数字经济增长更快,同年增速达到 22.3%。就国家层面来看,数字经济在各主要国家得到快速发展。在规模方面,2021 年美国的数字经济位居世界第一,规模达到

15.3万亿美元,中国排名第二,规模为7.1万亿美元。在占比方面,2021年德国、英国、美国的数字经济占各自GDP的比重位列前三,均超过65%。而在增速方面,2021年挪威的数字经济同比增长率达到34.4%,位居世界第一。

我国数字经济规模发展迅速。《中国数字经济发展报告(2022年)》指出,2021年,我国数字经济规模达到45.5万亿元,同比名义增长16.2%,比同期GDP名义增速高出3.4个百分点,占GDP比重达到39.8%;同时,数字产业化规模也取得新突破,2021年我国数字产业化规模为8.35万亿元,同比名义增长11.9%,占GDP比重为7.3%,与上年基本持平。在数字产业化规模中,ICT(信息、通信、技术)服务占主导地位,软件产业和互联网行业的占比持续小幅提升。此外,在产业数字化规模方面,2021年我国产业数字化规模达到37.2万亿元,同比名义增长17.2%,占GDP比重为32.5%。

(二)数字经济政策现状

表2.2对数字经济相关政策进行了简要梳理。

表2.2 部分数字经济政策

区域/国家	省市	政策(颁布年份)	内容
全球层面数字经济相关政策文件			
美国	—	《浮现中的数字经济》(1998)	将发展大数据和数字经济作为实现繁荣与保持竞争力的关键
日本	—	《科学技术创新综合战略》(2013)	"智能化、系统化、全球化"推动科技创新
欧盟	—	数据价值链战略计划(2014)	大数据创新,培育数据生态系统
中国	—	《中国共产党第十八届中央委员会第五次全体会议公报》(2015)	大数据战略
俄罗斯	—	《俄联邦2018—2025年主要战略发展方向目录》(2017)	俄联邦数字经济规划

（续表）

区域/国家	省市	政策（颁布年份）	内容
国家层面数字经济相关政策文件			
中国	—	《中华人民共和国国民经济和社会发展第十三个五年规划纲要》（2016）	大数据战略、数据资源开放共享
中国	—	党的十九大报告（2017）	数字中国、智慧社会
中国	—	《国家数字经济创新发展试验区实施方案》（2019）	数字产业化、产业数字化
中国	—	党的十九届四中全会《决定》（2019）	数字政府建设、数据有序共享
中国	—	《中共中央 国务院关于构建更加完善的要素市场化配置体制机制的意见》（2020）	数字经济新产业、新业态和新模式
中国	—	《关于支持新业态新模式健康发展激活消费市场带动扩大就业的意见》（2020）	虚拟产业集群、无人经济
中国	—	《"十四五"数字经济发展规划》（2021）	数字技术与实体经济深度融合
地方层面数字经济相关政策文件			
京津冀	北京	《北京市促进数字经济创新发展行动纲要（2020—2022年）》（2020）	工作目标：到2022年，数字经济增加值占地区GDP比重达到55%
京津冀	天津	《天津市促进数字经济发展行动方案（2019—2023年）》（2019）	行动目标：到2023年，数字经济占地区GDP比重全国领先
长三角	上海	《关于全面推进上海城市数字化转型的意见》（2021）	明确城市数字化转型的总体要求：到2025年，国际数字之都建设形成基本框架
长三角	浙江	《浙江省数字经济促进条例》（2020）	发展数字经济是浙江省经济社会发展的重要战略
珠三角	广东	《广东省建设国家数字经济创新发展试验区工作方案》（2020）	主要目标：到2022年，全省数字经济增加值力争突破6万亿元
珠三角	深圳	《深圳市数字经济产业创新发展实施方案（2021—2023年）》（2021）	发展目标：到2023年，全市数字经济产业增加值（市统计局口径）突破1 900亿元

（续表）

区域/国家	省市	政策（颁布年份）	内容
西南	重庆	《重庆建设国家数字经济创新发展试验区工作方案》（2020）	发展目标：力争到2022年，数字经济总量占地区GDP比重达到40%以上
	四川	《四川省人民政府关于加快推进数字经济发展的指导意见》（2019）	发展目标：到2022年，全省数字经济总量超2万亿元
其他	山西	《山西省加快推进数字经济发展的实施意见》（2019）	发展目标：到2022年，数字经济规模突破5 000亿元
	湖南	《湖南省数字经济发展规划（2020—2025年）》（2020）	发展目标：到2025年，数字经济规模进入全国前10强，突破25 000亿元

三、大数据对数字经济发展的促进作用

（一）大数据催生数字经济

大数据为人们理解复杂系统提供了一条新思路与新途径。从理论上来说，在一定的时空尺度上对真实世界进行数字化，就可以构建出一个真实世界的数字虚拟映像，这个映像承载着真实世界的运行规则。在充足的计算资源和有效的数据处理手段的基础上，通过对映像的深入研究，可以更好地了解和揭示真实复杂系统的运行行为、状态和规律。大数据给人们带来了一种全新的思维模式，以及一种可以探索客观规律、改造自然和社会的新方法，这也是大数据能够引起经济社会转型最根本的因素（梅宏，2022）。

从人类社会的发展历程来看，任何一种经济形态的大变化，都必然伴随着新生产要素的产生和新产品的生产。第一、二次工业革命使我们进入了工业化时代。第三次工业革命，也就是所谓的数字革命，以信息和通信技术的突破和应用为主要特征，大数据相关技术、产品和应用得到了飞速发展，逐步形成了一个大数据产业格局，使经济形态从传统的工业经济向数字经济转型。

第二章 大数据:融合会计信息与非会计信息的新方法

(二)大数据是数字经济的关键生产要素

与农业经济、工业经济不同,数字经济是建立在新一代信息技术的基础上,以海量数据的互联和应用为核心,将数据资源与产业创新和升级的各个环节相融合的新经济形态。一方面,信息技术与经济社会的不断交叉和融合,尤其是物联网产业的快速发展,导致大数据的快速增长;另一方面,数据资源与产业之间的交叉融合,推动社会生产力实现新的飞跃。大数据已经成为一种新型的生产要素,它可以驱动整个社会运行和经济发展,并与劳动力、土地、资本等其他生产要素进行协作,从而创造出更多的社会价值。数据资源突破了自然资源的有限供应对增长的限制,为可持续增长和可持续发展提供了依据和可能性,是数字经济发展的关键生产要素和重要资源。

(三)大数据是驱动数字经济创新发展的核心动能

大数据技术自身会催生出一些新型电子信息产业,如数据挖掘、数据分析服务等。同时,大数据与各行业的深度融合与创新,改变了传统行业的经营模式、盈利模式和服务模式。例如,电信、金融、交通等服务业企业,通过对客户细分、风险防控、信用评估等的研究,加速了业务创新与产业升级;大数据与工业融合形成工业大数据,为工业系统提供了描述、诊断、预测、决策和控制等多方面的智能服务,从而推动了工业智能化进程;大数据还为农作物种植、气候变化等相关问题提供了新的解决方案,提升了农业生产效率,促进了农业向"数据驱动型"的智能化发展。此外,针对大数据技术、产业与服务的投资也成为市场热点。

第四节 大数据:企业决策信息的融合

大数据的发展除了从宏观上促进国家信息化基础设施建设的发展和数字经济形态的变革,也深刻影响着企业决策。大数据从纵向、横向两个角度为企业提供了更加丰富多样的数据信息,不仅深度挖掘传统财务数据、会计数据等信息,而且广泛采集半结构化和非结构化信息,对财务信息加以补充和验证,集成整合各类决策信息,从而更好地辅助企业进行判断与决策(徐宗本等,2014)。

第一章已详细介绍了企业决策所需的信息,特别是传统会计信息,包括财务会计信息和管理会计信息,此处不再赘述。但在大数据背景下,企业决策还广泛基于其他非会计信息,这些信息可能不是以数字、货币、交易单据等形式出现的,而是以文本、音频、视频、网络甚至神经的形式呈现。

一、文本信息

企业财务报告以及其他文本性披露文件(如新闻稿、投资者交流、网站、媒体报道)的文字部分提供了大量有效信息,这些形式的披露实际上包含了除财务信息外更多的信息。有研究发现,以文本长度和单词复杂度衡量的年报可读性与公司收益水平和持久性之间呈正相关关系(Li,2008);使用语言学理论表征的新闻稿中的乐观程度与企业未来资产回报率呈正相关关系(Davis 等,2012);公司官网内容的变化也为投资者提供了重要的价值相关信息,降低了信息不对称程度(Lynch 和 Taylor,2021)。此外,现有研究发现了媒体内容在预测盈余和股票回报方面的证据。Tetlock 等(2008)发现:①特定企业新闻报道中负面词汇的高比例预测了企业的低盈余;②企业股价对负面词汇中包含的信息反应不足;③对于关注基本面的新闻,负面词汇比例对盈余和回报的预测能力最大。总之,这些发现表明,媒体的文字内容捕捉了企业基本面中难以量化的方面,投资者会迅速将其纳入股价。

二、音频信息

目前,将心理学理论与语气语境联系起来的研究逐渐增多。这部分研究认为,企业管理层在与相关者交流沟通的过程中,其语言、语气、语调也会传递一些情绪信息,这些信息和企业行为存在一定的关联。Price 等(2012)

第二章 大数据:融合会计信息与非会计信息的新方法

调查了季度电话会议是否包含增量信息,发现电话会议问答部分的语气与累计异常收益率(CAR)和异常交易量之间存在显著关联。其他研究同样发现乐观基调与短期市场反应存在正相关关系,因为分析师提出了更积极的问题,使得投资者的反应也更加积极(Allee 和 DeAngelis,2015)。

三、视频信息

得益于多媒体计算技术和高速网络的改进,包括视频在内的大量多媒体信息变得无处不在。又由于巨大的信息量和娱乐价值,视频正迅速成为最受欢迎的媒体形式之一。相较于文本和音频信息,视频信息更加难以获取,这主要是因为索引存储在视频中的信息非常困难。如果采用手工获取,那么这一数据采集过程将极其烦琐且成本高昂。因此,目前使用更多的是用内容分析算法自动从多媒体数据中提取相关描述,这一方法对信息使用者的算法能力要求较高。

四、网络信息

网络信息来源包括网络活动、卫星、GPS、智能终端等,这类数据的获取基于物联网、区块链等信息技术的应用。目前,这类数据已经被企业用于支撑营销决策、管理决策等。例如,有关消费者活动(如在线搜索)或位置(如GPS)的信息可用于帮助预测企业的盈余;电力公司可以访问从其部署的智能电表中收集的信息,并且单个租户不能选择与任何其他方共享该信息。

五、神经信息

神经数据为决策者提供了更具体、更直接的证据。目前,随着神经学、心理学和经济学的不断交叉融合,企业营销决策领域对神经信息的获取格外重视。以广告为例,设计有效的广告信息对于吸引潜在客户有着重要作用。一项研究利用神经科学方法详细地分析人们对所呈现的刺激(广告电影组成部分)的反应,从而获取人们对广告产生兴趣、记忆或新出现的情绪的信息(在广告的每个时间点),这些神经信息有助于企业更有效地进行广告营销决策(Mateusz 和 Kesra,2020)。

大数据进一步提升了企业决策所需数据的价值,并改变了企业传统的决策过程。首先,大数据分析的使用促进了产业链中的数据收集,包括生产、加工和销售数据以及形成数据库,全面和充足的数据可以为企业提供隐藏的价值,并帮助企业提高决策质量。其次,先进的大数据分析工具可以为企业提供科学的分析结果,从而改变体验式决策方式并提高决策效率。再次,企业使用大数据分析工具挖掘数据,包括用户兴趣、网络行为、情感语义等信息,这些都可以帮助企业掌握客户需求的变化,提高决策效率。最后,通过大数据模型预测,包括机器学习、建模和模拟,企业可以获得决策支持和预测报告,以便及时作出决策。大数据的真实性、多样性和快速性为决策质量提供了保障。大数据分析的使用在改善企业决策方面发挥着关键作用。

第五节 会计大数据的发展与构成

一、会计行业发展历程

如图 2.4 所示,追溯会计发展历程可以发现,信息技术的应用和升级推动着会计的一次次变革:

1494 年,卢卡·帕乔利(Luca Pacioli)发明的复式记账开启了现代会计历程,这是会计的第一次变革。复式记账法能清晰地反映企业的业务往来和经营状况,"有借必有贷,借贷必相等"至今被会计学界奉为圭臬。

1946 年,美国发明了世界第一台计算机,并迅速应用到各行各业,其自动、高速、大量运算的特性自然得到经济管理工作者的青睐。1954 年,美国通用电气公司率先使用计算机核算职工薪酬,带来了计算机与会计的融合,

第二章 大数据:融合会计信息与非会计信息的新方法

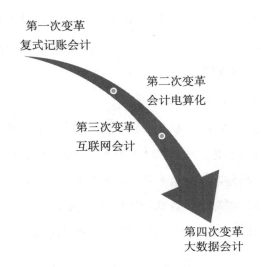

图 2.4 会计发展历程

引发了会计的第二次变革——会计电算化。

第三次会计变革源于互联网的出现。在这一时期,互联网技术将封闭、分散的财务信息聚集到一个点上,通过流程再造和 ERP(企业资源计划)信息系统再造实现了财务共享。

如今,"大智移云物"革新了财务的工作模式,智能财税系列产品悄然改变着财务的工作模式,财务工作将更趋智能化,会计行业已朝向"大数据+会计""智能+会计"的趋势发展。

二、会计大数据形成的必然性

(一)会计目的:决策有用性

会计是一种提供信息决策服务的经济管理活动,但在大数据时代,信息爆炸使得会计信息与决策的关联性越来越弱,这让人们对会计学科的科学性和会计工作的有用性产生了怀疑。在大数据时代,随着大数据的计算、存储和分析等技术的不断发展,图片、音频、视频和文本等数据所蕴含的有价值信息将融入会计大数据。大数据、信息开放共享、信息技术使用等优势将

71

有助于会计大数据的可靠性、全面性和关联性的增强,从而提升会计大数据的相关性和可用性,满足不同决策者对会计信息的需求。因此,提高决策有用性是会计大数据形成的目的。

(二) 社会福利:公共利益最大化

作为国家治理和企业经营的主要工具,会计制度要符合国家治理和公众利益的需要,其核心思想也应"以人为本"。大数据会计可以充分发挥大数据的分析能力,搭建起人力资本和公司价值的联系,实现对人力资本的测量、确认、价值反映,提高人力资本的地位,从而更好地将"以人为本"的社会公众理性融入会计体系。对公共利益的保护和追求是会计大数据形成的社会因素。

(三) 技术环境:信息化技术

在现代社会的发展过程中,科技有着不可忽视的作用。在过去的十几年里,我国在大数据技术方面的发展非常迅速,如传感技术、物联网技术、5G技术、互联网技术、虚拟化技术、云存储技术、人工智能技术、云计算技术、大数据挖掘技术、大数据分析技术、区块链技术等。这些技术可应用于大数据的生成、传输、存储、处理、分析、验证及呈现过程。可以说,信息技术的快速发展和广泛应用,是我国会计体系得以创新和变革的技术前提。

(四) 思维发展:大数据思维

传统的会计制度强调因果关系,即以经济活动的确定性和会计数据与会计行为之间的因果关系为基础。但是在大数据时代,对事项进行记录的方法也有了根本性的变化:过去的事项一般是以一个完整的形式被记录下来;但是在大数据时代,事项可以根据需求被分割为许多小块,然后再被记录下来,而这些小块记录可以通过数据画像进行重新组合和恢复。过去,事件间存在单一的因果关系;但在大数据环境下,事件间的关联变得更为复杂,使得事件间的边界变得更加模糊。全局思维、容错思维、关联思维逐渐成为会计学知识的重要组成部分。

三、会计大数据的构成

会计大数据涵盖广泛,包括第一章和本章提及的财务会计数据、管理会计数据、非会计数据、企业决策数据等。这几类数据存在一定的交叉关系,对此,我们将会计大数据简单划分为三个部分。

(一)定量数据

定量数据是指用来进行定量描述的数据,如日期、时间、数量、重量、金额等。例如,某企业2022年的年度财务报表显示,"2022年资产总额达到182亿元,与2021年相比增幅为86%。其中,流动资产92亿元,比2021年增长143%"。这里的日期"2022年""2021年"、金额"182亿元""92亿元"、增幅"86%""143%"就是定量数据。

(二)定性数据

定性数据是指用来进行定性描述的数据,如质量、颜色、好坏、型号、技术等。例如,某企业披露,"本年度技术创新领域包括机器学习、计算机视觉、语音识别、自然语言处理"。这里的各项技术就是定性数据。

(三)其他数据

其他数据包括所有不能完整表达一定意义的半结构化数据、非结构化数据以及以各种形式存在的碎片化数据,如声音、视频等。

目前,会计数据仍以定量数据为主,配合定性数据辅助决策,对于其他非结构化和碎片化数据的使用与分析较少。但是,随着以"ABCD"为代表的数字技术的应用,人、机、物三者直接建立了互联互通、交互协同的关系,这些关系产生了海量的人、机、物三者的独立数据与相互关联数据。会计领域的数据情况也经历了巨大的变化。传统上,会计数据主要以结构化的形式存在,如收入、支出、资产和负债等。然而,随着技术的不断发展,越来越多的非结构化数据和碎片化数据被采集与存储,这些数据可能包括电子邮件、社交媒体帖子、网络日志、图像和音频等。这些数据的规模和复杂性,使得传统的会计数据处理方式不再适用。此外,随着数据分析技术的发展,定性数据也变得越来越重要。这类数据通常是通过问卷调查、深度访谈、小组讨论等方式获得的,其内容可能包括客户满意度、员工士气、企业文化等主观性的信息。这些数据可以提供对企业内部运营和市场状况的深入解读,从而帮助企业作出更好的商业决策。

第六节　会计大数据的采集:物联网

一、物联网概念

(一)定义

物联网技术是指通过各种传感设备将物品与物联网连接起来,进行信息交换和通信,从而实现智能识别、定位、跟踪、监控和管理的一种网络技术。通过有线传输和无线传输进行数据交互,物联网能够实现物与物之间的连接,获取事物信息,如物理世界的状态、位置和属性。物联网现在被称为继计算机和互联网之后的第三次电子信息技术浪潮。许多学者已将物联网引入其研究领域。Fafoutis 等(2016)提出一种基于物联网的疾病监测平台,在人体和生态传感器上安装摄像头,利用物联网和机器学习技术实现即时感知与决策,从而检测和预防慢性疾病。在商业管理领域,由于一些特殊信息很难通过传统途径获得,因此物联网开始逐渐发挥其数据采集作用。如今,越来越多的传统管理模式也在与物联网、大数据和云存储等新技术结合的基础上取得了突破。Fu 等(2019)将物联网技术与电子商务研究相结合,用握力传感器测试不同产品的人体接触程度,用眼动追踪传感器捕捉消费者的眼球运动,以此跟踪消费者的网上购物行为,从而服务于智能决策系统。

(二)物联网技术架构

物联网是互联网、电信网络和广电网络融合的延伸与扩展,三网融合的关键是实现三网融合的全IP。因此,对于物联网,基于IP协议,我们可以使用类似于Internet TCP/IP协议的分层网络通信协议为上层的各种应用提供服务,而该协议允许IP协议下的各种异构网络在优化的网络上运行。物联网的分层网络可以分为四层。

(1) 网络接口层:负责采集和捕获信息、有效融合和压缩信息,使用的传输介质主要是无线电波、光波、红外线等。

(2) 网络层:主要负责寻址和路由的发现与维护。为了相互通信,物联网中的各种异构网络必须进行非常复杂的硬件地址转换,这对异构网络中的每个节点来说几乎是不可能的。但是,统一的IP地址可以解决如此复杂的问题。我们可以在底层网络中建立基于IP的终端,优化网络主机与物联网节点之间的无缝链路通信。

(3) 传输层:主要负责数据流传输控制,具有分工和重用的功能。

(4) 应用层:架构中的最高层,直接为用户应用进程提供服务。

二、基于物联网的会计数据采集优势

(一) 丰富会计数据源

基于物联网技术,我们可以利用射频识别、二维码、智能传感器等感知设备获取物体的各类信息,收集的大量数据将为企业提供实时且全方位的信息。企业往往需要从不同角度获取有关自身生产经营、绩效水平、市场需求等方面的信息,通过这些信息,企业才可以更加准确地预测产品和服务的市场需求或潜在需求,并制定相应的营销、投资、管理战略。此外,物联网技术更重要的优势在于能够采集到复杂的数据源,基于此,企业可以将这些异构数据源相结合,通过整合传统数据和非结构化数据,将更多风险信息或潜在机遇信息纳入决策。

(二) 实现可靠的数据采集与传输

在会计信息化中,物联网技术的应用可以实现企业生产经营数据的智能收集与分析,提高数据获取的实时性和科学性(胡祥培等,2020),同时减少许多人为操作失误。同时,通过物联网技术与其他信息技术的结合使用,我们可以对感知和传送到的数据信息进行分析处理,实现及时监测与控制。例如,在库存管理方面,可以通过物联网技术远程和实时监控库存状况,减少库存记录失误等现象;物联网服务与传感器和摄像头相结合,还有助于全面监控和检查工作场所,以确保安全,避免盗窃、火灾等意外情况发生。

(三)降低成本

在将物联网技术应用于会计大数据采集时,我们可以从两个方面实现降低成本并提高企业决策和管理效率:一是在收集、整理、分析大量物品信息后,将其提供给决策者以参考,同时通过物联网设备交互并相互通信完成大量任务,可以最大限度地降低人力成本;二是通过物联网技术完成大量数据采集和分析工作,不仅可以降低人力成本和时间成本,还可以直接减少人为因素带来的偏差。

三、物联网在会计大数据采集过程中的应用

物联网技术在会计中的应用可以帮助会计人员全面采集数据,包括在传统采集模式中无法获取的隐藏信息。有研究者基于物联网技术搭载企业数据采集架构,通过建设无线传输网络和二级数据中心,全方位采集数据,实现企业数据的实时传输,从而辅助管理层决策。在该架构中,每个数据采集器都可以通过无线网络(Wireless Fidelity,WIFI)访问互联网。数据通过公网传输到二级数据中心后,先进行排序,然后传递到第一数据中心(Sun 等,2020)。基于物联网的企业数据采集传输模块主要由数据采集节点、数据传输网络和数据控制中心三部分组成,各模块的具体功能如下:

(1)数据采集节点:利用企业内部的各种传感器,包括摄像头、电脑、扫描仪等,采集企业日常运营数据。将企业的数据通过 LoRa 无线网络实时传

输到辅助数据中心,可以实时监控业务状况。

(2)数据传输网络:对于企业内置的 LoRa 无线网络,在每个数据采集器中设计并安装 LoRa 无线网络的软件和硬件,从而实现企业内部数据的实时传输。

(3)数据控制中心:接收来自 LoRa 无线网络上各数据采集节点的信息和初步信息,然后将有组织的数据传输到主数据中心。

总之,在大数据时代,如果企业能够获得数据优势,就可以在复杂多变的环境中准确、快速地完成投资决策。因此,物联网技术成为实现新型投资决策模式的关键。首先,底层网络的终端设备可以完成企业数据的实时监控和数据采集;其次,通过网络层和传输层实现数据传输,IP 网络在一定程度上保证了数据传输的准确性和安全性;最后,在将数据传输到数据中心后再对数据进行处理和挖掘,从而为投资决策提供支持。

第七节 会计大数据的存储:云存储

一、云存储的定义与分类

云存储是云计算最重要的服务之一,它可以通过互联网将许多分布式存储介质、通信带宽和计算资源链接在一起,从而统一这些资源,并以即用即付的方式为数据所有者提供便捷的按需数据存储服务。基于此,数据所有者(包括个人和企业)能够将海量数据存储在远程云服务器上,从而大大节省自行存储和管理数据的开销,减轻数据存储负担。由于上述强大的优势,越来越多的数据所有者喜欢使用云存储来维护大规模数据。

根据客户端访问和接口数据的方式,云存储系统可以分为文件存储、块存储和对象存储(Mesnier 等,2003)。在文件存储中,将文件按层次结构进行组织,将有关文件的信息作为元数据存储在系统中。可以通过指定单个文件的路径来访问这些文件,文件存储支持不同平台之间的安全数据传输。

在块存储中，文件被划分为块，每个块被分配一个地址，应用程序可以访问块并将其与块地址组合在一起。在对象存储中，文件和元数据被封装为一个对象，每个对象被分配一个对象 ID。对象可以是任何类型，并且可以为每个对象分配唯一的元数据，如关联的应用程序对象的类型、复制次数和地理位置等。

二、云存储对会计信息存储的影响

（一）可扩展性

云存储为存储大数据提供了合理的可扩展性，它有助于数据种类、数量和速度的稳定增长。传统的数据存储系统及其扩展架构都受到容量、性能、文件与对象等方面的限制，当企业数据量越来越大时，就必须配置更大容量的存储系统。而云存储可以通过增加新的节点来增加更多的内存，只要数据符合规定，系统就可以无限扩展，从而解决容量不足这一问题。

（二）灵活性

使用云存储可以使企业的数据存储方式更加灵活，从而消除供应商锁定的威胁隐患，可以实现更快速、更方便的数据移动和应用迁移。传统的存储器往往需要管理人员手动介入，亲自确定每一个数据或文件的存放地点，并根据自己的需要，手工将物体移走。可见，云存储的高度自动化从根本上减少了企业的数据管理工作量。

（三）高效性

云存储是一种低成本的数据备份方式，可以让企业不用再去维护多余的设备。云存储还可以发挥规模效应，减少运营成本，避免资源浪费。云存储采用虚拟化技术，实现自动重新分配存储空间以存储数据，解决了空间利用率低的问题；同时，它具备负载均衡、故障冗余功能，实现了数据存储的智能化和自动化。

（四）稳定性

云存储的技术更新迭代较快,与传统存储设备相比,云存储能够持续地为用户提供最新的技术支撑。除此之外,因为云存储下信息都被储存在云端,所以不需要担心云存储会像本地存储那样发生磁盘崩溃、组件故障、设备瘫痪等问题,并且这些异常问题都可以由云存储服务商来预防、处理和维护。

三、"云存储+会计电子档案"模式应用

随着电子凭证的全面普及,"云存储+会计电子档案"模式开始应用于会计大数据之中。如图 2.5 所示,叶碧慧(2018)介绍了会计档案云存储平台整体框架。

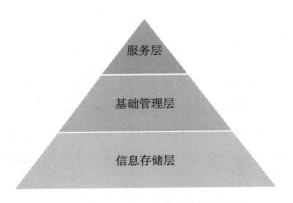

图 2.5　会计档案云存储平台整体框架

会计档案云存储平台是一种基于云计算技术的会计信息管理平台,它的设计思路是将会计信息的存储、管理和处理等工作都集中在云端完成。平台架构一般可以分为三个层次:信息存储层、基础管理层、服务层。信息存储层是会计档案云存储平台的底层基础设施,主要提供数据存储和资源存储。它通过分布式存储技术,将用户上传的会计数据进行分散存储,并实现数据备份、容错和恢复等功能,以确保数据的安全性和可靠性。基础管理层是会计档案云存储平台的中间层,主要负责开发应用软件、维护信息安全

和监控系统运行状态。它通过开发应用程序,实现对会计数据的各种操作和管理,如数据的备份、恢复、加密和解密等。基础管理层还需要负责保障数据的安全性,采取包括系统的防火墙建立、入侵检测、访问控制等安全措施,以确保用户数据不被非法获取或篡改。服务层是会计档案云存储平台的顶层,主要面向最终用户提供在线数据处理和分析服务,并以档案的形式存储有价值的文件或数据。它的功能包括会计报表生成、会计核算、财务分析等,用户可以通过网络访问这些功能,并获取相应的数据和结果。服务层还需要支持多种数据格式的导入和导出,以便用户在不同的环境下使用和处理数据。

第八节　会计大数据的计算:云计算

一、云计算定义与核心技术

云计算是一种并行和分布式系统,由一组相互连接的虚拟计算机组成。这些计算机基于服务水平协议,作为一个或多个统一的计算资源呈现。作为一种以规模经济为驱动的大规模分布式计算范式,云计算通过互联网为外部客户提供抽象化、虚拟化和动态可扩展的计算能力以及存储、平台和服务。

云计算的实现需要三种核心技术:虚拟化、多租户、Web 服务。虚拟化是一种向用户隐藏计算平台物理特征的技术,它有效节省了数据中心的空间,从而降低了前期成本和运营成本。多租户指单个应用程序软件为多个客户端提供服务,实现了在内存和数据处理方面系统资源的有效利用。Web 服务是指用来实现网络间不同机器之间应用的互动操作的软件系统,它有助于标准化应用程序之间的接口,使软件客户端(如 Web 浏览器)更容易通过网络访问服务器应用程序。

云计算有三个主要服务级别:软件即服务(SaaS)、平台即服务(PaaS)、基础架构即服务(IaaS)。与会计最相关的是 SaaS。SaaS 通常为组织提供通过 Web 浏览器或其他客户端或程序界面访问云服务提供商应用程序的权限。

二、云计算在会计大数据中的应用优势

大数据时代下的会计面临两个问题:其一,计算量呈指数级增长,计算的单位成本迅速下降,以至于计算能力本身在很大程度上被视作一种商品;其二,随着计算在组织内变得越来越普遍,管理不同信息架构以及分布式数据和软件的整个基础架构的复杂性日益增加,使得计算成本对组织来说比以往任何时候都更加高昂。此时,通过云计算技术创新会计信息处理系统,"云会计"的概念应运而生。云计算为会计大数据提供了高能力的计算功能服务,大大降低了计算成本,提高了资源使用效率,对会计信息化有着积极影响(陈宋生等,2013)。

云计算的优势主要有以下四方面:

(一) 提高会计大数据计算能力

结合其他信息技术,云计算强大的计算能力使其具备位置、环境和上下文意识,能够实时响应结构化或非结构化信息,并对这些多维度信息进行降维处理。与此同时,云计算可以实现在相对较短时间内分析 TB 级数据,这是传统数据处理系统无法做到的。

(二) 智能化数据处理流程

云计算为会计大数据的处理提供了自动化、智能化的技术支撑。例如,为不同的交易和操作自动生成会计记录;自动审核,以确保相关账户的财务会计和管理会计之间的相关性;自动准备任何所需的定期报表或综合财务报告;使用不同的财务报告标准(如国际会计准则、国际财务 RS-GAAP)编制会计报告;可以计算各种财务指标或比率,并在必要时生成会计报告和文件。

（三）降低会计数据处理成本

云会计的服务器虚拟化可以提高资源的利用率，简化系统的管理流程，实现服务器整合，并减少运营成本，提高资产使用效率。此外，企业不需要为内部IT设备或软件许可证预付资本支出，也不需要成本高昂的IT人员来安装或升级应用程序或维护服务器。这种优势对于小企业尤为明显，因为它们通常预算紧张，无法购买和安装也许不能正确满足业务需求的软件和硬件系统。

（四）帮助企业灵活地进行决策部署

云计算使企业能够更轻松地根据客户需求扩展服务，因为计算资源是通过软件管理的，企业可以利用大量的计算机资源从大量数据中了解客户偏好、购买习惯、供应链变化等信息。同时，云计算可授权用户通过互联网和浏览器进行远程访问。因此，随着市场新需求的出现，企业可以非常快速地掌握客户的需求动态，进而作出有针对性的决策部署。

三、云计算在会计大数据中的应用

当下，大量的会计软件供应商已经将其产品转移到云计算上，并提供不同形式的云会计解决方案。毕马威、安永、德勤、赛捷等大型企业都提供云服务，并发布白皮书，展示不同类型服务提供的好处和功能，云会计市场正在崛起。

德勤利用云计算技术，构建了数智财务平台（Digital-Finance）。该架构基于混合云模式，以HTML5标准进行开发，并部署在SAP BTP的Cloud Foundry环境中，为终端客户提供操作界面。其数据集成通过SAP BTP CPI来完成。

如图2.6所示，德勤Digital-Finance系统前端集成SAP系统，后端与国家税务总局打通，通过根据税务总局要求整合企业内部数据，完成VAT数据的自动化操作与对账。Digital-Finance提供销项发票管理服务、进项发票管理服务和电子会计档案服务，满足企业所有的收票、开票、数据存储及会计

第二章 大数据：融合会计信息与非会计信息的新方法

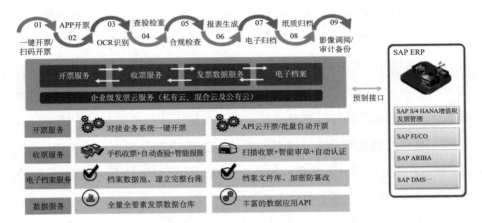

图 2.6 德勤 Digital-Finance 系统架构

凭证的勾稽存储、影像调阅等发票管理需求，协助企业打通整个发票的业务闭环，缩短流程时间，迎接增值税发票数字化的独特业务挑战，并且大大降低进项、销项发票管理人力成本。

第九节 会计大数据的安全

一、会计大数据的安全问题

当前，全球大数据产业蓬勃发展，技术演进和应用创新并存加速。用于数据存储、计算和分析的新技术（如非关系数据库、分布式并行计算、机器学习和深度数据挖掘）已经出现并迅速发展，大数据逐渐成为国家的根本性战略资源和生产基石要素。然而，随着技术不断发展，越来越多的大数据安全问题暴露出来。

实际上，即使企业采用了各种信息技术，仍然无法避免数据泄露和信息安全问题的发生。例如，在数据采集过程中，虽然物联网、大数据技术有着获取数据量大、种类繁多、来源丰富的优势，但这些优势也侧面反映出一些数据获取问题，即数据真实性和完整性验证困难。到目前为止，关于判断和监控数据的真实性与可信度,还没有可靠的解决方案,这使得识别和删除虚假甚至恶意的数据变得困难。同样,大数据复杂流动场景使得数据加密的交付变得极其困难,海量数据的密钥管理也是一个亟待解决的问题。此外,虽然云存储技术解决了海量数据的高容量存储问题,但是会计大数据因其巨大的价值和集中的存储管理模式也成了网络攻击的关键目标。智能化的数据采集和处理技术给会计大数据形成与企业决策带来了新的机遇,但与此同时,在隐蔽性强且智能化的网络攻击技术的强烈攻势下,现有的风险检测和防御技术显得严重不足。

在企业决策过程中,大多数企业都基于甚至完全依赖会计数据等信息进行判断,会计大数据对企业保持市场竞争力以及作出有效战略决策有着不容置喙的重要作用。根据思科(Cisco)公司2020年的调查数据,亚太地区56%的中小型企业遭受过网络攻击,这一数字在中国为42%。另外,全球平均约每分钟就有一家企业因信息安全问题而倒闭,幸存下来的企业也会因网络攻击导致的数据泄露而遭受巨大的经济或机遇损失。对企业而言,会计大数据的安全问题不仅关系到经济风险、诉讼风险和声誉风险,甚至关系到企业的生存。因此,保护会计大数据的安全刻不容缓。

二、推进会计大数据安全建设的对策与建议

(一)利用区块链技术构建会计大数据安全系统

随着企业管理中连接到互联网的设备数量与日俱增,存储在云等第三方的数据量也在迅速增加,黑客攻击的预期收益更高、动机更强。防火墙等传统安全解决方案无法解决大数据安全问题,因为它不被存储在组织的网络范围内。此时,使用区块链构建会计大数据安全系统为会计大数据的安全问题提供了解决方案。区块链网络中数据的加密和分散存储使得任何未经授权的数据访问都非常困难,区块链的信任机制和共识机制可以确保存储在区块链网络中的数据几乎不可能被篡改(龚强等,2021)。因为如果有

第三方想要修改区块链网络中的数据,他们就必须修改区块链网络中至少50%节点的数据,而这在实践中几乎是不可能的。

(二)建立会计大数据安全标准体系

会计大数据监管机制的建立需要充分发挥多机构的协同作用,从标准制定、评估、监管等方面全方位确保会计大数据的安全。首先,制定数据安全相关标准体系需要企业、政府和其他技术机构共同统筹规划,积极主动地开展通用数据和专用数据安全标准的研发。其次,需要加强会计数据安全相关检测评估,推动实施会计数据跨企业、跨行业、跨境的安全评估,充分发挥现有安全评估、风险评估、分类保护制度的整体效能,增强对信息技术产品和系统隐患的发现能力。最后,需要进一步完善大数据平台和大数据服务安全评价体系,推进第三方评估机构、人员资格认证等配套管理体系的构建。

(三)加强会计人员队伍建设

会计大数据的网络安全不仅是技术层面的问题,同时也是人的问题。因此,我们不能仅靠技术解决问题,实际上,人为变量被描述为网络安全策略中最薄弱的环节。人员队伍的建设包括专业素养和道德素养两个方面。在专业素养方面,应建立适应数据安全特点的人才管理体系,打破制度边界,实现人才有序高效转移;同时,应聚焦信息技术前沿方向和重点领域,加快培养数据安全领军人才。在道德素养方面,应做好会计人员以及全体企业员工的道德行为标准教育。企业应制定标准化的行为准则,提高企业所有员工的网络安全意识和自我约束能力,建立一支可及时应对突发事件且有能力处理数据安全问题的人才队伍。

❓ 思考题

1. 大数据时代,会计人员应具备怎样的会计大数据思维?
2. 会计大数据的信息来源有哪些?
3. 简要分析会计信息与非会计信息融合的目的。

参考文献

曹和平. DEPA:数字版 WTO? [J]. 中国外资,2022(19):18-19.

陈宋生,张永冀,刘宁悦,等. 云计算、会计信息化转型与 IT 治理:第十二届全国会计信息化年会综述[J]. 会计研究,2013(7):93-95.

邓洲. 基于产业分工角度的我国数字经济发展优劣势分析[J]. 经济纵横,2020(4):67-76.

龚强,班铭媛,张一林. 区块链、企业数字化与供应链金融创新[J]. 管理世界,2021(2):22-34.

何玉长,王伟. 数据要素市场化的理论阐释[J]. 当代经济研究,2021(4):33-44.

侯彦英. 数据资产会计确认与要素市场化配置[J]. 会计之友,2021(17):2-8.

胡祥培,李永刚,孙丽君,等. 基于物联网的在线智能调度决策方法[J]. 管理世界,2020(8):178-189.

黄倩倩,王建冬,陈东,等. 超大规模数据要素市场体系下数据价格生成机制研究[J]. 电子政务,2022(2):21-30.

洪玮铭,姜战军. 数据信息、商品化与个人信息财产权保护[J]. 改革,2019(3):149-158.

金叶子. 近十年高考热门专业变迁:新工科崛起,AI 产业规模超 4000 亿[N]. 第一财经日报,2022-08-05(A7).

李标,孙琨,孙根紧. 数据要素参与收入分配:理论分析、事实依据与实践路径[J]. 改革,2022(3):66-76.

李婧媛. 新基建对中国经济转向高质量发展的作用研究[D]. 北京:外交学院,2021.

李韵,丁林峰. 新冠疫情蔓延突显数字经济独特优势[J]. 上海经济研究,2020(4):59-65.

李直,吴越. 数据要素市场培育与数字经济发展:基于政治经济学的视角[J]. 学术研究,2021(7):114-120.

梁平. 信息市场论要[J]. 图书与情报,1994(4):12-14.

刘回春. "新基建""新"在哪里[J]. 中国质量万里行,2020(7):15-16.

龙卫球. 数据新型财产权构建及其体系研究[J]. 政法论坛,2017(4):63-77.

马丹,郁霞. 数据资产:概念演化与测度方法[J]. 统计学报,2020(2):15-24.

马费成,卢慧质,吴逸姝. 数据要素市场的发展及运行[J]. 信息资源管理学报,2022(5):4-13.

梅宏. 大数据与数字经济[EB/OL]. (2022-03-17)[2023-12-26]. https://www.163.com/dy/article/H2LUISDK05346KF7.html.

齐爱民,盘佳. 数据权、数据主权的确立与大数据保护的基本原则[J]. 苏州大学学报(哲学社会科学版),2015(1):64-70.

秦荣生. 企业数据资产的确认、计量与报告研究[J]. 会计与经济研究,2020(6):3-10.

沈逸. 构建数字时代的国际政治经济新秩序[J]. 人民论坛·学术前沿,2023(4):48-60.

田杰棠,刘露瑶. 交易模式、权利界定与数据要素市场培育[J]. 改革,2020(7):17-26.

童楠楠,窦悦,刘钊因. 中国特色数据要素产权制度体系构建研究[J]. 电子政务,2022(2):12-20.

王璟璇,窦悦,黄倩倩,等. 全国一体化大数据中心引领下超大规模数据要素市场的体系架构与推进路径[J]. 电子政务,2021(6):20-28.

王倩,刘杨钺,牛昊. 欧盟跨境数据流动规制模式分析与启示[J]. 经济与社会发展,2022(1):14-22.

吴伟光．大数据技术下个人数据信息私权保护论批判［J］．政治与法律，2016（7）：116－132．

夏红雨，刘艳云．大数据时代对会计基本认识的影响探讨［J］．商业会计，2016（14）：17－20．

徐宗本，冯芷艳，郭迅华，等．大数据驱动的管理与决策前沿课题［J］．管理世界，2014（11）：158－163．

杨俊，李小明，黄守军．大数据、技术进步与经济增长：大数据作为生产要素的一个内生增长理论［J］．经济研究，2022（4）：103－119．

杨枝煌．"新基建"应慎行［J］．中国外资，2020（7）：70－72．

叶碧慧．云存储平台在中小企业会计档案的应用及优化［J］．财会通讯，2018（28）：112－116．

余晓晖．《全球数字经济白皮书：疫情冲击下的复苏新曙光》解读［J］．互联网天地，2021（8）：17－21．

赵涛，张智，梁上坤．数字经济、创业活跃度与高质量发展：来自中国城市的经验证据［J］．管理世界，2020（10）：65－76．

张燕飞，李晓鹏．我国信息服务市场的模式及其运行机制［J］．图书情报知识，1999（3）：26－28．

《中国总会计师》编辑部．何为"新基建"［J］．中国总会计师，2020（3）：22－24．

周海鹰．"新基建"风起 播下中国未来的"种子"［J］．今日科技，2020（4）：6－11．

ABHYANKAR K, GANAPATHY S. Technology-enhanced learning analytics system design for engineering education［J］. International journal of information and education technology, 2014, 4（4）:345－350.

ALLEE K D, DEANGELIS M D. The structure of voluntary disclosure narratives:evidence from tone dispersion［J］. Journal of accounting research, 2015, 53

(2):241-274.

ARDITO L,CERCHIONE R,DEL VECCHIO P,et al. Big data in smart tourism:challenges,issues and opportunities[J]. Current issues in tourism,2019, 22(15):1805-1809.

DAVIS A K,PIGER J M,SEDOR L M. Beyond the numbers:measuring the information content of earnings press release language[J]. Contemporary accounting research,2012,29(3):845-868.

FAFOUTIS X,TSIMBALO E,MELLIOS E,et al. A residential maintenance-free long-term activity monitoring system for healthcare applications[J]. EURASIP Journal on wireless communications and networking,2016(1):31-41.

FU H,MANOGARAN G,WU K,et al. Intelligent decision-making of online shopping behavior based on internet of things[J]. International journal of information management,2019,50(1):515-525.

GENTILE B. Top 5 myths about bigdata[EB/OL]. (2012-06-19)[2024-04-19]. https://mashable.com/archive/big-data-myths.

GOES P B. Big data and IS research:editor's comment[J]. MIS quarterly, 2014,38(3):3-8.

HENG B C P,CHANDLER J H,ARMSTRONG A. Applying close range digital photogrammetry in soil erosion studies[J]. The photogrammetric record, 2010,25(131):240-265.

ILMUDEEN A,MALIK B H. A review of information technology governance, business strategy and information technology strategy[J]. International journal of advanced research in computer science and software engineering,2016,6(6): 120-129.

JENSEN L,KONRADSEN F. A review of the use of virtual reality head-mounted displays in education and training[J]. Education and information technologies,2018,23(4):1515 - 1529.

KAPLAN A,HAENLEIN M. Siri,Siri,in my hand:who's the fairest in the land? on the interpretations,illustrations,and implications of artificial intelligence [J]. Business horizons,2019,62(1):15 - 25.

LAUSCHER A. Life 3.0:being human in the age of artificial intelligence [J]. Internet histories,2019,3(1):101 - 103.

LI F. Annual report readability, current earnings, and earnings persistence [J]. Journal of accounting and economics,2008,45(2):221 - 247.

LYNCH B,TAYLOR D J. The information content of corporate websites [R]. SSRN working paper 3791474,2021.

MATEUSZ P,KESRA N. Cognitive neuroscience in the design process of social advertising[J]. Procedia computer science,2020,176:2959 - 2968.

MESNIER M P,GANGER G R,RIEDEL E. Object-based storage[J]. IEEE communications magazine,2003,41(8):84 - 90.

PRICE S M,DORAN J S,PETERSON D R,et al. Earnings conference calls and stock returns:the incremental informativeness of textual tone[J]. Journal of banking and finance,2012,36(4):992 - 1011.

SCHROECK M,SHOCKLEY R,SMART J,et al. Analytics:the real-world use of big data[R]. New York:IBM Institute for Business Value,2012.

SHANKAR V. How artificial intelligence (AI) is reshaping retailing[J]. Journal of retailing,2018,94(4):6 - 11.

SUN G,LV H Z,JIANG W D,et al. General process of big data analysis and visualisation[J]. International journal of computational science and engineering. 2020,23(2):177 - 184.

SZETO K. Keeping score,digitally[J]. Music reference services quarterly,2018,21(2):98 - 100.

TETLOCK P C, SAAR-TSECHANSKY M, MACSKASSY S. More than words:quantifying language to measure firms' fundamentals[J]. The journal of finance,2008,63(3):1437-1467.

YANG J H. Comparing per capita output internationally: has the United States been overtaken[J]. Review,1978,60:8-15.

第三章 会计大数据的数据要素市场

学习目标

- 掌握数据要素的定义、特征及基本分类。
- 了解数据要素产权及数据要素确权的困境和原因。
- 理解数据资产的会计确认、初始计量及后续计量的几种方法。
- 熟悉数据要素市场的运行模式及市场机制。
- 明确会计在数据要素市场培育、数字经济发展过程中的作用。

关键术语

数据要素　数据要素市场　数据要素产权　数据要素确权　数据资产

引导案例

万得信息技术股份有限公司

万得信息技术股份有限公司(下称"万得")成立于1996年,总部位于上海陆家嘴金融中心,是我国领军的金融数据、信息和软件服务企业。万得的国内客户包括保险、证券、基金管理和投资公司以及银行等金融企业;而在国际市场上,万得同样受到众多海外机构和中国证监会批准的合格境外机构投资者(QFII)的青睐。此外,行业研究报告、新闻媒体、期刊论文中也时常出现万得数据库的身影,许多权威监管机构和金融学术研究机构同样是万得的长期客户。

1992年,万得创始人陆风于深圳创业失败后,转战至上海。看到证券交易市场门口有人在兜售收集来的信息,一张A4纸大小的信息单却能卖出10元,陆风深思,如果把这些数据收集起来,放进软盘销售怎么样?基于这样的想法,他来到张江孵化器园区注册了信息服务公司,专门售卖装有上市公司年报资讯的信息软盘,如今庞大的万得金融数据库由此扬帆起航。

2005年,恰逢牛市的中国证券市场给了万得一个迅速成长的机会。无论是券商、基金还是银行机构的专业人士,都不得不预付一年的费用以获得万得金融数据库的使用权,而仅仅一个账号的价格就高达几万元乃至十几万元。万得由此拥有十分充沛的现金流,其业务空间也随着股权分置改革急剧扩张。处于时代风口之端,尽管只经过短时间的发展,但万得在2006年就收获了3 000万元营收,实现了收支平衡,2007年营收达1.2亿元,之后每年几乎实现翻倍增长。绝对的领先优势加上极强的用户黏性,使得万得不但从不降价,反而有恃无恐地上调服务费,强势攫取行业垄断利润。

万得对自己的定位及目标始终十分清晰,其本质就是拥有授权的金融信息服务商。为了尽可能地获取高额利润,万得坚持只做两件事。第一,降低信息获取成本;第二,对所获取的信息进行高质量的二次加工,进一步提高信息价值。根据调查和访谈可知,万得的信息获取成本基本上由免费获取的信息成本、直接购买的信息成本、协作获取的信息成本和整理信息的人工成本四部分组成。

事实上,深圳证券交易所、上海证券交易所授权的证券信息经营机构以及财华社、恒生指数等专业资讯数据提供商是万得大部分信息的来源,这些信息购买成本占据万得最大的支出比例,每年可达数千万元。

采用合作分成的方式,第三方信息提供商是万得的另一大数据来源。万得终端除出售己方获取的独立资讯外,还提供为第三方机构代售资讯的业务,发挥中介平台作用。例如,投资中国就是万得的被代售业务方之一,客户在万得终端上购买来自投资中国的资讯后,万得将按照约定比例向投资中国支付分成。显然,作为信息代销渠道,随着万得金融终端的不断增多，其议价能力也在不断增强，甚至不用成本投入就可以从第三方信息提供商处获取可观的分成。

报纸杂志、公开的行业研究报告、财经证券网站、新闻网站以及国家统计局网站等免费信息来源也是万得的重要信息渠道之一。但无论通过何种途径获取的信息，要想真正包装为可供出售的信息产品，还必须将这些信息分门别类，在原始信息的基础上二次加工，这无疑将耗费极高的人力成本。内部员工透露，负责数据加工的人员众多，他们会根据数据源差异分为许多小组分别处理相应信息。

深耕金融财经数据领域，万得已成为国内最完备、最精确的以财经证券信息为核心业务的前沿数据仓库，囊括基金、股票、证券、期货、保险、外汇、金融衍生品、投资、期权交易、宏观经济政策、财经新闻等多个领域。针对不同类型的客户（如学术、投资、监管、研究等机构）的不同需求，万得还开发了一系列用于数据获取与分析、数据检索、投资组合管理等的专业数据分析和加工工具。用户可以利用这些工具，确保所获取数据信息的准确性、及时性和完整性。聚焦数据，以数据为出发点，万得借助时代风口，牢牢把握金融市场风向，锐意进取，坚持开拓新领域、新技术、新产品、新服务。

万得为什么能够成长得如此迅猛？究其原因，离不开中国金融市场改革和繁荣催生出的庞大金融信息需求。将万得每天传输、处理和加工的数据转化为由 0 和 1 组成的代码，打印在 A4 纸上叠放，几乎可以与珠穆朗玛峰等高。万得拥有的机构客户包括所有的全国性商业银行、国内全部基金公司、超过四分之三的 QFII 机构、证券保险公司和许多国际金融机构，占据各个金融数据高地。

资料来源：万得官网 https://www.wind.com.cn/portal/zh/Home/index.html；激荡二十五年：wind、同花顺、东方财富、大智慧等金融服务商争霸史 https://baijiahao.baidu.com/s?id=1561363955747211&wfr=spider&for=pc；"写满信息的 A4 纸"20 多年前能卖 10 元，上海建设国际金融中心也需要自己的彭博社 https://ishare.ifeng.com/c/s/7lOC7Q9QD5v。

第一节　数据要素与数据要素市场

一、数据要素的定义

近年来,基于互联网的信息化经济发展迅速。尤其是在新冠疫情期间,实体经济产业遭受重大打击,普遍呈现低迷状态,而网上购物、直播带货、在线问诊等新兴业态,由于不受时间和空间限制,收益反而大幅增长(李韵和丁林峰,2020),为促进我国社会经济复苏贡献重要力量。其实早在2020年,我国的数字经济规模就已达39.2万亿元,占GDP比重为38.6%,成为带动我国经济增长的重要动力。与此同时,互联网用户数量递增的背后是源源不断产生却作用有限的海量信息,这些信息资源桎梏于各自独立的领域,真正被挖掘、实现的价值寥寥无几。想要达成数据共享的目标,使数据价值得到充分挖掘和利用,我们就不得不面对数据垄断、数据壁垒、数据孤岛等重重障碍。

2020年,中共中央、国务院发布《关于构建更加完善的要素市场化配置体制机制的意见》,将数据与土地、资本、技术、劳动力并列为五大生产要素,明确提出了加快数据要素市场培育的任务,为数据要素市场发展提供了政策支持。

根据中国信息通信研究院的定义,数据是对事物的客观数字化记录或描述,是无序的、未经加工处理的原始材料。数据必须首先被收集、梳理、聚合和分析,才能成为具有一定使用价值的数据资源,进而参与社会生产经济活动,为用户创造经济效益,最终形成数据要素。本质上讲,数据要素就是能够产生使用价值和经济效益的数据。具体经济效益的产生方式主要可体现在两方面:一是数据要素作为当前生产力的重要组成部分,促进数据驱动型和信息技术驱动型企业的发展,推动新产业、新业态、新模式的形成,补充传统要素市场。二是数据要素与资本、技术等传统生产要素相结合,产生乘数效应,更大程度地发挥传统生产要素价值。例如,数据要素和技术要素的结合可以衍生出人工智能、区块链等新技术,进一步推动传统产业转型升级,深化产业链、创新链、价值链融合,推进"三链"协同并进,有效放大传统生产要素在产业价值链的流转价值。

总之,将数据正式纳入生产要素范围并投入市场,可以提高数据资源的价值利用效率,降低生产运营成本,促进数字经济生产力的显著提升,是深化数字经济改革的核心引擎(邓洲,2020)。此外,数据资源与信息技术的有机融合还能够激发国民经济的生命力和创造力,提升政府的治理效率,为构建实体经济与数字经济相结合的现代化经济体系提供保障,全方位推动经济社会高质量发展(李直和吴越,2021)。因此,我国应当尽快形成全面、统一、系统化、规模化的数据要素市场,助力数据要素的安全流通,推动生产力高效发展。

二、数据要素的特点

生产要素是进行社会生产经营活动所必需的一切社会资源和环境条件。而数据要素作为新型生产要素,有别于其他传统的生产要素,其流通和循环涉及数据从生产、收集、处理到存储、使用的全过程,具有虚拟性、高渗透性、非竞争性、非排他性、非稀缺性、非消耗性、非均质性和强外部性等众多独特的经济属性(田杰棠和刘露瑶,2020),对生产力进步和经济发展的影响广泛。

关于数据要素的具体特征,目前存在不同观点。有学者认为,数据要素具有共享性、衍生性、非消耗性的特征,打破了要素资源供给有限对增长的制约,为企业永续发展提供了可能性(张麒,2020);也有学者提出,数据要素凭借其无限的供应量、较高的流动性和正外部性,辐射各生产部门,与其他要素市场有机结合,产生乘数效应,有助于提高全要素生产率。这些观点分别从不同角度阐述数据要素特征,都具有一定的合理性。综合来看,数据要素最基础的特征有三个:非稀缺性、非均质性和非排他性。

(一) 非稀缺性

经济学本身源于有限资源的天然稀缺性与人类欲望的无限性之间的矛盾,希望以尽可能小的投入获得尽可能大的产出。自然资源和劳动人口等要素都并非无限可用,同时还会在生产过程中产生废物、消耗能源、排放污染,而数据要素则不存在这种限制。客观来讲,数据要素的非稀缺性并不意味着数据资源唾手可得、极其丰富,而是包括两方面含义:一方面,尽管承载数据的物理设备受资源总量的限制,但几乎可以认为目前的数据量能被无限开发利用;另一方面,数据并不会因参与生产而被消耗减少,相反它可以重复使用,甚至在使用中进一步增加,且不存在污染排放等问题。

(二) 非均质性

传统生产要素(如资本、劳动力等)都具有一定程度的均质性。例如,资本要素的每计量单位之间无本质区别;劳动力要素之间虽然存在明显差异,但这种差异只存在于一定程度的不同范围内,同范围内的均质性仍然相当明显;技术要素间具有显著差异,但专利审查制度减少了这种差异性。数据与上述要素则完全不同,1 比特数据所包含的生产价值与另 1 比特数据所包含的生产价值千差万别,几乎不可能根据某个企业的数据量来衡量其价值或者与其他企业做横向比较。即使是两则拥有同等数据量的资讯,也可能一则是有用信息而另一则是垃圾信息,这是很常见的情况。

(三) 非排他性

经济学意义上的排他性是指在技术上排斥他人使用某一产品的可能性,这意味着当某人使用某产品时,其他人就不能使用。例如,如果一家企业购买了一座矿山的独家开发权,其他企业就不能同时开发这座矿山。在传统生产要素中,劳动力和资本要素都具有显著的排他性。而技术要素则具有很强的非排他性,因此有必要建立知识产权制度来促进技术研发。类似地,数据也具有显著的非排他性,可以被无限复制至多个设备同时使用。

这带来了一个值得深究的问题,是否有必要建立排他性相关的权利制度体系,以推动数据资源供应和使用?

三、数据要素的分类

数据要素具体如何分类目前尚未统一,存在多种划分标准(何玉长和王伟,2021)。

按照性质,可以将数据划分为生产经营类数据和社会管理类数据。从性质特征上进行区分,生产经营类数据具有营利性、私密性和独立性,这类数据可以仅通过市场配置和有偿使用形成企业经营成本;而社会管理类数据通常用于政府部门或公共服务需要,一般可以免费使用或者收费较低。

按照产权,可以将数据划分为私有数据和公共数据。需要注意的是,这里的私有数据是相对于公共数据而言的,不具有所有权性质。私有数据的产权属于独立的企业或经济主体,具有一定的排他性,这类数据的交易及使用遵循有偿、等价原则,可以通过市场交易配置到生产经营领域。而公共数据的产权往往属于政府,通常用于公共事务管理和基本公共服务,面向社会免费开放。

按照功能,可以将数据划分为综合性数据和专业性数据。以数据库或数据软件形式存在的系统性数据成果即为综合性数据,它能够为国民经济产业赋能,覆盖范围广,而专业性数据仅为特定领域用户提供专业服务。

按照加工程度,可以将数据划分为基础类技术产品(负责数据存储和基本处理,包括分布式流处理平台、分布式批处理平台、数据集成工具等)、分析类技术产品(负责数据分析和挖掘,包括BI工具、数据挖掘工具等)、管理类技术产品(负责在集成、处理和流转过程中的数据管理,包括数据管理平台、数据流通平台等)等。

此外,我们还可以根据数据的来源,将其划分为个人数据、企业数据和政府数据,这三种类型的数据相互交叉,具有一定程度的相关性。

在现实情况中,上述分类标准的不一致增加了数据资产判断的不确定性,有碍数据交易市场中交易主体准确评估数据价值,易导致数据价值的利用效能下降,数据交易受阻;同时,不一致的数据分类标准还容易导致数据格式混乱,数据质量粗糙,不利于数据要素的正常流通。因此,对数据进行分级分类有助于为隐私数据、敏感数据提供有效保护,降低数据安全风险,维护数据权属。

四、数据要素市场

基于市场的根本调节机制,数据要素会在流通中产生价值。数据流通平台即为数据要素市场,这是一个将数据要素进行市场化配置的动态过程。

当前,国外数据要素市场的发展相对更加成熟,已经有许多国家出台了促进数字经济发展的制度和政策(田杰棠和刘露瑶,2020)。国外数据交易平台在 2008 年左右开始萌芽(王璟璇等,2021),发展至今已有多所综合性数据交易中心和专业化子领域数据交易平台。利用庞大的数据资源库和云计算技术建立一个企业级的数据交易平台,这成了国外完全市场化的数据交易模式,其交易范围集中于金融、商业、健康、消费者行为等领域。

伴随着数字经济的蓬勃发展以及数字产业化的加速,我国数据要素的市场规模也在迅速扩张,但目前仍处于初级发展阶段。《中国数字经济发展白皮书(2020 年)》中提出"四化框架",即在数字产业化、产业数字化及数字化治理的基础上,增加数据价值化要求。数据价值化强调数据交易、流转、流通和价值最大化在数字经济发展中的重要作用,从而助力改变我国数据量大、价值密度低的现状,可以通过加速数据要素价值化进程来促进数字经济发展。

2020 年,传统实体经济产业遭受新冠疫情的重击,国民经济形势严峻,必须将数字经济与传统产业深度融合,刺激数据要素市场迅猛发展。国家工业信息安全发展研究中心预测,在"十四五"期间,我国数据要素市场规模或将突破 1 749 亿元,跃入高速发展阶段。然而,我们目前仍有许多问题亟待解决。例如,许多企业尚未意识到使用数据资源的重要性,有关数据所有权的法律不够完善,相关市场的监管体系不够健全,数据产品创新性差,数据交易模式发展缓慢等。想要构建成熟的数据要素市场生态,我们还应继续深入探索其发展策略和路径。

第二节 数据要素的确权

一、数据要素产权

根据经济学原则,交易产生的基础是有清晰的产权,任何产品或服务想要在市场上流通、交易,就必须首先界定产权。这种产权实质上是一个包含所有权、控制权、使用权、收益权等多种权益在内的权利束,这些权益在特定情形下能够相互分离。由此可推知数据产权的定义:数据产权是附属于数据要素的排他性权利集合,是界定数据使用主体之间利益、权属关系的制度。

相较于其他生产要素,数据资产的产权包含两层含义:基于 IT 技术层面,应承认和保护数据资产的所有权与控制权,即数据资产可以在网络环境下被识别、确认,并构成数据产权的共识机制;基于法律层面,边界清晰、不易被篡改的数据资产理应获得合法认证的所有权或控制权。然而,由于数据要素非排他性等独特性质,数据要素产权界限模糊已成为数据要素市场发展的一大障碍。这不仅会导致大量潜在的数据供应商拒绝进场交易,转而采取场外一对一甚至灰色地带等进行交易,使得数据共享、流转、交易、价值实现等要素市场的培育路径难以实施,而且可能导致拥有海量数据控制权的互联网公司平台进行垄断、为所欲为,进而诱发数据滥用、数据侵权、算法歧视等问题。

由于数据产权的复杂性以及权利主体的多样性,无论是发达国家还是发展中国家,如何界定数据产权都尚未在学术界和产业界达成共识,缺乏明确的法律法规。数据所有权模糊的主要根源在于数据主体和数据控制者之间的利益冲突。

一种观点认为,在充分保护数据主体个人隐私的前提下,数据产权应该属于加工、处理并使其商品化的企业所有。例如,个人数据权是指自然人依法自由控制和处置个人数据、拒绝他人从中干涉的权利,仅与个人利益相关,只有经过二次加工处理才能实现广泛的商品化,所以它本身不具有财产权属性(齐爱民和盘佳,2015)。因此,部分学者认为,数据处理者应享有对二次加工过的增值数据的所有权,以激励数据处理者更加充分、深入地挖掘数据的潜在价值,为数据市场开发新的数据产品。甚至出现一些较为极端的言论,提议削弱对个人隐私权的严格保障力度,要求采用成本效益分析方法来评估个人信息是否值得保护,若隐私保护成本太高,而数据流通收益微乎其微,就应该放弃提供隐私保护。

另一种观点认为,即使数据匿名化处理后不包含个人隐私,数据主体对数据的初始产权也应得到承认。数据产权是解决个人信息人格权保护难题的切入点,相较于不断调整个人信息人格权保护的相关规范,更好的做法是依据财产化法律路径直接回应个人信息相关的利益分配问题,以市场规范为导向,促进数据产业发展。因此,个人应在由其有意或无意产生的个人数据汇聚而成的大数据创造的总增量利益中享有相应的收益权比例。当个人数据被其他人或机构组织使用时,他们有权要求用户支付"对价",而非免费供其使用。

对于上述争议,从经济学角度来看,根据科斯定理的基本原则,如果产权界定导致交易成本过高,阻碍数据的交易和流通,这种界定就是低效的(洪玮铭和姜战军,2019)。对于匿名化处理、价值密度较低的大数据而言,其中包含的每条个人信息的价值其实极小,如果这些信息的个人财产权主张得到承认,那么向个人分配相应比例回报的成本很可能超过信息本身的价值,会提高交易成本,阻碍数据流通。但如果从法学角度来看,承认个人财产权主张、维护社会公平同样有充分的理由,这也是引发数据所有权纠纷的关键问题。

二、数据要素确权的困境

确立数据产权是数据要素在市场上交易、流通、收益分配的前提,也是建立数据要素市场秩序的基础(童楠楠等,2022)。确立数据产权有助于明确数据要素市场主体的权利和责任,规范市场规则,防止产权利益产生冲突,形成规范的数据要素市场秩序,进而促进数据要素市场健康发展。

然而,当下数据确权仍存在多个难题。

首先,数据本身的独特性质不利于确权。由于数据要素具有非竞争性和非消耗性的特征,因此它不适用于传统的科斯产权理论。在数据的生命周期内,不同的权利主体扮演着不同的角色,并分别在数据的生产、采集、加工、流通、使用的过程中承担相应的义务和责任,使得我们难以明确地对不同权利主体进行分割。此外,数据要素的易复制性和虚拟性等特征也增加了确权的难度。

其次,数据权利的多样性不利于确权。不同类型数据在权利范围方面差异较大,数据权利主体一般包括自然人、政府和企业。自然人的个人数据往往涉及个人隐私,故自然人对个人数据拥有的权利侧重于保护本人对隐私数据的自主决策权益,以保障个人人格权和财产权;而政府数据普遍被视为公共资源,因此公众享有相应的知情权、使用权和访问权;商业数据则更加复杂,包含企业的知识产权、商业机密和市场竞争合法权益等内容,相关权益之间的界限较为模糊,目前还没有形成严格的系统化法律概念。

最后,数据生产链条涵盖多个参与者,如何在各参与主体之间进行合理的权责分配也容易引发多方面的界定难题(马费成等,2022)。作为一种现代化的、较为独特的财产,数据将随着不同的参与者(如数据收集者、数据提供者、数据处理者等)在数据生命周期的不同阶段、不同环节对数据所做的不同处置而获得不同的价值。在大部分情形下,数据必须经过数据处理者(如网络平台)的收集、加工、处理、分析才能发挥作用或产生价值,因此数据提供者需要与数据处理者相互协作,以便更好地行使对数据的各项权利。将专属的、具有排他性的所有权赋予某一参与者是不现实的,我们必须通过协商来确定数据提供者、数据处理者等参与主体之间的权利边界。

值得注意的是,数据权利的范围和内容还会随着应用场景的变化而发生改变,甚至可能会产生新的权利内容,这无疑会使得所有权界定问题变得更加困难。大数据时代下,对每个数据包含的任何权利内容都进行协商可能会产生巨大的交易成本,我们必须建立起简易可行的规则,以确保数据确权成为可能。

三、国内外数据要素确权的实践及启示

就全球范围来说,数据权利的相关规制主要分为欧美两大体系(童楠楠等,2022),虽然这两大体系并没有明确规定数据权属,但它们在我国数据产权制度的制定方面均提供了一定的参考价值。

(一)美国模式

在个人信息方面,美国采用了财产权导向的分散式立法模式(吴伟光,2016),认为以市场本身为主导是保护个人隐私权的最佳方式,竞争和自由市场将自然地筛选与保护隐私权保护标准高的企业。在该模式下,个人信息被默认为私有财产。

在立法上,隐私权保护不仅覆盖了国家宪法和联邦法律,还涉及多项行业性隐私法案,保护范围广,法规条例完善,可有效保障个人数据隐私。例如,美国宪法第四修正案和《1974年隐私法案》均可保护个人免受政府部门对自身私人信息的侵犯。在不同行业中,也有相应法律法规,以量身定制的规则标准来约束和规范企业。例如,在金融方面,美国《金融服务现代化法

案》(GLBA)规定了金融机构对消费者非公开信息的处理方式;在医疗领域,美国《健康保险流通和责任法案》(HIPAA)旨在保护个人健康信息;对于未成年群体,美国《儿童在线隐私保护法案》(COPPA)则针对儿童个人信息的使用制定了规范。

在法律实践中,对于用户个人信息在互联网上的数据争议问题,通常参照现行判例中关于侵犯隐私权的规定,但同时也要考虑市场对数据交易和流通的需求,以便更加灵活地平衡用户和数据经营者的权益关系。而对于非个人数据的保护,则主要通过《计算机欺诈与滥用法案》(CFAA)等相关法规以及反不正当竞争等手段来实现,司法案例也对非个人数据的"准财产权"给予积极肯定(龙卫球,2017)。

美国产权模式以市场自治的原则为基础,进而影响数据立法,但从根本上看,维护既得利益和保持领先地位的目标决定其数据立法。尽管美国反复强调"隐私是民主制度的心脏",但在数据权利保护和数据开发利用的选择中,美国政府和科技巨头普遍倾向于后者。在美国模式下,企业自律和事后救济是实现数据权利保护唯一的路径。虽然这对数据产业发展有益,但也会造成数据隐私的泄露和滥用。2020年,美国的数据市场规模高居世界第一位,但同时也面临全球数量最多的数据泄露事件,仅2020年当年,美国数据泄露事件波及面就超1.558亿人。此外,企业对于数据的滥用也使得数据沦为政治斗争的工具,并对政府公信力构成严重威胁。例如,脸书(Facebook)公司5 000万用户的个人数据被指控遭到滥用,影响到美国2016年总统大选和英国脱欧公投结果。从长远看,假如数据权利得不到有效保护,市场参与者可能更加不愿意共享个人数据,数据供给量不足,导致数据市场趋于萎缩。

(二) 欧盟模式

不同于分行业立法模式,欧盟采取统一立法模式,认可数据保护为基本的人格权利之一,并以严格保障的立场对待数据所有权问题。

在个人数据方面,2018年5月生效的欧盟《通用数据保护条例》(GDPR)确立了个人信息的访问权、遗忘权和可携带权等,并将个人数据相关权利视为受特殊保护的权利而非财产权。在非个人数据方面,《欧盟数据库指令》为数据库持有人提供了特殊权利保护,但需注意的是这种保护与其他形式的权利(如版权)保护无关(Ivan,2020),它旨在保护数据库持有人"在内容的获取、验证或呈现方面的质量或数量上的大量投资",若没有大量投资,则数据库将不受保护。2017年和2020年陆续出台的《构建欧洲数据经济》《欧洲数据治理条例》提议保护数据生产者权利,保障数据再利用成果,并在公共部门专门设置或监督的安全处理环境(如沙箱)中重复利用一些特定类型的数据。

欧盟立法模式的本质目标在于利用对个人数据权的保护,培育、扶持本土数据产业,借机打破长期以来美国对欧洲数据市场的垄断。然而,欧盟模式在执法实践中也存在一些问题。虽然欧盟模式极其重视对个人隐私和数据安全的保护,但这种过度保护也可能导致数据交易成本、执法成本大幅增加,从而使大数据产业的创新潜力和发展活力被扼杀。自GDPR生效短短一年半时间内,数据保护机构开出的罚单已近800张,企业数据合规负担剧增。2016—2019年间,欧盟所有国家数据保护机构的雇员数增加了42%,预算增加了49%。而在脸书剑桥分析公司事件中,英国数据保护监管机构为了避免付出高昂的诉讼代价,最终不得不选择与脸书达成和解。

由此可见,欧盟模式主要存在两大缺陷。一是监管惩治过严,市场主体不愿或不敢涉足数据相关产业;二是执法资源不足,引发市场主体以"等、拖"等方式阻碍监管体系的效能发挥,扰乱数据要素市场秩序。

(三)中国立法探索

相较于国外,我国在数据所有权方面的立法实践起步较晚,法律制度体系尚不完善。我国现有法律法规更侧重于维护、监管数据的规范利用,而能够明确界定数据产权的完整法律还未出现。例如,《中华人民共和国数据安全法》自2021年9月开始实施,提出部分保障数据安全相关的基本制度,如数据分类分级管理、风险评估、应急处理等,实质性监管数据安全,但未涉及数据所承载的其他权益关系。

在国家层面的数据权属法律框架尚未形成之际,部分地方政府率先进行试点,并探索具有我国地域特色的数据产权制度体系。例如,福建省借鉴早期建设数字福建的丰富经验,首次明确将公共数据纳入社会公共资源或国有资产的管理体系。2016年,福建省政府在《福建省政务数据管理办法》中界定了政务数据的资产性质,认定其所有权属于国家,并设立了政务数据资源统筹管理机构。福建省的这次尝试为此后其他省份的试点工作提供了较高的参考价值,这种以管理办法的形式确定数据产权的做法是数据产权立法的有益探索。近年来,受数据要素市场改革的影响,全国多个地区(如天津、上海、贵州等)相继出台本地的数据管理制度或条例。但在数据产权方面,多数条例还是局限于从政府行政管理的视角探讨如何推进相关立法工作,并没有界定同样适用于商业、产业的全方位明确权属关系。又如,2022年1月正式实施的《上海市数据条例》只在"浦东新区数据改革"一章中提出推进浦东新区数据产权相关标准制定和系统建设工作,至于数据所有权到底归谁,并没有正面提及。

除此之外,也有部分地方政府处于数据权属立法的探索前列,试界定并阐述数据所衍生的一系列权益关系。例如,深圳市2021年6月通过的《深圳经济特区数据条例》明确规定了个人数据的民事权益,包括自然人对个人数据依法享有知情同意、删除、查阅等权益,自然人、法人和非法人组织对其通过合法处理数据形成的数据产品、服务享有相应财产权益,受法律、行政法规及条例保护。再如,广东省2021年公布的《广东省数字经济促进条例》也指出,数据财产权益受到法律保护,可以依法交易。这些地方政府在数据权益范围和类型方面进行了划分与界定,为国家层面的数据权属立法提供了重要参考。

第三节　数据要素的会计确认与计量

一、数据资产

当前,数字技术(大数据、区块链、人工智能、物联网、5G 等)发展迅猛,正在向经济、社会各个领域不断渗透和融合,以数据资产为核心的数字经济发展已成为必然趋势。作为数据生产要素密集的场所,企业在生产经营过程中积累了大量数据资产,这些数据资产亟待被纳入企业会计核算体系(秦荣生,2020)。

按照维基百科词条注解,数据(Data)意为"已知",也可理解为"事实",是指未经加工的原始素材,能够反映客观事物的真实状况。数据的形态多种多样,既可以是数字这种简单形态,也可以是图像、声音等复杂形态,但本质都是对客观事物的描述,可用于记录、分析和重组。IASB(国际会计准则理事会)将资产定义为"企业因过去活动而拥有或控制的,有潜力产生经济利益或权利的现时经济资源"。在这一定义中,企业因"控制"数据而产生经济利益、"权利"是其核心内涵。因此,数据资产是企业拥有或控制的,因过去活动所形成的现有数据资源,有潜力为企业带来经济利益流入。数据资产是企业日常生产经营中需要打交道的符号,是全世界交流通用的一种语言方式,同时也是科学研究、经济决策的基础和依据。

数据资产具有以下特点:

(1)数据资产具有明确的所有权或控制权。清晰的产权归属是市场主体之间进行物质交易的前提条件,数据资产也应具备这种特性。

(2)数据资产具有非依赖性。非依赖性是指数据应能够独立于产生数据的主体而存在,这是数据产生价值的前提。如果数据无法脱离数据源独立存在,它的交易价值就不存在,也就无法构成资产。该性质要求数据资产能被独立识别,拥有对外的应用或潜在价值,实践中数据资产是有交易价值的数据集。

（3）数据资产可交易。企业持有数据资产的目的是获得收益，因此可交易是数据资产的必要确认条件。数据资产可交易是指数据资产价值能够得到市场的认可，若数据虽有价值却不可交易，则不能形成数据资产。

（4）数据资产具有动态性。虽然数据的获取和加工成本通常很高，一旦数据资产形成，因其传播成本低、共享性和复制性强，数据的获取成本就会大幅降低，但是实践证明，数据资产和其他资产的主要差异在于时效性和个性化差异。时效性是指数据只在特定时间内拥有相应价值，之后其价值将快速消散；个性化差异是指同一数据对不同使用者来说价值各异，并且缺乏稳定的价值形态。因此，数据资产需要动态维护以保障其时效性，通过不断生成和积累新数据来满足多样化的使用需求。存储、维护、管理、安全防护等过程都需要较高成本，数据资产由此不具有相对固定的形式或清晰界限，而具有动态特征。

综上所述，数据资产应该包含三层含义。其一，广义上的数据资产指所有的数据资源，是企业或组织对各种活动和行为的物理或电子记载，其产权通常不明确，其价值也不明确。其二，数据资产在管理学或统计学层面上具有明确的所有权和控制权，但如果无法科学、准确地估计价值，该资产就不能参与资源配置活动（马丹和郁霞，2020）。其三，会计学中的数据资产被认为是可以评估价值的，为企业所拥有或控制，能够参与资源配置。在数据要素市场中，只有符合会计学标准的数据资产才有可能成为参与分配的生产要素。

本章关注会计学意义上的数据资产，并对其进行定义：数据资产是企业拥有或控制的，由过去的活动或事项形成的，未来可为企业带来经济利益流入的，难以被篡改的可持续数据集合及其服务能力。

二、数据资产的会计确认

会计确认是指将经济事项正式纳入会计要素并加以记录和报告的过

程。数据资产作为现代会计资产的一种,也应具备进行会计确认的基础和条件,以确定数据资产的确认内容和确认时间(侯彦英,2021)。

根据资产的相关定义(企业拥有或控制的资源),要想确认数据资产,首先应明确数据的所有权或控制权。目前,对于数据所有权的归属仍然存在许多争议。通常认为,数据所有权应该由产生数据的数据源所有。然而,从会计学的角度看,数据的所有权并不一定属于数据源本身。因为资产的本质是为企业带来未来经济利益的资源,某资源如果预计不能带来经济利益,就不该被划为资产。若数据脱离数据源后不具备任何价值,那么该数据也不应被划为会计资产。例如,某人的身高信息在脱离个人后本身无任何意义,它就不应该被视为数据资产。而个人所拥有的知识可以离开数据源被交易和转让,它就可以被视为数据资产。基于经济学视角,所有权和控制权是凝结在价值形成过程中的无差别人类劳动,而非数据来源者的财产权,数据价值的创造能力才是数据产权的界定标准(Lee,2019)。

从技术角度来看,数据资产的确认涵盖两个环节:数据标识和数据确权。数据标识是数据标注上不可逆、防篡改的唯一标识,以此有效确定数据来源;数据确权即明确数据资产的产权。数据资产的产权是指依法授予所有者占有、使用、处置数据并从中获益的权利。区块链技术为数据资产的两个确认环节提供了相应的解决办法,例如,数据资产的标识可基于区块链的加密算法和共识机制来实现,数据产权则可以依据工作量证明(Proof of Work,PoW)所提供的算法模型来判断。

IT环境下,数据的所有权和控制权通常处于分离状态。所有权的形成取决于数据收集、处理、存储、商品化的过程,控制权的形成则往往由社会化的共享平台来实现。而伴随着云服务模式的应用,许多数据资产依靠云平台发挥作用,从而使得其所有权和控制权形成相互依赖、相互制约的关系,平台经济的出现正体现了这一趋势。平台方承载并控制着海量数据资产,而数据资产的产权则通常归入驻平台的各运营机构所有。

因此,在确认数据资产时,需要打破传统资产确认唯一所有者的束缚,在承认数据所有权唯一性的同时,也要考虑控制权的多样性,构建所有者和控制者共有或共享产权的模式。例如,美国脸书公司提出的数据私有化行动,在承认用户拥有个人数据所有权的前提下,利用奖励机制鼓励用户让渡数据控制权。在未来,共有或共享数据资产产权的模式预计将成为常态。

三、数据资产的初始计量

资产计量是指按照具体方法对资产进行量化的过程,包括对资产计量属性和计量单位的选择。作为企业资产的重要组成部分之一,对数据资产也需要进行计量,以便管理(秦荣生,2020)。根据传统会计学中的资产计量方法,企业应结合自身业务特点和风险管理需求,在初始确认数据资产时选择以下方法计量:

(一)历史成本法

历史成本法的计量依据是取得数据资产时实际发生的成本,主要涉及企业采集、挖掘、分析、传输数据以及建设数据库的各种耗费,相应的各种软硬件和人工支出,以及向数据所有者支付的数据使用转让费等。

在计量数据使用转让费时,应区分数据所有者、管理者和使用者。数据所有者是产生这些数据的用户;数据管理者是负责采集、挖掘、存储用户数据的企业;数据使用者既可以是数据管理者企业本身,也可以是从数据管理者处购买数据的企业,即最终使用这些数据的受益者。企业只要使用了数据,就应支付相应的转让费。若数据使用者向数据管理者支付了数据转让费,那么数据管理者也应向数据所有者支付数据转让费,此时的数据管理者扮演数据银行的角色。

历史成本法是数据资产计量的基础方法,在实际工作中操作简单,各种支付凭证也容易获取。该方法以交易事实为依据,交易行为与交易金额都是客观的、可验证的,计算出的收入和成本也是客观的、可验证的。因此,历史成本法是一种较为常用的、可靠的计量方法,反映了获取数据资产的实际代价。

(二)公允价值法

公允价值法是指根据公开市场参与者在公平交易中出售数据资产所能获得的对价来计量数据资产。该方法适用于通过交换获得的数据资产,即数据使用者实际支付给数据管理者的价格。例如,许多海外公司从壳牌等公司的财务部门以及路透社等新闻公司购买数据所支付的对价;又如,国内部分公司从万方、同花顺等证券数据公司购买数据所支付的对价。

计量数据资产的公允价值法一般包括三种:市价法、类比项目法和估价法。市价法将数据资产的市场交易价格作为公允价值;类比项目法参考类似项目的市场价格,通过对比来评估数据资产的公允价值,适用于无法获取市场交易价格的情况;估价法是指在数据资产不存在或市场交易价格信息很少的情况下,使用估价技术评估数据资产公允价值的方法。

大多数情况下,我们需要从以上三种方法中挑选一种来确定数据资产的公允价值。首选方法往往是市价法,因为市场交易价格公开透明,更容易被人接受,也最公平公正;如果无法获知市场交易价格,则使用类比项目法,通过严格的筛选条件,选择类似项目价格,对比确定其公允价值;如果前两种方法都不适用,就需要用估价法估计数据资产的公允价值。公允价值法是维护产权秩序、提高财务信息质量的重要手段,在市场经济条件下具有广泛使用的必要性。

(三)评估法

对企业的数据资产进行价值评估时,通常采用数据资产计量的评估法。当今世界,互联网企业在资本市场上备受瞩目,而数据资产是这类企业最重要的资产,因此如何对数据资产进行估值已成为实践中亟待解决的重要问题。

如果数据资产管理企业自身使用了数据,并从中取得了商业价值,那么企业的运营指标(如收入、成本和利润)应该反映这些商业价值,并在企业市值中体现数据资产价值。又因为这些指标在企业估值过程中已经得到充分考虑,所以对这类数据资产似乎不需要再进行单独评估。然而,企业通常关注的问题是:可否对数据资产本身进行评估?其背后的逻辑是,数据资产本身(即使脱离企业的生产经营活动)也应具备价值,可以单独进行评估。

收益现值法、重置成本法、现行市价法、清算价格法等都是计量评估数据资产的常见方法。其中,收益现值法通过以合理的折算率计算被评估数据资产未来预期收益的现值来评估数据资产的价值;重置成本法通过估算重新购置被评估数据资产所需成本来评估数据资产的价值;现行市价法以被评估数据资产的当前市场价格作为被评估数据资产的现值;清算价格法则以企业清算时数据资产的可变现价值作为被评估数据资产的估计价值。

四、数据资产的后续计量

数据资产的完整计量包括初始计量和后续计量。后续计量是在每个会计期末发生价值变动时,对已经进行初始计量的数据资产再次计量。它旨在连续、系统地反映数据资产的价值变动,并对价值变动引起的损益变动予以反映。通常情况下,企业会选择使用历史成本法进行数据资产的后续计量,但在特殊情况下,也可以采用公允价值法。

(一)历史成本后续计量

在互联网企业中,数据的收集、挖掘和加工会消耗大量人力资源、带宽资源和服务器资源,但如果耗费大量资源获取的数据没有任何用处,也无法带来经济利益的流入,那么企业是否应该将这些资源消耗计入数据资产的价格?

答案是否定的。就像其他普通实物商品一样,数据资产的价格应该由它所创造的价值来衡量。因此,采用历史成本模式进行后续计量,应该根据数据资产是否有潜力以及预计能为企业带来经济利益的多少,计提折旧或摊销。需要注意的是,数据资产的生产成本与其市场交易价格之间并没有必然联系,价格只是数据价值的货币表现。对于明显减值的数据资产,应当进行减值测试,并根据减值程度计提减值准备,将其计入当期损益。

(二)公允价值后续计量

只有当企业持续存在或有确凿证据证明数据资产的公允价值能更好地反映其实际价值时,才可以采用公允价值法进行后续计量。

企业如果选择使用公允价值法进行后续计量,则应在每个会计期末对数据资产进行减值测试,并根据测试结果调整数据资产的期末价值。公允价值与账面价值的差额将作为公允价值变动损益计入当期损益,不用计提折旧或摊销。

根据前文定义的数据资产,我们认为只有具备交易条件的数据资产才需要进行单独的会计确认和计量,从而形成真正意义上的数据资产。具体交易条件包括三个方面:第一,数据资产能够被独立辨识,且能提供使用价值稳定的数据集或能力服务,如数据包、导航服务、精准客户画像等;第二,数据资产具备对外交易或提供服务的可能性,即资产可以被交换且可以为接受方创造价值,可成为独立交易对象;第三,数据资产应存在活跃的交易市场,各方可以参考相同或相似条件下的交易活动评估其价值。

若交易双方对这类数据资产的价值十分明确,也可以借鉴类似金融资产的会计处理方式,按照市场法对其进行会计确认和计量。

五、数据资产的报告

数据资产的报告主要基于日常核算资料,总括反映企业在特定时期内数据的增减变动及期末持有情况。企业可在资产负债表的"非流动资产"项目下单独设立"数据资产"明细项目,报告数据资产的持有及变动情况。

企业应在每个会计期末的财务报表附注中披露数据资产的类型、金额、确认条件、计量基础以及其他与数据资产相关的信息。在采用历史成本法进行初始计量和后续计量的情况下,应报告各类数据资产的有效期、折旧方法和折旧额,以及期初、期末原价和累计折旧额;在采用历史成本法进行初始计量、采用公允价值法进行后续计量的情况下,应披露数据资产减值准备的计提依据和金额;在采用公允价值法进行初始计量和后续计量的情况下,应披露公允价值的确定依据和方法、公允价值的变动情况、公允价值变动损益的本期和上期发生额,以及公允价值变动对本期损益的影响。但不管是历史成本法还是公允价值法,都要披露准备处置或报废的数据资产名称、账面价值、预计处理费用、处理损益等信息。

此外,在每个会计期末,如果数据资产的账面价值与计税基础不同,那么"递延所得税"项目将受到影响。此时,企业应根据二者差额产生的公允价值变动,调整递延所得税和可税前抵扣的折旧摊销,并在"已确认的递延所得税资产和递延所得税负债"项目下增设递延所得税负债明细项目"以公允价值计量的数据资产",用来报告和反映数据资产对企业的纳税影响。

第四节 会计大数据与数据要素市场的形成

一、数据要素市场化

数据要素市场是指用于交易作为生产要素的数据产品的渠道和关系。在这个交易市场中,数据产品的交易渠道提供了实现数据要素交易的平台和途径,而交易关系则是指交易方在交易过程中建立的相互关系。

在市场经济条件下,生产要素通过市场进行配置。随着数字经济时代的到来,数据成为一种重要的生产要素,数据要素市场也由此成为市场体系的重要组成部分。数据要素市场与其他要素市场一样,具备一定的内在要求和规范运行的环境,同时与其他要素市场也存在相互联系。数据要素市场的正常运行主要涉及数据要素的市场定价、交易规则、交易平台或渠道以及市场监管等方面,此外还要求所有生产要素按比例配置,以实现各类要素市场的协调发展。

数据要素必须通过市场被配置到生产领域,即数据要素的供求通过市场交易来实现。数据要素的价格是在价值的基础上依靠市场决定的,数据资源通过流通市场来满足数据提供者对价值的追求以及数据购买者对使用价值的需求。

数据交易遵循等价交换原则,但其交易方式与传统的要素交易方式不同。传统的生产要素交易涉及实物的市场流通,而虚拟状态的数据要素则通过互联网平台实现交换和流通。与原材料、半成品等流动资产的价值转移方式相同,数据要素先通过市场渠道流入生产领域,然后在生产过程中完成旧价值的转移和新价值的创造,数据价值按照实际消耗的数据成本转移到新产品中。不同之处在于,数据交易以网络平台为媒介,克服了时空限制,交易过程更加透明、便利、高效,促进了市场资源的优化配置。

数据要素市场化至少要具备以下几个条件(何玉长和王伟,2021):

第一,数据要素市场配置。数据要素市场配置是市场经济的核心特征,数据作为生产要素必须通过市场进行配置。而在数据要素市场配置中,确权是配置的前提。各种类型的数据以及在数据形成的各个阶段都可以进行交易,但交易前都必须先确定数据的所有权,市场需要确保数据交易的自由性及数据产权的独立性。概括来说,数据要素市场配置意味着数据所有者通过市场交易实现数据产品价值,获取相应经济利益;数据使用者以较低的成本购买数据要素,然后将其与其他生产要素相结合,进行二次加工处理,在生产过程中创造更大的经济效益。

第二,数据要素市场定价。尽管数据要素的价值由生产加工数据产品所需的社会必要劳动时间决定,但它还受市场供求关系的影响,并随着市场供求的变化而波动,表现为市场定价。市场定价的基础是产品价值,同时又兼顾反映市场供求关系、体现市场平等性。市场定价有助于促进数据要素市场竞争、提高数据要素生产效率。由于数据具有虚拟性,不像其他实物要素那样容易计价,因此在确权的基础上还需要进行专业估价,然后通过市场磨合协商确定价格。而对于涉及国计民生且具垄断性的重要数据,其定价还需佐以听证会等更多环节。

第三,数据要素市场交易。与传统的实体交易市场渠道不同,数据要素依靠互联网平台进行配置。这就要求市场区域内实现5G基站、大数据中心等数字技术设施全覆盖,同时需要配备健全的数据交易网络支持系统和运行良好的数据交易网络平台,实现物联网交易的便捷连接,确保各类要素市场交互衔接,使得供求信息公开、完整、及时。因此,数据要素交易需要克服地方和行业壁垒以及大企业的垄断,实现国内外数据要素市场的互联互通、线上数据交易和线下服务高效协作。

第四,数据要素市场竞争。数据信息源于实际经济生活,数据要素的规模和质量差异将引发市场竞争,这种竞争有助于激发数据产品的创新活力,促进社会生产力的提高。然而,同类数据市场竞争通常会导致一家独大的局面,逐渐削弱竞争强度。因此,我们需要建立规范的数据要素市场进入和退出机制,以适应数字技术更新快、周期短的特点。此外,我们还需要加快数据要素技术的升级和更迭,克服"独角兽"企业对数据市场的垄断,建立优胜劣汰的竞争机制,以确保数据技术的先进性和数据资源的高质量。

第五,数据要素市场制度。为确保数据要素市场规范运行,我们还需要在以下几个方面完善和健全市场相关体制和机制:确立完备的数据交易法规、清晰的行业管理规章、落实到位的市场执法责任;科学界定数据权属,完善数据共享机制,维护市场参与主体的权益,加强私人信息保护;强化数据要素市场监管,建立健全市场监管机制,形成与各类要素市场无缝对接的完整监管体系;防范数据篡改、数据盗取、信息泄露,以保障数据交易的公平秩序和市场的健康运行。

二、数据要素市场的运行模式

数据要素市场的运行涵盖了生产、流通、分配和消费四个关键阶段。

在数据生产阶段,数据的生产方式不断变革,从存储在数据库中的被动生成到网络用户的原创生成,再到感知设备的自动生成,数据来源变得更加广泛。

在数据流通阶段,为配合数据产权在市场各主体间的流转,数据流通需要建立相应基础设施。在初次流通时,将来自不同数据源的数据集合起来,通过数据技术进行加工处理,赋予其初始生产价值。随后,数据要素经过多次流通和配置、交易共享,才能实现价值最大化,最大限度地发挥数据要素的效用。

在数据分配阶段,数据要素的收益被分配给各个市场主体。在初次分配时,市场主体根据投入数据要素生产获得的报酬进行分配,这体现了数据所有权或使用权的经济实现。党的十九届四中全会首次将数据要素纳入收入分配序列,并提出"健全劳动、资本、土地、知识、技术、管理、数据等生产要素由市场评价贡献、按贡献决定报酬的机制"的要求。数据要素参与收入分配必须符合市场机制,依据其对经济增长的贡献程度合理分配收益。同时,政府在再分配过程中应发挥监管作用,通过征税等方式弥补数据要素在初次分配中的不足,为原始数据供应者提供收益补偿,依据财政政策来维护数据要素市场收入分配的公平性、公正性。

在数据消费阶段,数据要素的价值得以实现。国务院印发的《"十四五"数字经济发展规划》提出,要"以实际应用需求为导向,探索建立多样化的数据开发利用机制"。以市场需求为导向,数据要素、数据产品的研发必须坚持创新,才能在满足各领域对数据使用需求的同时,实现数据价值的增值。

数据要素市场的实质是市场经济,其核心目标在于实现数据要素的市场化配置,充分发挥市场的决定性作用(何玉长和王伟,2021)。数据要素市场化赋予数据要素市场以市场经济属性,其运行机制是包括价格机制、供求机制、竞争机制、风险机制等一系列要件在内的有机整体,这些机制在各自领域发挥不同作用,相互联系、相互影响,共同构成数据要素市场的运行基础。

三、数据要素市场机制

(一)价格机制

价格机制是一种传导器,对于数据的生产、流通、分配和消费起着关键的杠杆作用。数据价值是定价的基础,价格是价值的具体表现形式,但对于数据资产的价值评估方法尚未达成共识,数据定价机制仍存在未解决的难题。

当前,数据价值评估主要采取四种方法。一是基于价值基本维度,根据数据的效用和质量评估数据价值;二是建立数据价值评估模型,依据数学模型评估数据资产价值;三是针对具体场景,根据不同需求和应用领域评估数据价值;四是基于财税管理方法,从经济学的角度计量评估(黄倩倩等,2022)。

尽管大部分数据资源可以通过数量来准确计量,但数据价值并不依靠数量衡量,因为即便是相同体量的数据,价值也可能存在巨大差异。传统商品的价值量可以通过社会必要劳动时间来衡量,但数据价值并不能简单地用生产时间来反映。数据的价值实际上取决于其使用价值,且在不同的主体之间,差异化的需求将导致同一数据要素具有不同的使用价值。此外,对数据的挖掘程度也会影响其价值,收集、处理、存储等环节都会影响数据价值的实现程度。由此可知,数据使用价值的不确定性和差异性使得数据价值评估成为难题。

数据的定价建立在数据价值评估的基础上。然而,数据的价值很难被准确衡量,这无疑增加了数据要素的定价难度。无论是传统的成本法、市场法和收益法,还是基于博弈模型、隐私计算和机器学习等的新型定价方法,都在不同方面存在不同程度的缺陷。此外,数据定价虽基于价值,但同时也受市场供求关系的影响,市场供求关系的变化将导致数据价格的波动。因此,数据的定价需要先基于其价值进行专业评估,再根据市场供求状况不断调整。而对于公共数据和涉及国计民生的数据资源,在上述环节的基础上,还要考虑其他社会条件限制。

相较于传统商品,数据要素的消费是独立进行的,消费者无法获取数据产品的完整信息,只能根据供应方提供的信息进行判断,对于其他消费者支付的金额并不知晓,这种信息差为部分数据供应商实施价格歧视提供了机会。与此同时,还有许多数据交易平台为吸引消费者购买增值服务,向其提供免费服务。这些形式多样的定价策略也对数据定价机制产生新的影响。

当前的数据交易市场环境中,数据价值评估方法存在不确定性,市场实践中的数据定价混乱、管控困难;消费者只能被动接受不公平的定价结果,其合法权益得不到保障,还会损害数据产权所有者的利益;无法调节供求关系,对数据要素市场释放活力不利,从而为非法数据交易提供可乘之机。

(二) 供求机制

数据的供给与需求是数据要素市场产生和发展的前提条件,对市场运行有着至关重要的作用(张燕飞和李晓鹏,1999)。作为一种新型生产要素,数据要素市场必然存在供求不平衡的情况。

数据经过加工处理后,由供应方提供给需求方,双方进行数据交易。从供应方的角度看,所提供数据的数量和质量直接关系着供应方的声誉与信用,进而间接影响数据市场的未来发展。从需求方的角度看,数据需求是一种复杂的社会需求,受多种因素的影响,涉及领域广泛,不同数据需求方对数据的类型、数量、质量、内容、形式等的要求不同,即使是同一数据,对不同需求方来说也价值各异,因此满足数据需求的渠道和途径也多种多样。

目前,数据要素流通平台的数据来源复杂、种类有限、领域覆盖范围较窄、质量良莠不齐,且供应方对数据资源的挖掘程度不够深,缺乏有针对性的精细化服务。交易之前,买方往往无法获悉数据的质量水平,也无法直观地了解数据产品的质量和效用,难以确定该数据能否满足己方需求。

数据交易平台是数据流通的核心枢纽,在数据供求过程中扮演着重要的中介角色。然而,我国目前还未明确数据交易中心的法律地位,交易平台建设不完备,多数平台定位不清晰,所提供业务过于简单,创新性、专业化程度以及服务匹配度都较低,不能满足市场需求。整体来看,数据交易平台规模小、年交易量少,许多平台处于半停运状态,且不同平台之间存在壁垒,各区域和各部门之间缺乏数据交流,资源开发程度低,导致市场发展受到极大限制。

就数据本身而言,非竞争性和非稀缺性的特征决定了数据能够在不影响效用的前提下被复制并重复供应,复制成本几乎为零。与传统商品需要通过所有权获得效用不同,一旦数据产品被复制和查看,其使用权利就已经转移。在这样的前提下,数据供应方和需求方私下复制、交易、使用数据的违法行为极为隐蔽、很难发现,供求双方在交易过程中需要通过情况调查、协商谈判来降低潜在风险,导致交易成本增加、交易效率降低。

从数据供求边界来看,市场主体不仅是原始数据的生产者,还是数据产品的需求者。例如,互联网用户既在网络平台上产生大量原创数据,又通过获取他人数据信息来解答自身困惑。此外,一些跨领域、跨学科机构的横向合作也进一步模糊了数据供应方和需求方的边界。

数据要素供求平衡是数据要素市场健康可持续运行的重要保障。数据要素市场利用供求机制能够有效缓解供求矛盾,具体可通过影响数据价格波动,引发市场竞争,推动数据要素在种类、质量、数量、形式等多个方面实现供求平衡。作为市场经济总供求关系的一环,数据要素供求关系驱动数据要素市场供求机制正常运行,从而促进国民经济正常运行。

(三)竞争机制

竞争是实现数据要素价值的重要条件和必要形式,市场竞争引导数据要素资源的有效配置,这是一种自我选择机制(梁平,1994)。为了获取经济利益、占据有利市场地位,数据要素生产者和经营者必须参与市场竞争,不断创新研发先进技术,调节数据要素市场的供求状况,激发市场创造潜力和生产活力。

目前,我国数据要素市场处于初步发展阶段,具有广阔的潜在发展空间,但也存在发展不平衡的问题。一些大型互联网企业垄断大量数据要素资源,并通过规模效应占据市场支配地位,形成数据壁垒,影响要素流通与配置。

数据的非竞争性意味着数据能够被无限开发,边际成本较低,投入即可形成自然垄断,从而实现规模经济效应。数据的不完全排他性也易导致维护数据独家使用权的成本较高,企业不得不通过设立技术障碍来限制其他竞争者的使用,导致数据资源被闲置和浪费。同时,由于数据需求具有个性化特征,数据供应商需要为数据需求者量身定制数据产品,致使数据要素市场被进一步分割为众多相对独立的小市场。数据供应商可以通过更充分地了解买方需求来获取竞争优势,而数据消费者则需要花费大量时间和精力来比较不同数据供应商的优劣,这为某些数据供应商提供了维持非竞争行为的可能。以上这些因素共同导致了数据要素市场中垄断现象的出现,阻碍了市场竞争机制效能的发挥。

此外,当前的数据要素市场还存在其他问题,如交易规则不够完善、市场主体行为不规范、监管制度不健全等。同时,数据交易过程缺乏统一、规范、标准的规则指导,数据接入标准不统一,登记和结算程序模糊,导致市场秩序混乱。数据的所有权和来源也存在不明确的情况,合法的授权机制尚未建立,为了进行交易,数据必须先经过脱敏加工,这一过程将降低数据的真实价值,限制数据的效能释放,也为后续数据使用带来安全风险。数据市场缺乏成熟的主体资格审查机制,对市场生产者的界定不清晰,没有建立起市场准入、退出机制。某些数据中介平台采取的会员制度门槛较低,约束力不强,对数据供应方及平台内交易行为的监管力度也不够,数据管理缺少相关法律法规依据。在交易过程中,侵权违法行为属于普遍现象,威胁着数据交易的安全性,也为一些垄断和不正当竞争行为提供了机会。

(四) 风险机制

风险机制是保障数据要素市场稳定运行的基础机制。与一般市场相似,数据要素市场也存在各种风险,风险机制和竞争机制共同承担调节市场供求关系的作用。

对不同需求者来说,数据的整合加工程度不同,其价值也不尽相同。此外,从数据产品中进一步衍生出的内容服务也为数据本身增添了更为复杂的价值属性。传统的实物商品可以直接被消费,而数据要素必须经过挖掘利用后才能产生价值,又由于缺乏一致的度量方法,在交易发生前,数据的实际效用和价值往往无法被买方准确评估,从而为交易带来风险。

线上平台在为数据需求者提供了更多选择的同时,也带来了大量杂乱的信息。数据消费者为降低交易风险,不得不在交易之前对不同数据供应商做深入的背景调查,这对购买者的辨别能力提出了一定的要求。另外,由于数据产权体系不健全,数据权属界定不明可能会涉及侵权问题,引发法律纠纷,增加交易风险。

对于数据供应方来说,数据安全问题也极大地增加了数据市场风险。数据安全与业务密切相关,数据一旦泄露,其价值即毁损,之前的投入都将付诸东流,这就对数据加密技术提出了更高要求,各方需要采取更加严格的措施来保障数据安全。

四、数据要素市场的资源配置效率:会计的作用

数字经济作为技术、组织和制度共同作用催生出的新的经济形态,将现代化意义上的数字技术紧密地融入经济系统,利用知识、资讯等形式对经济活动产生重大影响,深刻地改变着整个经济社会系统的要素结构和运行机制。随着经济、社会现代化程度的不断提升,会计在企业管理与决策中变得

日益重要。作为组织和社会管理的关键组成部分,会计需要不断适应所处环境的快速变化,并通过创新性应用对会计环境产生影响。会计在数字经济发展中扮演着不可或缺的角色,同时又凭借其特有的理论和方法促进数字经济发展。

2020年10月,党的十九届五中全会审议通过了《中共中央关于制定国民经济和社会发展第十四个五年规划和二〇三五年远景目标的建议》。这份建议将数字经济发展置于核心位置,明确提出了发展数字经济、推进数字产业化和产业数字化、推动数字经济和实体经济深度融合、打造具有国际竞争力的数字产业集群的目标。这既是响应党的十九大报告倡议的建设数字中国的重大举措,也是推进我国数字经济发展的未来战略安排。中国信息通信研究院发布的《中国数字经济发展白皮书(2021)》显示,2020年我国数字经济规模达39.2万亿元,较2019年增加3.3万亿元,占GDP比重由2002年的10.0%提升至2020年的38.6%。显而易见,数字经济在国民经济中的地位逐步提高,大力发展数字经济已成为实现经济全面转型升级和高质量发展的主要路径。

站在数字化革命的历史转折点,企业、组织和社会中的会计正面临一个难题:如何通过自身变革来配合新经济形态的发展?这是会计理论与实践所必须解决的时代问题。根据马克思主义的观点,社会生产力的变化是社会形态变革的动力。"经济越发展,会计越重要"这句话很好地诠释了会计与社会生产力发展之间的辩证关系。会计承担着满足社会生产力发展要求的任务,深度融合、推动数字经济深入发展是新时代赋予会计的重要使命。从本质上看,会计与数字经济之间存在相互作用的辩证关系。只有正确认识到这种关系,正确理解会计对于数字经济发展的赋能逻辑,才能确定会计创新和变革的方向。

基于以上考虑,本节将从数字经济相关的制度、市场、企业等角度,在宏微观两个层面观察和分析会计如何为数字经济发展赋能,并从实践层面阐释会计凭借自身创新和变革促进数字经济发展的方式和途径(綦好东和苏琪琪,2021)。

(一)会计服务数据要素市场政策的制定与实施

近年来,世界大部分国家和地区都实行了一系列政策来促进数字经济发展。以美国为例,1993 年,美国政府颁布了《国家信息基础设施行动计划》;1998 年开始,美国商务部接连发布"数字经济"相关报告;2015 年,美国商务部进一步颁布了《数字经济议程》,将数字经济的发展视为提高竞争力的核心内容;2016 年,美国成立数字经济咨询委员会(DEBA),为数字时代的经济增长提出建议;2018 年,美国公布《数据科学战略计划》《美国国家网络战略》及《美国先进制造业领导力战略》,明确提出促进数字经济发展的相关命题。与此同时,欧洲各国也在频繁颁布数字经济发展政策或战略规划。

战略规划是数字经济的发展纲领。我国数字经济发展的战略规划总体上经历了从重点推进信息通信技术迭代,到促进经济社会各领域深度融合发展的转变。自"十三五"规划提出"国家大数据战略"以来,我国推进数字经济发展和数字化转型的政策正在逐步完善并落地实践。2021 年 3 月,第十三届全国人民代表大会第四次会议通过了《中华人民共和国国民经济和社会发展第十四个五年规划和 2035 年远景目标纲要》,其中"加快数字化发展,建设数字中国"被列为一个独立篇章详细阐释,并被明确为"十四五"时期国民经济和社会发展的目标任务之一。随着中央数字经济政策的日益完善,地方政府也积极跟进,纷纷出台相关政策和发展规划,加强对数字经济的政策支持与战略引导。

作为一个信息系统和一项经济管理活动,会计通过反映、监督的方式与政府政策和战略相配合,共同发挥政策工具的作用。它不仅直接或间接地为相关数字经济政策的制定、实施提供服务,还在一定程度上激励各级政府持续布局、优化地方数字经济政策。在制定数字经济政策层面,会计系统与统计系统相结合,构建起相对完整的经济核算体系,用于测定并报告数字经济活动的流量和存量,关注相关社会产品的生产、消费和分配情况,提供数字产业化、产业数字化的增加值数据以反映各领域、各地区数字经济的发展程度和趋势,为数字经济政策的制定和完善提供信息支持。在激励各级政府布局数字经济层面,会计系统通过制度形式和社会行动方式的协同作用,反映数字经济的运行情况,凸显发展数字经济所蕴含的深刻经济与社会意义。由于会计信息具备可靠性、相关性、可理解性、可比性等质量特征,因此会计系统能够以系统、科学的计算方法与指标设计,将数字经济的发展信息通过数字化、货币化的形式呈现出来,有助于中央和地方政府更直观、准确地识别新经济形态的发展趋势,并据此制定数字经济发展政策,评估数字经济发展政策的实施效果,优化数字化转型战略规划。

会计通过嵌入国家治理结构,直接对微观主体产生影响,实现信息价值,行使管理权,从而为数字经济政策的实施提供全过程服务。会计信息有助于评估数字经济政策的实施效果,反映政策的适当性以及数字经济战略规划布局的调整和优化情况。在瞬息万变的市场经济环境下,在数字经济战略规划的实施过程中不可避免地会出现许多不确定因素,因此需要时常灵活调整规划。会计能够凭借其信息价值和管理权的影响,为数字经济政策的调整和修正提供依据。此外,在推动数字经济发展政策的过程中,数据安全保护至关重要。尽管数字经济时代的数据安全保护需求与智能技术水平的改进密切相关,但经济监测和预警能力同样是必要的,而会计恰好在经济监测和预警能力建设中具有重要作用。它不仅能为数字经济运行提供监测信息,还能为经济监测和预警提供相关衡量指标。

如果说会计在数字经济政策制定和实施中发挥效能,那么数字经济的发展也为会计的创新发展反哺以新的内在动力。只有不断深化会计数字化建设,才能更好地为数字经济发展提供更深层次、更高质量的服务。其一,在创新会计数字化转型的制度体系方面,想要将会计制度优势更好地转化为治理效果,就需要从顶层设计和制度体系优化两方面入手,推进会计数字化转型。目前,会计制度的改革和创新应重点服务于"十四五"时期经济社会发展的主要目标、战略原则和重点任务,尤其要结合中央关于数字经济发展的重大战略安排,从制度层面推动数字技术与会计的双向融合。其二,在会计对数据挖掘、云计算等技术的应用方面,基于数字化和信息化技术,提升对会计信息的获取能力,从信息来源、信息加工和分析、信息披露等多个环节全面提升会计信息的质量,力求全面、及时、客观地反映数字经济的发展水平和趋势,并利用数字技术不断优化会计管理权力的行使方式,更加深入地配合数字经济政策的制定与实施。

(二)会计推动数据要素市场发育

数据是数字经济的基本单位,也是关键生产要素,在数字经济时代有着独特的功能作用,通过与其他生产要素交叉融合、组合迭代,形成完整的要素市场配置体系。当今时代,数据信息和传输技术越来越成为先进生产力的代表,在相当程度上决定着生产率的高低。发展健全数据要素市场,利用市场机制将数据要素合理配置至各个生产和运营领域,已成为推动要素市场化改革的必然要求。会计作为一种具备信息价值和知识技能的工具,不仅贯穿数据生产、传递和使用的全过程,而且对数据资产的市场定价有一定的影响,为数据要素市场的发展和数据要素配置中市场的决定性作用提供基础支撑。

在数字经济时代,数据资源规模庞大且多样,仅仅拥有数据不是最终目标,真正关键的是如何充分利用互联网提供的大数据和云计算算法优势,将海量数据转化为有用信息,最终实现"数据—信息—价值创造"的成功转化。在这个过程中,会计可以将代码和以初级信息形式呈现的数据转化为可识别、可利用的商业语言,与其他生产要素相融合,形成新的生产经营动力,为企业和社会创造价值。因此,会计系统是形成数据生产资料的重要子系统,通过将会计知识和技术与数据计算和指标设计相融合,提升数据信息效能。

会计以其特有的计量方法对数据资产的市场定价产生影响,为数据要素市场的培育提供支持。表面上看,与传统实物流通的交易方式不同,数据产品以互联网作为交易中介平台,但深入理解可以发现,数据的采集、分析和处理同样凝聚着大量复杂的人类劳动。这就意味着,数据不仅是过去劳动形成的产品,也是生产经营的投入资料,既为所有者带来经济利益的流入,又增加使用者的生产经营成本。根据会计的确认原则和计量标准,能够给企业带来利益并被可靠计量的数据被视为企业资产,即企业生产经营不可或缺的生产资料。

与其他资产的定价基础相似,数据资产的市场价格取决于生产数据产品所需的社会必要劳动时间,并受市场供求关系的影响。在定价过程中,确保价格的真实性是实现市场资源有效配置的首要前提。会计遵循理性原则确认和计量资产价值,这使得最终生成的财务信息和非财务信息能更好地反映数据资产价值,成为数据资产市场定价的基础信息。此外,会计还能提升数字经济活动的可视性,促使数据要素价格更符合市场资源配置机制,充分发挥市场的决定性作用。

从历史的角度来看,随着人类实践活动的复杂化和多样化加深,社会对资源配置过程中的数据及其计量的要求不断提高。为了促进数据要素市场的发展,会计需要与时俱进,既要适应新经济形态下企业资源配置的新机制,又必须准确定义和可靠计量经济事项所涉及的会计要素,以更好地反映资产价值,为相关决策和管理控制提供服务。当前,尤其要紧密结合要素市场化配置改革的新趋势,为构建由市场确定要素价格、实现高效公平的要素市场体系贡献会计力量。

(三) 会计助力企业数字化转型

企业数字化建设对于数字经济的发展进程有着直接的决定性作用。数字技术与企业组织运作的融合是企业数字化转型的关键,其实质属于组织决策范畴。而会计系统不但为数字化决策提供信息支持,还因其权威专业性而在企业数字化转型过程中担任基础设施角色,直接或间接地影响决策的制定和执行。

首先,会计能够为企业数字化转型决策提供信息支持,从而提高决策理性。信息在决策过程中是至关重要的因素,可以说是合理决策的命脉。在数字经济时代,经济活动高度依赖于收集、处理和利用数据的能力。显然,会计数据的收集、处理和利用是数字经济发展所必需的要素。通过将会计知识抽象化和客观化,会计系统能够利用公式化、数学化、标准化的计算方式相对准确地衡量企业数字化转型的风险和不确定性,并通过成本效益分析来判断和选择适合企业数字化转型的实施路径。因此,会计可以增强数字化决策过程的经济理性,帮助协调组织内部的分工合作,降低交易成本,提高资源配置效率。

其次,会计以制度化的形态在企业数字化转型过程中发挥着基础性的控制作用。从正式制度的角度来看,会计制度依靠其法律地位,规范了会计信息的处理和披露。会计信息使管理活动成果可视化,为组织激励提供奖惩依据。从非正式制度的角度来看,会计系统通过信任功能降低了交易成本。可信的会计信息既有助于维系和增进组织成员之间的信任,又有利于促使投资者、企业员工和其他利益相关者认可并信任新技术及新商业模式的应用价值。

最后,会计因其岗位特殊性被赋予独特权力而成为企业管理体系的重要部分。在数字经济时代,同样要意识到会计是数字化生产环节和数字化管理体系的重要组成部分,要着力将会计系统与数字化管理体系深度融合,赋予总会计师和会计人员以特定的管理权,使其参与数字化转型决策及执行全过程。

进入数字经济时代,会计必须利用数字技术进行转型升级。一方面,要将数字技术(如人工智能、大数据、区块链等)充分应用于会计系统及会计实务,贯穿企业决策、控制和评价等各个环节,更好地发挥会计的信息价值和管理优势。另一方面,要壮大新型会计人才队伍,促进会计人员的能力结构转型,增强其在业财融合方面的逻辑思维和综合管理能力。财务部门整体应通过数字技术提升科学决策、风险评估及防范能力,更好地参与企业数字化转型方案的制定和实施。

(四)会计驱动企业价值创造

企业的价值创造能力是决定国民经济发展效率的主要因素和核心动力。若要提升企业价值创造能力,必然需要对价值管理的组织方式和管理方法进行变革。就企业本身而言,财会部门不仅是直接参与和主导价值管理的部门,也是整合和汇集企业所有价值管理活动信息的中心,充当着综合协调、经营决策、管理控制的角色,同时又通过参与过程控制、业财融合和业绩考核评价等企业价值管理各环节来行使管理权,推动企业价值创造。

在数字经济时代,会计应当通过优化自身流程,深度参与并更好地驱动企业的价值创造。数字技术的发展正在深刻地影响着研发、生产、供应、销售等价值创造活动的全过程,这就要求重新识别企业价值创造活动之间的关联关系,迫切需要对价值链进行系统化重构。同时,随着企业价值创造的商业模式、成本结构和收益结构不断变化,价值运动和价值创造的过程及结果需要得到更加有效的控制。面对会计环境的新变化和新需求,会计必须依靠自身在信息收集、处理、报告等方面的优势,借助技术变革来优化价值管理流程。此外,作为企业的关键控制系统,会计还需要按照企业价值链重构和商业模式创新的要求,重塑管理权体系,改进权力行使的方式,科学有效地推动价值创造。

在数字经济时代,会计必须深度参与企业价值创造过程。依靠机器学习等技术,会计可以获取更全面、准确的业务相关数据,深入分析经济活动数据间的相关关系,并准确预测未来经济趋势。同时,数字技术的业务流程数据化和智能化,使会计得以从复杂的财务数据中准确提取所需信息,有利于会计在投资和经营决策以及管理控制和业绩评价等方面更好地发挥作用。

虽然数字经济是信息革命的产物,但究其本质,它也是生产力发展和生产方式变革的必然结果。为了适应生产力发展和生产方式变革的要求,只有加快推动会计与数字技术的深度融合,才能更好地发挥会计在驱动企业价值管理和提升价值创造能力方面的优势。第一,应以数字化和信息化技术为支撑,拓展会计工作的边界,创新会计管理方式,以更好地参与企业价值创造。为了适应技术革新带来的会计深度分工,还应结合数字经济时代价值创造活动变革的新趋势,突破传统思维和理论局限,拓展会计主体的边界与范围,深入挖掘企业所处产业链、供应链和价值链中的有用信息。第二,进行体制机制创新,会计管理部门、信息化建设部门、行业监管部门和相关行业协会应开展合作,共同搭建推进企业数字化转型的新平台,建立企业会计体系转型案例库,为会计以更高质量、更深层次利用数字技术参与企业价值创造提供参考。

第五节 数据要素市场的会计定价机制

一、数据定价原则

市场是一个蕴含交易各方行为规则、知识和信息的综合体,而价格则是这些因素相互作用的核心表现形式(秦海,2004)。在要素市场中,要素在价值创造中的贡献是无法直接衡量的,只能通过市场经济中的竞争转化为要素价格信号(汤在新,2004)。因此,建立合理的数据定价机制是完善数据市场生态体系的关键问题。

数据要素定价的基本原则是选择定价方法和模型的重要依据。在数据定价过程中,通常需要遵循真实性、公平性、收益最大化、高效匹配等原则,但在不同的应用场景和定价模型中需要有所取舍。本节将数据要素定价原则分为一般性原则和特定性原则两类。前者与商品定价原则相似,具体内涵有所不同。而在数据要素特定的交易场景中,则必须遵循特定性原则(欧阳日辉,2022)。

(一) 一般性原则

数据要素定价也遵循商品定价的基本原则,如以价值为依据、以成本为基础、以市场竞争为导向等。在数据产品定价中,通常将收益最大化、公平性和高效匹配视为一般性原则。由于数据产品的复制成本较低,因此数据定价模型普遍采用收入最大化而非利润最大化的原则。举例来说,在拍卖模型中,卖方根据收入最大化的原则确定拍卖数量,而基于查询的数据定价则以无套利和收入最大化为目标,并基于此建立相应的定价算法。

公平性原则不仅涉及买卖双方对数据产品的公平定价,还需考虑其他利益相关者的公平分配。根据罗伊德·沙普利(Lloyd Shapley)提出的思路,平衡性、对称性、零要素和可加性是公平分配应具备的四个条件,满足所有要求的唯一分配方式被称为 Shapley 值。受到这个思路的启发,Shapley 值成为衡量数据产品的收益分配是否公平的有效工具(Jia 等,2019)。然而,数据产品的复制成本低、再生产边际成本接近零,卖方可以随意消耗较低成本复制大量相同数据产品,从而获取更多的 Shapley 值和不合理的收益,这对数据要素市场的公平性提出了挑战。

高效匹配原则要求定价模型能够以恰当价格实现买卖双方的高效匹配。由于数据产品价值在不同的应用场景下有所差异,因此能够有效计算多个交易参与者的市场报价成为数据交易平台的基本要求之一。计算效率过低会影响数据价值和交易效率。为解决效率计算问题,我们可将密码学、区块链等数字技术相结合,如将"盲目多项式评估"的密码学技术与区块链范式组合,设定明确协议并实例化,就能构建不依赖第三方、可处理大规模数据的计算函数。

(二)特定性原则

真实性原则是市场有效运作的保障,它能最大化卖家所提供的数据产品的真实效用价值,这也是拍卖机制遵循的核心原则。

无套利性原则是基于查询的数据定价的核心原则,旨在确保参与者无法利用不同市场价差获利。它包括无信息套利和无捆绑套利两个方面。在对移动人群感应数据进行查询定价时,需要遵循捕捉数据的不确定性、无套利和收入最大化三个原则。在个人敏感数据交易中提供查询服务的卖方必须承担一定的套利风险,因为套利策略能够有效捕捉错误定价,进而促使数据在流动性及定价效率上得到明显改善。

在隐私含量较高的数据交易场景中,极为强调保护隐私原则。网络用户的个人信息、第三方交易平台的信息极易在交易过程中泄露。例如,训练机器学习模型需要提取云服务器上的用户内容作为样本,该过程就存在隐私泄露的风险。因此,学术界积极研究如何保护数据产品的隐私,包括禁止销售未经脱敏处理的原始数据、建立去中心化且可信任的数据交易平台等措施。

二、数据要素市场化配置路径分析

数据资产的会计确认和计量旨在满足数据估值需求,并更好地为数据资产要素市场的优化配置提供服务。因此,研究数据要素的会计定价机制需要从综合视角出发,既考虑宏观因素也注重微观细节,在了解数据要素市场化配置路径的基础上,分析数据要素的价值形成、价值评估、价值交易、价值分配以及价值发现与价值传导路径,确保数据要素的会计处理能够充分满足实际需求。

从会计的角度来看,数据要素市场化配置路径本质上是数据资产价值从形成到交易再到分配的动态过程。根据价值运动规律,该路径如图3.1所示(侯彦英,2021)。由图3.1可知,在市场化配置的各个阶段,都应综合考虑技术、制度、会计三方面。

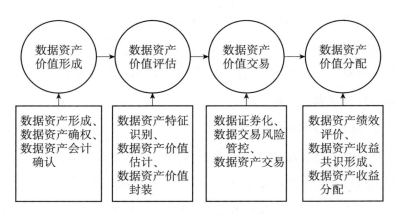

图 3.1　数据要素市场化配置路径

（一）数据资产价值形成阶段

基于技术角度，数据资产价值形成阶段主要包括数据感知与获取、通过数据治理确保数据质量、通过数据挖掘获取潜在价值，以及通过建立数据追溯能力来确定数据来源、识别所有者和控制者、完成数据确权；基于会计角度，该阶段需要进行数据资产的会计确认；基于制度角度，该阶段需要将数据资产根据持有目标和特征分类，并确定是否需要进行会计确认。

在数据资产价值形成阶段，我们需要完成"数据资产形成→数据资产确权→数据资产会计确认"过程。

（二）数据资产价值评估阶段

在数据资产价值评估阶段，基于技术角度，需要识别数据资产特征，并确定对数据资产价值产生影响的因素，如技术环境的安全性、稳定性和可检测性等来自技术环境的直接影响；基于会计角度，需要选择合适的评估方法，在充分考虑资产特征的基础上，合理估计数据资产价值；基于制度角度，应根据数据资产类别建立具有可比性的评估模型，对同类资产采用相近或相同的评估规则。数据资产价值封装需要依靠技术手段和制度手段的保护，技术手段尽可能控制数据资产被损毁或盗用的风险，制度手段通过分类和评估方法明确数据的价值,并进行会计确认和记录。价值封装的目的是建立统一的价值尺度和防护策略,以确保各类数据资产价值的稳定性和可比性(张志刚等,2015)。

在数据资产价值评估阶段,我们需要完成"数据资产特征识别→数据资产价值估计→数据资产价值封装"过程。

(三)数据资产价值交易阶段

数据资产价值交易是数据资产市场化配置的核心环节,可以借鉴证券交易模式进行。为了促进数据资产交易,应建立活跃的数据资产交易场所,其职责包括提供基础设施和技术支持、创新交易模式、管理与维护交易规则等。在数据资产证券化的前提下,将数据资产转换为可交易的证券产品是必要的,该过程使得数据资产商品化。数据资产证券化有利于将数据资产标准化,并通过设计不同数据资产证券产品实现数据资产实体的映射,将个性化、特殊性的数据资产转化为可交易的标准化数据商品。

同时,该过程也建立了统一的数据资产价值衡量尺度,为数据资产活跃交易奠定了基础。数据资产证券化形成了标准化产品,提高了信息透明度,降低了交易成本。建立开放、公允的交易平台有利于同类数据资产价值交易,使得交易过程更加快捷、安全,并能及时反馈数据价值的波动情况、规范交易规则、建立监管和风险预警,有助于快速发展和壮大数据资产要素市场。

在数据资产价值交易阶段,需要完成"数据证券化→数据交易风险管控→数据资产交易"过程。

(四)数据资产价值分配阶段

数据资产的价值创造和交易涉及数据资产所有者、控制者、交易中介、技术支持方、会计师事务所等众多参与者,他们共同构成完整的数据资产价值生态体系。因此,这些市场主体也应参与数据资产收益的分配。

与其他资产相比,数据资产需要更高程度的社会化协同管理,仅强调数据资产的所有权而忽视社会化管理程度往往会限制其价值实现。因此,我们应进一步完善数据资产价值分配机制,基于激励机制建立数据资产挖掘和管理体系。

我们需要建立多维度、多主体的绩效评价机制以实现数据资产的价值分配,而区块链的工作机制就很好地体现了这种价值分配过程:通过工作量证明和共识机制,公开所有算力,并建立相应的激励机制。

在数据资产价值分配阶段,需要完成"数据资产绩效评价→数据资产收益共识形成→数据资产收益分配"过程。

(五)数据资产要素市场的价值发现与传导

围绕着数据资产价值的形成、评估、交易和分配过程,数据资产要素市场化配置过程实质上是数据资产要素价值的运动过程。基于会计视角,该过程实现了价值确认和计量,并建立起微观会计价值核算与宏观市场价值运动的联系。与传统的资本市场不同,宏观市场运行与微观会计的联系是通过会计信息"披露—反馈"这一循环间接实现的(左文进和刘丽君,2021)。而数据资产的数字化和在线化特性使得其价值确认及计量与要素市场的价值运动相互融合,会计确认和计量行为本身就成为价值运动的组成部分,从信息系统转为管理控制系统。反之,针对数据资产的会计确认和计量需要,应根据实际场景,建立适应数据资产要素市场的会计标准,而非盲目扩大数据资产确认和计量的范围(Ding等,2019)。

三、数据价格生成机制

作为企业的特殊资产,数据产品既表现出无形资产的部分特征,又具备独特的资产属性(欧阳日辉,2022)。目前,数据资产尚未在企业财务报表上得到充分体现,尽管已有部分企业将其确认为专利并纳入无形资产条目。在实践中,数据产品的定价方法大致可分为基于会计视角、商品视角和数据资产特点三类,这里主要介绍基于会计视角的定价机制。

（一）基于会计视角的定价

学者们参考无形资产的估值定价思路，提出了收益法、成本法、市场法等会计学的估值定价方法，适用于不同类型的数据。

收益法强调数据产品预期收益或效用的现值，是无形资产价值评估的常用方法。收益法适用于多种情况，如基于项目数量和用户数量确定租赁费用比例的订阅方式，以及根据买方咨询量、训练模型精度所要求的数据粒度和数据量等进行定价。对于用广告精准推送的消费者行为数据，可通过广告收入和成本的线性定价来获得最大收益，且该价格与市场集中度负相关，与数据集的协同性（不同信息产品之间的合作产生的增量价值）正相关。然而，合理选择和估算预期收益、有效使用年限和收益折现率通常比较困难。

成本法关注数据产品的历史成本和重置成本，相当于预估数据产品的保留价格，是一种相对简单的估值定价方法（熊励等，2018）。然而，如果仅依靠成本法而忽略买方的异质性和数据特点所产生的价值，就很可能低估数据的价值，导致数据产品成本与实际价值相差较大。因此，成本法更适用于买方差异不大、制作成本公开、供给竞争激烈的数据产品，以及个人数据的隐私补偿定价。针对个人的隐私数据定价，还存在一种"公布价格"机制，卖方通过接受或拒绝合同来获取隐私数据的收入。对于边际成本递减的数据类型，成本法给出的数据资产价格应低于平均成本。

市场法强调数据资产的交易价格，是一种"自上而下"的估值方法。它主要考虑重置成本（用新资产替换已有资产的成本）、当前成本（用类似用途的资产替换已有资产的成本）或可变现净值（资产可以售出的金额减去出售成本）来确定数据资产的价值。市场法适用于活跃的数据市场，尤其是以交易为目的的数据产品，如知识产权数据。然而，使用市场法进行估值也有一些限制。其一，它比成本法更费时也更昂贵；其二，它需要类似的数据交易作为参照，但通常很难找到可比较的市场交易案例。

传统的会计评估方法可能会低估数据集的价格,因为拥有数据资产的企业往往会进行相机决策。若现有数据集质量不佳或市场需求疲软,则企业可能会选择放弃或延迟开发数据集。这也意味着当企业计划将数据要素纳入生产过程时,数据资产就具备隐含的期权特征。因此,我们可以考虑将实物期权理论应用于数据资产定价,但这方面的研究仍需要进一步发展。

(二)基于商品视角的定价

标准化的数据产品定价可以参考一般商品的估值定价方法。具体可采用以下方式:

第一,参考数字产品的定价方法。对于具有可预期价值、负外部性小、买方异质性高的数据产品,可采用订阅定价、捆绑定价、协议定价等方法(熊巧琴和汤珂,2021)。第二,采用可信第三方定价法。例如,Azure、Datamarket、Factual等大数据交易所通常采用可信第三方定价、实时定价和协议定价方式。第三,采用侧重于数据产品流通和交易过程的估值定价方法,如基于博弈论的讨价还价、基于效用的定价、基于生命周期理论的动态定价等方法。

(三)基于数据资产特点的定价

数据产品是特殊资产,其估值定价方法也较独特。具体可采用以下方式:

第一,优化与修正数据资产估值定价模型。学者们建议运用灰色关联分析法、层次分析法、博弈论分析法等定量和定性方法,以修正和细化影响数据资产价值的因素及权重;或者采用实物期权法、破产分配法、Shapley值法等来预测收益和分配利益(Jia等,2019)。第二,创新融合数据资产估值定价方法。例如,结合收益法、成本法和市场法三种定价方法,构建数据资产定价模型。第三,深度融合数据资产估值定价方法和数字技术。建立数据资产一、二级市场,其中,在二级市场上通过供给方和需求方的匹配实现供求状态平衡,按照一级市场的估值确定成交价在二级市场上进行出清。

四、数据要素价值评估指标体系

构建标准化的数据要素价值评估指标体系可以减轻数据应用价值的不确定性和异质性,推动交易主体达成对价值的共识。数据要素价值评估是对使用价值和价格进行静态度量、发现和形成数据产品价格的基础。根据指标体系的适用对象,可以采取以下两种思路构建数据要素价值评估指标体系:

第一,普适性的数据要素价值评估指标体系。学者们普遍认为,数据要素价值主要受自身质量、成本和应用场景的影响,因而常从质量、成本、应用等维度建立数据要素估值体系,不同估值体系的各维度衡量指标均有所差异。例如,可以从成本和应用两个维度建立估值体系,其中,前者涵盖建设费用和运维费用,后者涵盖资产类别、使用对象、使用次数和使用评价;还可以从数据量、数据质量和数据分析能力等维度构建估值体系,强调人才技能和消费者需求对数据要素价值的影响(李永红和张淑雯,2018)。我们可以参考德勤公司的方法,从质量、应用和风险三个维度建立估值体系:质量维度包括完整性、真实性等,应用维度包括时效性、场景经济性等,风险维度包括法律限制和道德约束等。

第二,适用于特定领域和行业的数据要素价值评估指标体系。针对互联网、金融、通信等领域的数据,在数据体量大、应用场景多的情况下,可以参考已有案例构建估值体系。例如,2021年8月,瞭望智库和光大银行以货币度量方式探索性地构建了商业银行数据资产估值体系。对于算法模型类数据资产,可以基于业务应用场景构建估值体系,包括直接收益模型和全领域通用模型两部分,其中直接收益模型又包括营销类、运营类和风险管理类等不同部分。

第六节 数据要素市场的交易安全:区块链技术

一、数据产品交易

在研究大数据交易及盈利主要模式的基础上,一些学者提出不同类型的数据交易产品,包括数据包(如政府数据、金融数据、社交软件数据等)、云服务、数据解决方案以及数据定制服务等(王卫等,2019)。而大数据交易盈利模式主要有四种,包括大数据交易卖方盈利模式、大数据交易平台盈利模式、数据持有型大数据交易平台盈利模式和技术服务型大数据交易平台盈利模式(李成熙和文庭孝,2020)。

现如今,在各地数据交易机构的实践中,逐渐形成两种主要交易模式,也是发展数据交易机构的两种主流思路。第一种是数据撮合交易模式,有时也被称为"数据集市",类似于传统的商品集市。在这种模式下,数据交易机构主要以经过粗加工的原始数据为交易对象,不进行预处理或深度的信息挖掘分析,只进行采集、整理后就直接出售。许多交易所或交易中心在初期发展阶段都采用这种模式。第二种是数据增值服务模式。数据交易机构并非简单地撮合买卖双方,而是根据用户的详细需求,基于大数据原始资源进行清洗、加工、分析、建模、可视化等操作,以定制化的方式生产数据产品。从各地实践效果来看,大多数数据交易机构都选择提供数据增值服务的交易模式。

然而,数据撮合交易模式存在两个主要问题。其一,这类撮合式交易需要获取大量数据资源,但往往难以有效地保护个人信息。例如,数据交易市场存在大量"灰黑"交易,严重影响了数据交易的纵深发展。由于隐私数据在黑市上的高价吸引力以及当前法律规定对个人隐私数据保护的不完善,非法收集、窃取、利用和贩卖用户信息等行为相当猖獗。一些企业参与非法的个人信息数据交易,导致许多数据集市逐渐变成数据黑市。其二,大数据本身具有非均质性、低价值密度等特点,这使得大部分数据需求方和供给方很难达成价格共识。对于客户来说,海量的"粗加工"数据在商业决策或研究上的意义微乎其微。无论是政府需求还是企业需求,精确有效的数据可能仅占总数据量的百万分之一甚至亿万分之一,而后期的提取与分析则需要大量的时间和加工成本。

相较于其他模式,数据增值服务模式具有两个优势。其一,数据增值服务机构代替客户从大数据中提取价值高且密度低的数据,帮其节省了大量的时间和分析成本。对于许多中小企业来说,企业内能够满足数据需求的专业人才相对较少,深度挖掘和分析原始数据需要额外的人才或技术投资。因此,直接购买经过定向处理的数据产品可以节约大笔开支,性价比较高。其二,数据增值服务的提供方需确保数据的合法性,从而降低数据需求方的法律风险。在目前一些法律法规尚不完善的情况下,数据需求方通过与数据增值服务提供方签订合同或协议,由后者负责保障数据获取和处理的合法性,有效解决了困扰数据交易的一些问题,如数据隐私保护等,确保数据交易市场能够有效运行。

二、数据交易技术和区块链的应用

目前的数据交换和数据共享都是基于中心化服务器的设计理念,存在一些常见的问题,如数据所有权不清、数据隐私泄露等,这无疑会对数据定价造成困扰,而区块链等技术的应用可在一定程度上解决这些问题(欧阳日辉,2022)。

(一)区块链技术生成时间戳

此方法通过将数据资产的区块链哈希值传递给时间戳服务器并进行签名,生成时间戳作为数据资产的凭证,解决数据所有权界定不清的问题;而且,不同时间节点生成的时间戳按先后顺序环环相扣,认证程度不断加深,有利于防止二次转售等不正当使用行为的发生。此外,时间戳还能够实现数据资产的可视化,为私人数据的交易和定价提供凭证。

(二)区块链和智能合约

数据拥有者可以在区块链中发布和存储数据,使数据具有不可篡改性、可追溯性和安全性等特征,从而保证交易安全。买方在访问区块链平台后,可以向数据提供方发送交易请求,并通过签署智能合约确定数据处理规则,协商同态加密密钥。区块链可以自动执行智能合约中的数据拍卖协议,防止数据竞价中的串通行为发生,减少交易纠纷。

例如,有学者提出一种运用区块链和智能合约的反串通数据拍卖机制。在智能合约中,设计一套反串通数据拍卖算法,通过采用密封的竞价、竞价掩码和竞价揭示来实现对数据拍卖的反串通,并设置惩罚机制来应对不当行为。同时,还有学者构建双向匿名拍卖协议,利用政策驱动的变色龙哈希函数和修正后的可编辑、可链接的环形签名构建模块,以保证竞标者的竞争性和匿名性,并允许各参与者在拍卖结束后验证出价的有效性,减少交易过程中的争议。

在去中心化和匿名化的交易环境中,智能合约负责管理对加密数据的访问和执行权限,买方在使用加密数据后还可以通过合约将其返还给供应方,智能合约则负责销毁相关数据,实现数据所有权和使用权的分离。

(三)密码学技术

密码学领域的同态加密和非对称加密是解决隐私泄露问题的有效手段。同态加密技术能够对隐私数据进行加密,使得智能合约可以在加密的情况下处理数据,并生成与原始数据相同的分析结果,满足需求方查询需求,同时又避免原始数据泄露风险。非对称加密技术则可以验证数据交易方身份,确保数据来源的真实性,防止伪造和篡改数据,从而保证交易的合法性。

此外,智能化采集、云计算和物联网技术有效应对了海量数据的采集、存储和分析等挑战,降低了数据要素的重置成本,进而间接影响了数据要素的定价。在数据采集方面,企业内部的生产经营数据主要通过高性能内存计算机上的数据仓库、数据库以及传感器等物联网设备进行采集,企业外部数据则主要通过埋点检测技术、爬虫技术、用户调研等方法进行采集。

在离线数据构建方面,使用开源的 HDFS 文件系统和 MapReduce 运算框架,在线数据分析系统建立在云计算平台的 NoSQL 系统上。基于云的数据市场为应用开发者、企业和终端用户提供了便捷的数据获取方式,帮助用户节约搜索和获取数据的时间与精力成本,实现"一站式购物"。

第七节 数据要素市场的监管

数据要素市场的安全监管是一项复杂的系统工程。建立全面、系统的数据要素市场安全监管策略,能够合理应对存在的安全困境,既是维护市场安全的有效途径,也是法律保障数据要素市场发展的必要手段(陈思,2023)。

一、建立全国统一的数据要素市场监管机构

由于数据要素具有跨时空流动的特性,单一主管部门已经难以满足对数据要素市场的监管需求。尽管各主管部门拥有规则制定和监管权限,但针对数据要素市场的实际监管力度还较弱,缺乏国家层面的统筹监管,无法明确监管责任归属,未能完善市场监管的内部协调,导致市场监管效果大打折扣。因此,我国应设置统一的数据要素市场监管机构,使监管、治理和监督职责集中在该机构的统一协调下,确保数据要素市场公平,并深化整体监管效果(许可,2021)。

建立统一高效、协调有力的数据要素市场监管机构是培育全国统一数据要素市场的必要条件,也是我国数据要素市场高质量发展的必然选择。这样的统一机构能够有效引导和控制新发展格局下的数据要素市场监管,既可以统一监管标准,确保监管公平性,为构建全国统一大市场奠定坚实的

基础,又能综合考虑国内东中西、南北数据要素市场发展不平衡以及供需不足等问题,有效整合数据资源,促使数据要素安全有序地跨地域、跨时空流动,实现国家层面的统筹规划,加速构建"横向协同、纵向联动、深向贯通"的国内大循环发展格局。

二、打造多元共治的监管格局

考虑到数据要素安全风险来源的广泛性及影响的普遍性,我们需要加强数据要素市场的安全监管。这一监管既需要国家层面的政府统一调控,也需要充分发挥市场作用,还需要公众积极参与。因此,以"大市场、大监管"为中心,我国应建立一个三位一体的组织监管体系,行业自律监管、政府行政监管和数据要素供给方自纠自查相结合,促进多元主体的群体参与和协同共治,实现数据要素市场监管格局的改进和效用提升。

政府监管是数据要素市场健康发展和成熟的基本保证。尤其是考虑到我国数据要素市场正处于培育阶段,还在摸索中前进,并且将来可能面临更多新问题,政府需要及时修正、正确引导。然而,由于数据的高流动性、虚拟性以及流动方式多样性的特点,行政监管很难对瞬息万变的市场环境作出及时反应。

为了发挥行业自律组织在本行业的专业优势,我们建议赋予其自律监管职能;还可以针对不同行业数据特点制定相应的安全监管操作指南,依据指南进一步细化监管规则,并采取相应的自律监管措施。同时,应该避免政府行政权力过度干预数据要素市场的资源配置,要充分发挥市场作用,给予数据要素独立的发展空间,并营造一个高效、有序、公平竞争的数据要素市场环境。

为实现政府监管和市场调节的有效结合,还应通过数据供给方从源头处保障数据安全。作为数据要素的提供者,供给方应充分认识所提供数据的安全属性,包括对个人隐私和国家安全的潜在影响。基于风险控制原则及责任自负原则,供给方有责任定期进行自查自纠,承担对所提供数据的安全保护责任。

此外,我们应将增进公众福祉、维护公众利益作为数据要素市场监管的根本出发点和落脚点,不断强化公众对于依法通过举报、诉讼等途径维护自身权益的意识,鼓励多元主体积极参与共同监管,构建协调统一的数据要素市场安全联动监管格局,如此才能从容应对新发展环境下的市场风险监管工作。

三、开展数据要素市场监管的国际合作

进入数字经济时代,维护数据要素市场安全是全球各国需要共同面对的重要考验,也是世界各国应当共同承担的必要责任。

为了履行这一全球性责任,中国应当与其他国家、地区以及国际组织展开紧密合作,并在数据要素市场的国际监管合作中扮演不可或缺的参与者和推动者角色。一方面,我国应积极将数据要素市场国际监管合作纳入数据治理议程,与各方就数据要素市场的监管标准、监管规则和国际协调等问题进行政策对话,以推动国际共识达成。另一方面,我国应当以《全球数据安全倡议》为核心,以维护数据要素安全为起点,以推动"一带一路"倡议实施、签署《区域全面经济伙伴关系协定》(RCEP)并申请加入《全面与进步跨太平洋伙伴关系协定》(CPTPP)和《数字经济伙伴关系协定》(DEPA)为突破点,将数据要素市场安全治理纳入我国参与全球数据治理的重要内容。同时,我国还可充分利用金砖国家峰会、世界贸易组织(WTO)、二十国集团(G20)等多边谈判机会,积极探索解决如何更好地参与并引领数据要素市场的国际监管合作问题,携手各国共同构筑数据要素市场的安全防线。

? 思考题

1. 什么是数据要素?它与其他传统生产要素有何区别?
2. 数据要素确权障碍产生的主要原因是什么?

3. 数据资产与传统会计资产的确认及计量方法有何异同？

4. 简要分析数据要素市场化配置路径，并谈谈对数据资产价格生成机制的理解。

5. 可以采取哪些技术来保障数据要素市场的交易安全？

6. 你对完善数据要素市场的监管、规制有什么合理建议？

参考文献

陈兵．数字经济与全面依法治国共益治道变革：运行机理和实现路径[J]．学术论坛，2022(6)：74-85．

陈国青，曾大军，卫强，等．大数据环境下的决策范式转变与使能创新[J]．管理世界，2020(2)：95-105．

陈思．培育数据要素市场的逻辑理路、安全困境与应对策略[J]．当代经济管理，2023(3)：24-31．

陈松蹊，毛晓军，王聪．大数据情境下的数据完备化：挑战与对策[J]．管理世界，2022(1)：196-207．

程广明．大数据治理模型与治理成熟度评估研究[J]．科技与创新，2016(9)：6-7．

崔璨．基于DCMM的会计数据管理能力评估模型研究[D]．太原：山西财经大学，2020．

邓洲．基于产业分工角度的我国数字经济发展优劣势分析[J]．经济纵横，2020(4)：67-76．

杜小勇，陈跃国，范举，等．数据整理：大数据治理的关键技术[J]．大数据，2019(3)：13-22．

葛家澍．财务会计的本质、特点及其边界[J]．会计研究，2003(3)：3-7．

何玉长，王伟．数据要素市场化的理论阐释[J]．当代经济研究，2021(4)：33-44．

贺颖奇．管理会计概念框架研究[J]．会计研究，2020(8)：115-127．

洪亮,马费成.面向大数据管理决策的知识关联分析与知识大图构建[J].管理世界,2022(1):207-219.

洪玮铭,姜战军.数据信息、商品化与个人信息财产权保护[J].改革,2019(3):149-158.

侯彦英.数据资产会计确认与要素市场化配置[J].会计之友,2021(17):2-8.

黄倩倩,王建冬,陈东,等.超大规模数据要素市场体系下数据价格生成机制研究[J].电子政务,2022(2):21-30.

李兵兵.我国数据市场发展的理论基础与路径[J].社会科学动态,2022(11):34-37.

李成熙,文庭孝.我国大数据交易盈利模式研究[J].情报杂志,2020(3):180-186.

李刚,王斌,周立斌,等.基于标准差修正G1组合赋权的人的全面发展评价模型及实证[J].系统工程理论与实践,2012(11):2473-2485.

李永红,张淑雯.数据资产价值评估模型构建[J].财会月刊,2018(9):30-35.

李韵,丁林峰.新冠疫情蔓延突显数字经济独特优势[J].上海经济研究,2020(4):59-65.

李直,吴越.数据要素市场培育与数字经济发展:基于政治经济学的视角[J].学术研究,2021(7):114-120.

梁芳,李永恒.数据资产会计核算研究综述与展望[J].西安石油大学学报(社会科学版),2022(6):48-55.

梁平.信息市场论要[J].图书与情报,1994(4):12-14.

刘伟坚,何春贤,李文姬.中国社科院和中科院数据库建设经验和启示[J].信息系统工程,2010(6):106.

柳峰,高绍林.数据要素市场发展的立法范式研究[J].信息安全研究,

2021(11):1052-1062.

龙卫球.数据新型财产权构建及其体系研究[J].政法论坛,2017(4):63-77.

马丹,郁霞.数据资产:概念演化与测度方法[J].统计学报,2020(2):15-24.

马费成,卢慧质,吴逸姝.数据要素市场的发展及运行[J].信息资源管理学报,2022(5):4-13.

马先捷,高军,卢莉莉.数据清洗与数据质量保证方案论述[J].网络安全和信息化,2021(4):24-27.

欧阳日辉.完善数据要素定价制度是实现市场化配置的关键[J].中国发展观察,2022(7):28-33.

欧阳日辉,杜青青.数据要素定价机制研究进展[J].经济学动态,2022(2):124-141.

齐爱民,盘佳.数据权、数据主权的确立与大数据保护的基本原则[J].苏州大学学报(哲学社会科学版),2015(1):64-70.

綦好东,苏琪琪.会计如何更好赋能数字经济发展[J].财务与会计,2021(15):9-12.

秦海.制度、演化与路径依赖[M].北京:中国财政经济出版社,2004.

秦荣生.企业数据资产的确认、计量与报告研究[J].会计与经济研究,2020(6):3-10.

史鼎元,王晏晟,郑鹏飞,等.面向企业数据孤岛的联邦排序学习[J].软件学报,2021(3):669-688.

宋捷.数据安全风险分析及应对策略初探[J].通信与信息技术,2022(5):59-61.

苏博,陈溯,唐成功.ERP数据质量评估与数据治理方法研究[J].信息系统工程,2012(8):140-144.

汤在新. 生产要素按贡献参与分配的理论依据和实现方式[J]. 学术研究,2004(1):35-39.

田杰棠,刘露瑶. 交易模式、权利界定与数据要素市场培育[J]. 改革,2020(7):17-26.

童楠楠,窦悦,刘钊因. 中国特色数据要素产权制度体系构建研究[J]. 电子政务,2022(2):12-20.

王刚,汪杨,王珏,等. 基于证据分组合成的企业数据治理评价研究[J]. 系统工程理论与实践,2016(6):1505-1516.

王璟璇,窦悦,黄倩倩,等. 全国一体化大数据中心引领下超大规模数据要素市场的体系架构与推进路径[J]. 电子政务,2021(6):20-28.

王雷,韩磊杰. 企业数字化转型中的逻辑性数据孤岛破解机制研究[J]. 改革与开放,2022(10):57-64.

王卫,张梦君,王晶. 国内外大数据交易平台调研分析[J]. 情报杂志,2019(2):181-186.

吴伟光. 大数据技术下个人数据信息私权保护论批判[J]. 政治与法律,2016(7):116-132.

吴信东,董丙冰,堵新政,等. 数据治理技术[J]. 软件学报,2019(9):2830-2856.

熊励,刘明明,许肇然. 关于我国数据产品定价机制研究:基于客户感知价值理论的分析[J]. 价格理论与实践,2018(4):147-150.

熊巧琴,汤珂. 数据要素的界权、交易和定价研究进展[J]. 经济学动态,2021(2):143-158.

徐涛,荀伟,尤建新,等. 破解数据质量安全问题 构建数据溯源体系是关键[J]. 上海质量,2022(12):39-41.

许怀宁. 互联网时代数据资产的会计确认[J]. 中国产经,2021(20):84-85.

许可.数据爬取的正当性及其边界[J].中国法学,2021(2):166-188.

薛桦.会计数据治理能力建设的实践与体会:以地勘央企为例[J].中国总会计师,2022(8):66-67.

薛惠锋,张南,康熙曈.数据安全与国家发展[M].北京:科学出版社,2016.

杨大泉.云计算下的金融信息集成与服务:兼论上海证券报战略转型规划[D].上海:上海交通大学,2013.

姚志刚.数据要素产权界定[J].合作经济与科技,2021(13):190-192.

张麒.数据纳入生产要素范畴的深意[EB/OL].(2020-04-24)[2024-04-20].https://baijiahao.baidu.com/s?id=1664836409993094531.

张燕飞,李晓鹏.我国信息服务市场的模式及其运行机制[J].图书情报知识,1999(3):26-28.

张一鸣.数据治理过程浅析[J].中国信息界,2012(9):15-17.

张羽.基于大数据分析的会计数据监控治理[J].新理财,2020(7):49-52.

张志刚,杨栋枢,吴红侠.数据资产价值评估模型研究与应用[J].现代电子技术,2015(20):44-47.

赵惠芳,王桂伶,徐晟.基于证据理论的产学研合作质量评价研究[J]科技进步与对策,2010(6):108-111.

左文进,刘丽君.基于用户感知价值的大数据资产估价方法研究[J].情报理论与实践,2021(1):71-77.

ALLEE K D,DEANGELIS M D. The structure of voluntary disclosure narratives: evidence from tone dispersion[J]. Journal of accounting research,2015,53(2):241-274.

DAVIS A K,PIGER J M,SEDOR L M. Beyond the numbers: measuring the information content of earnings press release language[J]. Contemporary accounting research,2012,29(3):845-868.

DING X, LI Z, LIU T 0001, et al. ELG: an event logic graph[J]. CoRR,2019.

FAFOUTIS X,TSIMBALO E,MELLIOS E,et al. A residential maintenance-free long-term activity monitoring system for healthcare applications[J]. EURASIP Journal on wireless communications and networking,2016(1):31-41.

FU H,MANOGARAN G,WU K,et al. Intelligent decision-making of online shopping behavior based on internet of things[J]. International journal of information management,2020,50(1):515-525.

ILMUDEEN A,MALIK B H. A review of information technology governance, business strategy and information technology strategy[J]. International journal of advanced research in computer science and software engineering,2016,6(6):120-129.

IVAN S. Introducing a property right over data in the EU: the data producer's right: an evaluation[J]. International review of law, computers & technology, 2020,34(1):65-86.

JIA R,DAO D,WANG B,et al. Towards efficient data valuation based on the Shapley value[J]. CoRR,2019.

LEE J T,FREITAS J,FERRALL I L,et al. Review and perspectives on data sharing and privacy in expanding electricity access[J]. Proceedings of the IEEE,2019,107(9):1803-1819.

第四章 会计大数据的数据治理：决策信息质量的保证

学习目标

- 了解数据治理的含义和背景，以及数据治理组织、标准和技术的相关关系。
- 理解数据治理的原则、定义、意义和特点。
- 掌握数据治理的标准体系和可能作用。
- 厘清数据治理组织的作用和重要性。
- 熟悉相关数据治理技术。

关键术语

数据治理组织　数据治理技术　数据清洗

引导案例

快手数据治理实践

快手作为中国流行的短视频和直播应用之一，是数据信息广泛汇集的社区和场所。但在不断繁荣的同时，快手也出现了很多虚假信息，给快手社区内的广大用户造成了不小的影响。数据显示，2022年截至8月26日，快手共处理虚假信息44.6万条，标注争议内容94万条以上，近400个政务账号、媒体账号在快手发布辟谣内容，总曝光量达20.4亿次；另外，抖音也与近

1 000 家媒体机构合作,处理虚假信息 319 万条,标记可疑内容 90 万条。这两个平台共处理虚假信息 363.6 万条,标记争议、存疑内容超 184 万条。这些数据的背后显现了快手对治理巨量数据的决心和信心。

快手面临的数据挑战是双重的。一方面,快手面临大多数企业都会遇到的一些共同挑战,如组织协调意愿、链路长度等。当然,数据治理肯定会涉及一些方法。这些数据治理方法正确吗?数据治理结果是可衡量的吗?是否有一个良好的系统来承载治理目标?这些都是快手要面对的挑战。另一方面,快手也面临相对独特的挑战——数据量非常大。但是,快手的数据治理有一个明显的优势,那就是其数据团队是一个中心化的组织,更容易驱动数据治理。快手所有数据团队同属一个团队。这样的组织形式具有较强的组织保障和较高的协同效率。许多公司的治理团队是一级项目,执行团队可能有一个集中的规范设计和监督治理团队,具体实施必须分散在各个数据子团队中,对数据的掌控相对薄弱,效率较低。

人们常说数据质量是数据治理的天花板,那么数据治理的起点是什么呢?答案是数据的收集。数据收集也是快手需要经营的核心方向。快手数据量大,存储和计算成本比较高,其首先要做的是管理词根,这是一个收敛的、相对可控的东西。词根指标的命名与分类必须有规范和方法,将相关规则添加到根目录,由此可以派生出符合业务逻辑的指示器。只要确定了这一规律,并达成良好的共识,就完成了整理词根指标的第一步。快速指示不允许人工定义,指示必须来自根目录。当然,也有词根指标变化的过程,比如谁需要同步一个词根指标的变化、谁需要做决策、词根需要在哪个系统中使用。有了这样的规则和规范,这个词根指标就得到了有效确认。在第一步词根指标排序之后,就能进入下一步数据开发,这一步要求数据开发人员在词根指标和字段之间绑定映射关系,从而知道这个关系中的字段代表什么样的定义,这也意味着词根指标的定义是与生产相关的。那么,现在如何与消费者沟通呢?第一阶段结束后产生了大量的元数据。在调用时,我们能够将需求分成四个元素,如需要什么索引、什么维度、什么时间和什么过滤条件,然后交付快速的数据知识引擎。该引擎将通过一系列处理和计算过程从相应的元数据中捕获业务所需的数据。

快手安全负责人表示,未来快手将继续加大在隐私保护、数据治理、个性化服务升级等领域的投入,在确保安全的前提下,不断优化用户维权工程,丰富用户自主、技术共治的渠道和方法,坚决维护用户知情权、选择权等权利,与各方共同打造"真实、多元、美丽、有用"的内容社区。

资料来源:快手数据成本白盒化治理实践 https://zhuanlan.zhihu.com/p/685601730。

第一节 数据治理的背景、定义、特点

一、数据与数据治理背景

进入大数据时代,数据成为每个社会主体关注和重视的对象。数据在不同的社会领域承载着不同的含义,也扮演着不同的角色。数据是技术的产物,是时代的产物,是生产工具先进化和精确化的代表。自诞生以来,数据给我们的生活生产带来了诸多便利,改变了我们学习和生活生产的方式,各行业企业纷纷以数据为导向,建立数字化社区和生态,国家和企业也纷纷推动数字化转型和升级,发挥数据强大的生命力和作用。在各方主体的推动下,数据呈爆炸式增长,信息数据的单位以 TB—PB—EB—ZB 的程度暴增,技术进步使得我们能够收集更多数据,导致非标准信息爆炸式增加。与此同时,爆炸式增长的数据已经远超我们能够处理的范畴。数据作为一种新的生产要素,与传统生产要素相比,具有明显的特点:一是非排他性,二是具有规模效应,三是可重复性,四是高渗透性。也就是说,数据这类生产要素不仅在各个行业中都存在、人人皆可获得,而且随着数据量的增加和积累具有更高的边际收益。

数据的大量暴增引起了数据管理无序和数据滥用现象。数据不仅没能

成为企业的经济资产、发挥资源应有的效益,反而成为误导企业、投资者、消费者、生产者决策的潜在隐患。数据的客观性被严重削弱,数据不能在保证信息质量的同时为决策者提供正确的价值导向。总的来说,数据问题分为五类:黑暗数据问题、数据孤岛问题、数据标准问题、数据质量问题和数据安全风险。

(一)黑暗数据问题

黑暗数据是指那些没有被识别和使用的数据,即在日常业务活动中收集、处理和存储的信息,但不能用于其他目的。当然,并不是所有的黑暗数据都应该亮起来,其中一些数据应该保持暗的或不活跃的状态,如与过去客户或员工有关的数据。然而,大多数商业数据不应处于无法被点亮的状态。当员工无法快速找到数据时,他们倾向于重新创建数据,这浪费了大量的时间和资源。另外,无意义的复制、重建数据集将会使得负面影响从员工扩散到企业信息系统中,这不仅会损害员工的工作效率,而且对企业的整体效率也会产生危害。如果客户需要帮助,技术支持人员就要调出客户过去完整的交互历史,以便提供高质量和快速的服务。如果技术支持人员必须通过多个数据存储库或系统来收集所需的数据,那么这不仅会浪费时间,还会耗尽客户的耐心。

此外,浏览大量冗余数据对组织来说成本可能非常高,特别是在数据分析或公司审计期间。当今残酷的商业生态系统需要保存全面的记录,以及点击按钮就能提供风险缓解、法律行动、监管合规和质量控制的证据。查找所需记录的任何困难不仅会浪费时间和资源,还会导致内容混乱。一个成功的企业在其生命周期中能有效地管理和识别信息。企业信息系统能使企业所有业务数据网络像万维网一样工作,从而帮助员工充分利用存储数据的优势,同时确保数据的安全性和保密性。使用揭示所有黑暗数据的企业解决方案,员工将不再浪费时间和精力去寻找、重新创建或复制信息,这将导致对业务数据铺设方式更好的可访问性和可见性,从而改进决策制定和协作。

(二)数据孤岛问题

随着数据的爆炸式增长,《中共中央 国务院关于构建更加完善的要素市场化配置体制机制的意见》将数据与土地、劳动力、资本、技术等传统要素一并写入文件,强调要加快培育数据要素。数据已经成为重要的生产要素之一,但数据孤岛问题已成为阻碍数据合作发展的主要障碍,是迫切需要解决的问题(王雷和韩磊杰,2022)。"数据孤岛"是指企业中不同部门之间使用的信息系统无法互联互通、共享信息资源,形成各自独立的信息孤岛,从而导致信息的孤立和分散。这种情况不仅会造成企业内部信息共享和协作的困难,也会降低企业的整体效率和竞争力。其中,企业各部门在信息系统建设上缺乏协调是形成数据孤岛的主要原因之一。不同部门之间没有共同的信息系统架构和标准,各自独立开发和购置的系统往往不能有效地集成与协同工作,造成信息孤立和冗余。此外,企业对现代数据管理的认识不足、缺乏数据标准也是形成数据孤岛的原因之一。在缺乏数据标准的情况下,不同部门的数据无法互相识别和共享,也无法保证数据的质量和一致性。为解决这一问题,企业需要加强对现代数据管理的认识,建立统一的数据管理体系和标准,以确保数据的一致性、可靠性和安全性;同时,需要优化和整合系统数据的概念,实现不同信息系统的互联互通和数据共享,提高信息系统的整合和协作能力。通过这些措施,企业可以更好地利用信息资源,提升整体业务水平和竞争力,实现可持续发展(万勇,2006;薛惠锋等,2016;王轶辰,2017;丛力群,2015;王茹,2016;尹洁,2015;范煜,2017;刘伟坚等,2010)。

企业内部各部门数据的"独立治理"极大地制约了企业管理和业务的顺利开展。企业内部明显的数据孤岛现象会在很大程度上使企业各部门、团队之间的关系紧张,因为工作所需的数据难以获得会导致协作不畅。不同部门对数据的理解和定义不同,由此内部沟通成本增加。同时,对各个部门的数据进行重复管理,会造成时间和金钱的浪费、工作效率低下。企业内部不同部门的数据不同,容易导致客户体验参差不齐,整体评价不高。在影响企业决策方面,不准确、不及时的数据往往会导致企业决策失误或延误,增加不必要的决策成本,从而影响企业的声誉和市场竞争地位。

(三)数据标准问题

数据标准是打破数据孤岛和创建互操作性的关键,能提升在不同系统和组织之间交换数据的能力。有关数据标准的问题有以下几种:

1. 建立数据标准的目的尚不明确

有的组织制定数据标准不是为了指导信息系统建设、提高数据质量、方便数据处理和交换,而是为了应对监管检查,所以只需要一堆标准文件和制度文件,根本没有实施方案。一些组织低估了数据标准化的难度。很多组织说要制定数据标准,却不知道数据标准的范围非常大,目标完成有难度。结果,做得越多,阻力越大,难度越大,最后失去信心,转向一堆之前梳理过的结果,这是最常见的问题。

2. 缺乏制度实施和过程规划

数据标准的实施需要多个系统和部门的协作。如果只是对数据标准进行整理,但没有具体的执行计划,并且缺乏来自技术、业务单元和系统开发人员(尤其是领导层)的支持,那么无论如何都不可能实现数据标准化。数据标准实施的长期性、复杂性和系统性特点决定了推动实施的组织管理能力必须保持在非常高的水平,组织结构必须持续稳定,才能有序推进实施。

此外,数据标准的建立和建设还比较繁重,完全依靠体力劳动是不现实的。因此,建标机构需要一套完善、易用的数据标准管理工具来帮助实施数据标准化建设。现代管理工具可以节省标准制定过程中的人力、物力,检查制定过程中的错误和漏洞。数据标准的实施会遇到相对较多的困难,如需要各业务部门和业务厂商的积极配合,这对业务部门和业务厂商来说无疑是额外的工作量;同时,还需要特别精通业务的高技能专业人员从业务的角度参与数据标准的制定,并作为权威专家指导数据标准的制定。制定数据标准之后,如何让数据标准更好地发挥更大的作用也是在实施过程中需要思考的问题。

（四）数据质量问题

作为数字经济的关键生产要素，数据的质量和安全面临诸多挑战，特别是数据的滥用、窃取、泄露等问题已成为制约数字经济高质量发展的重要因素。根据中国互联网络信息中心发布的一份报告，截至2021年12月，22.1%的网民经历过个人信息泄露。一些论坛社区和电商平台仍存在涉及个人信息的"灰色"数据交易，严重影响个人隐私保护和经济权益。特别是由个人隐私泄露引起的网络电信诈骗已经成为影响公共财产安全的严重社会问题（徐涛等，2022）。在大数据时代，数据就像其他生产要素一样源源不断地为我们带来了利益，但同时数据爆炸式增长也催生了大量不精确、有问题的数据，从而影响到我们的决策效率。21世纪以来，尽管我国的数字技术快速发展并应用落地，但由于各个行业的应用程度不同、标准不统一等，生产的数据普遍存在质量问题。业务管理人员在人工录入数据时可能存在录入误差等问题，在将从多数据来源获取的数据录入同一数据库时可能存在格式不统一甚至冲突的问题，由此建立统一的数据标准势在必行（马先捷等，2021）。

（五）数据安全风险

近年来，数据价值愈发受到重视，然而许多数据安全事件给企业带来了大量物质和声誉损失，数据安全问题逐渐浮出水面。IBM安全公司的《2022年数据泄露成本报告》基于对全球550家组织在2021年3月至2022年3月间经历的真实数据泄露的深入分析，表明数据泄露的成本和影响比以往任何时候都要高，全球数据泄露的平均成本已达到435万美元/起，持续的网络攻击对组织产生了难以磨灭的影响，甚至有83%的企业组织数据信息被研究机构不止一次泄露。另外，过度收集数据问题也值得讨论。现阶段，许多企业滥用客户隐私数据，收集超出范围的数据甚至用户敏感信息，利用用户行为数据进行业务推广、精准营销。但是，这些企业很少能够做好对客户隐私的保护,置客户隐私于危险境地,而一旦个人隐私信息泄露将严重损害客户的生命财产安全。

作为一种以高边际效益为特点的新生产要素,数据通过开放共享使得其价值快速增长,但是也带来了新的数据安全风险。其中,数据不可控和对数据的攻击手段多样化是当前数据安全面临的最大挑战之一。随着大数据时代的到来,传统的安全防护手段在应对大数据环境下的安全威胁时效果较差甚至失效。对于海量数据的处理、存储和传输,传统的安全控制方式无法保证数据的完整性、保密性和可用性,从而使得数据在全生命周期内被窃取、滥用和篡改的风险不断增加。同时,随着技术的不断进步,黑客攻击手段也在不断更新和变化,从最初的网络钓鱼、木马病毒等传统攻击手段,到后来的勒索软件、分布式拒绝服务(DDoS)攻击等新型攻击手段,攻击手段越来越复杂、越来越隐蔽。因此,为了应对新的数据安全风险,我们需要采用更加先进的安全技术和措施,建立起全面的数据安全体系,从而保障数据的安全性和可靠性(宋捷,2022)。

二、数据治理的定义及原则

"数据治理"是一个涉及企业战略、组织结构、数据标准、管理规范、数据文化和技术工具的综合体,不同的岗位对此往往有不同的视角和理解。GB/T 35295—2017《信息技术 大数据 术语》将数据治理定义为"对数据进行处置、格式化和规范化的过程"。GB/T 34960.5—2018《信息技术服务 治理第5部分:数据治理规范》将数据治理定义为"数据资源及其应用过程中相关管控活动、绩效和风险管理的集合"。在国际数据治理研究所(Data Governance Institute,DGI)的数据治理框架中,数据治理是指在数据相关事项中行使决策权和发挥权威作用。国际数据管理协会(Data Management International,DAMA)认为,数据治理是一种基于数据管理的高层次管理活动,它是所有类型数据管理的核心,并指导所有其他数据管理功能的执行。在

《DAMA-DMBOK2：DAMA 数据管理知识体系指南》中，数据治理是指对数据资产管理行使权力、控制和共享决策（计划、监视和执行）的一系列活动。在《数据资产管理实践白皮书（4.0 版）》中，数据资产管理是指对数据和信息资产进行规划、控制和提供的一组业务功能，包括制定、实施和监督与数据相关的计划、政策、案例、项目、流程、方法及程序，以实现对数据资产的控制、保护、交付和价值提升。《数据治理标准化白皮书》采用的是广义的数据治理概念，即通过法律法规、管理制度、标准规范、技术工具等一系列手段，对个人数据、企业数据、政府数据、公共数据等不同类型的数据对象在其生命周期内进行有效控制，满足数据在企业管理、行业监管、国家治理、国际合作等场景中的应用需求。

总的来说，对数据治理的定义广泛来说是以数据为客体，以人为主体，借助法律法规、规范政策、相关信息技术等辅助手段进行管理和规划的过程。

数据治理是一个大工程，在治理过程中需要遵循相关的原则。一是战略重视，组织保障。组织应规划数据治理的中长期路线图，明确职责分工，建立数据治理的组织架构，监督各项任务的执行情况，解决组织间的矛盾和冲突，及时调整计划内容。

二是责任分担和协调。组织应明确各部门的职责和任务，制定工作原则，明确各自的任务和边界，建立合作机制，共同确保数据治理总体任务和目标的实现。

三是业务驱动，问题导向。针对业务活动中存在的数据不规范、不准确、不可信、使用困难等问题，组织应通过业务驱动规划、控制、开发、运营等数据治理活动解决，并通过数据治理考核机制监督实施。

四是流程嵌入，实际落地。数据治理是一项集管理、业务和技术于一体的系统工程。它将数据治理的活动、工具、输入输出和人员角色融入管理、业务和技术的关键流程，达到用户体验良好、自动化程度高、简单适用的效果。

五是以服务为导向,量化评价。组织应以服务为核心理念,为数据应用提供可用、可靠、高质量的数据,满足数据需求,助力业务发展;设置量化指标,评估数据治理的有效性,反映数据治理现有的成果和不足,并有针对性地提出改进和优化措施。

三、数据治理的特点

数据信息时代的到来,打破了原来旧的社会结构,形成了以数据信息为中心的数字社会。数字突破时间和地域的限制,让虚拟和现实进行交融,使人类的理性更加可视化。数据对我们的益处正逐渐体现在交际的方方面面,因此对数据的治理应该更加具体化和理性。总的来说,数据治理呈现以下三个特点:

一是便捷性。社会越发达、技术越发达,面临的风险就越多。如今,人类已经进入数字时代,大数据分析几乎能看透一切,算法决策几乎无所不能,社会治理更加高效便捷。但与此同时,数字世界的数据密度和复杂性总是伴随着风险,一旦出现问题,后果就是不可预测的。在数字智能治理过程中,要尊重事物客观发展规律,充分认识人工智能带来的机遇和威胁,防止技术误用和滥用,加强风险预警和跟踪判断,建立快速灵活、包容平衡、共同参与、以人为本的动态响应机制,从而随时应对突发风险并及时进行处理,形成数据智能治理的便捷性。

二是串联性。在数字时代,一切数字化、网络化都深刻改变着人们的生活方式、行为方式和社会生态,每个自然人也是"数字人""信息体",身体也随之成为"身体网络"的技术平台。在这个前所未有的数字化、网络化、智能化的发展进程中,人的地理位置、职业阶层、社会身份、家庭关系等传统要素被明显淡化,更多的人承担起网络基本单元和独立环节的角色。这样,中心化的实体组织或个人就变成了去中心化的网络节点。数字智能治理的平台化,以一网通管、一网通办、一网合作的方式,将人、财、物、信息变成网格治理的各种网络链路、信息传递和运行节点。

三是智慧性。信息革命的一个重要社会影响就是颠覆了人类历史上的时空观念和生活方式,并以数字化、智能化的方式进行重构。一方面,虚实融合、远程临场、数字可视化的方式打破了生产、生活的"物理墙",原来必须"面对面"做的事情,现在可以"屏对屏"完成,如腾讯会议、微信社交、网上购物、网上试用、网格化治理,实现"物理墙"打通。另一方面,随着网络的整合和发展,数字化和智能化技术使得人类获得前所未有的大数据采集与分析能力。利用虚拟现实和算法预测,不仅可以重现、复刻过去的状况和行为,而且可以对未来进行干预(如异步稽查、犯罪预测系统等),从而实现时空维度的贯通。数字社会独特的运行逻辑必然会体现在数字智能治理机制中,即充分利用这种遍历功能进行冲突处理、事件处理、风险判断、应急管理和监管执法,达到提升效率、防范风险、强化效果的目的。

第二节 会计大数据的数据治理:组织

拥有正式数据治理规程并有意行使权力和控制的组织能够更好地从数据资产中获取收益。数据治理组织的功能是指导数据管理,确定数据所有者、数据安全措施,以及确保数据达到预期用途。数据治理的目的是确保数据根据数据管理制度和最佳实践得到适当的管理。虽然数据治理的总体驱动力是确保组织可以从数据中获得价值,但数据治理项目的范围和重点取决于组织的需求,

一、数据治理组织的重要性

组织在管理和协调方面起着重要作用,对于数据治理也是如此。无组织的数据治理是碎片化的、孤立的,因此一家企业要真正开展数据治理工作,首先要建立数据治理组织。没有建立数据治理组织就谈数据治理是空

话,就像打仗没有组建军队一样,会失去战斗力和活力。换句话说,要做数据治理,首先必须建立一个数据治理组织,并覆盖决策层。

组织是数据治理的基础。数据策略和数据标准应由组织发布,数据安全和数据共享应由组织协调。没有数据治理组织作为基础,数据治理工作就无法开展。第一,数据治理战略需要组织领导层的支持。只有组织认可的数据战略才是企业的数据战略。数据战略需要走出信息部门的房间,这需要数据治理组织的力量、领导层的参与和支持,有了这些才能真正形成企业整体的数据战略,也才能在企业内广泛宣传和实施数据战略。特别地,数据战略应该与企业策略保持一致。第二,制定数据标准需要组织的业务层牵头。制定数据标准的难点在于业务属性和管理属性的定义与实现,而业务相关的术语定义、计算逻辑都是由业务部门决定的,由谁来管理和识别数据与业务部门密切相关。经验表明,业务单位带头制定数据标准,成功的概率更大。第三,保障数据质量需要技术部门和业务部门的协同作用。数据质量决定数据用户对数据的满意程度,因此数据是否符合应用是判断数据质量是否合格的重要依据,这就需要业务部门的参与。我们经常从技术角度谈论数据的完整性,即数据质量的管理需要业务部门特别是数据用户的深度参与,这需要组织的领导和协调。第四,数据安全需要组织各层级的参与。数据安全涉及对数据进行分类和分级、识别敏感数据、合规使用数据,这离不开组织各层级的参与。数据合规性受法律法规的限制,数据的重要性和敏感性与业务密切相关。仅仅依靠信息部门很难识别数据的重要性和敏感性,这就需要组织动员企业做好数据安全工作。第五,数据共享应用需要组织、领导和协调。组织最重要的职责之一是协调跨组织、跨部门的数据共享和应用。为了充分发挥数据资产的价值,必须在合规的条件下最大限度地共享数据。如果数据不能共享,则应说明原因。

二、数据治理组织架构及职责

数据治理可以采用集中式(全部输入)和虚拟式(部分输入)组织模式的

混合。应结合数据治理专职人员的专业技能与熟悉业务和 IT 系统的现有人员能力,在运营中实现数据治理团队的快速建设和能力导入,将业务、IT 开发和数据团队捆绑在一起,利用现有人员的熟悉度快速切入重点工作。数据治理组织架构如图 4.1 所示。

图 4.1　数据治理组织架构

战略层面上,由数据治理发起人和各部门负责人组成的数据治理领导组制定并确立数据治理的整体战略方向,以数据组织文化和组织氛围建设为主线,全面负责数据治理工作的实施、政策的推进和落实,组织解决纠纷,并对数据治理工作的执行情况进行监控和监督,同时确保预算支持数据治理工作。数据治理委员会和领域数据治理工作组是数据治理战略在操作层面的具体实施团队。

数据治理委员会由数据治理负责人、数据治理专家、数据架构专家组成,协调数据治理工作,为企业提供工作指导,定期在企业范围内沟通数据治理工作,形成数据质量精细化管控文化;根据数据治理领导组的愿景和长期目标,建立和管理数据治理流程、阶段目标和计划,设计和维护数据治理方法、一般原则、工具和平台,协助工作组实施数据治理方案,衡量和报告整体数据治理工作,并解决和决策跨领域的数据治理问题与争议。典型的数据治理委员会组成如表 4.1 所示。

表 4.1 典型数据治理委员会组成

治理机构	具体说明
治理指导委员会	最高权威机构,负责指导、监督、支持相应治理活动,由各职能部门高级管理人员组成
数据治理预案组	管理机构,负责管理规划、问题处理工作,由管理及运营人员组成
治理办公室	协调部门,负责协调数据定义及标准制定等工作,由管理专员、数据保管人员等组成
数据管理团队	协作团队,负责协助标准制定、任务开展等工作,由分析师、技术专员组成

领域数据治理工作组负责各领域数据范围内的数据治理,根据数据治理委员会制定的数据治理方法和一般规则,制定本领域数据治理目标和工作计划,负责本领域数据资产的保管,维护和更新相关数据标准和相关元数据,设计本领域数据指标和规则,监测和收集数据质量问题并持续改进,主动升级数据相关问题。

领域数据治理工作组包括数据所有者、数据代表、数据管家和数据架构师四部分。

1. 数据所有者

数据所有者是负责领域数据治理工作的人,为领域中的数据治理制定目标、工作计划和安排优先级,建立数据治理问责机制,将数据治理领域的工作分给工作组成员,并对工作组的工作进行跟踪和管理;设计数据质量规范,承担数据需求,裁决数据问题和争议;建立和维护本领域的信息体系结构,建立和推广领域数据文化和氛围。

2. 数据代表

数据代表是数据治理领域的专家领导者。数据代表负责深入了解数据工作的目标、方法、规则、工具,通过识别关键业务流程和IT系统,细化并优先考虑领域内数据治理的路线图和工作计划,并最终管理实施。作为本领域的数据治理专家,数据代表管理和解决问题和争议,必要时提交给数据所有者进行裁决;对业务数据的完整性、及时性、准确性、一致性、唯一性和有效性负责,确保行为即记录、记录即数据,并按照数据质量规范在现场测量和报告数据;实施现场信息架构的合规建设,负责现场数据资产的保管,维护相应的数据标准和数据目录,更新发布;处理上下游数据需求,根据现场应用场景和业务需求主动识别数据需求,并推动和管理需求的实现;根据相关规定定义本领域的数据安全级别,并进行数据授权管理。

3. 数据管家

数据管家协助领域数据治理工作,确保领域数据治理工作的过程和内容标准化,并且符合数据治理需求;协助数据代表跟踪和解决问题;梳理、维护和更新领域数据元数据(业务对象、数据标准、数据模型);促进和维护数据治理工具和平台在本领域的应用。

4. 数据架构师

数据架构师负责处理 IT 级别的领域数据治理工作,在现场开发和维护数据系统或子系统,确保数据被记录在系统中,保证数据标准、数据质量规则、数据安全、主/参考数据管理、数据服务在系统中实现;为数据系统提供数据相关信息(元数据、数据字典、数据血缘关系);协助执行与 IT 相关的数据治理活动,确保数据系统的技术解决方案与本领域的信息体系结构一致,技术选择满足数据发展的中长期需求。

三、有效数据治理组织的成立步骤

通常情况下,数据治理团队的建立是为了确保数据得到平稳、有效的处理,并随着时间的推移提高数据质量。数据治理程序旨在为组织制定规则和条例,并处理数据可能出现的任何问题。有效数据治理组织的成立步骤如图 4.2 所示。

(一)确定策略目标

数据治理工作必须支持业务策略和目标。组织的业务策略和目标会影响组织的数据策略,以及组织运作方式中的数据治理和数据管理。数据治

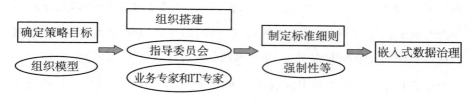

图 4.2　有效数据治理组织成立步骤

理与数据相关的决策责任可以共享。数据治理活动涉及跨越组织和系统边界以支持整体数据映射。成功的数据治理应该清楚地规划需要治理什么、如何治理以及由谁执行治理。

确定在组织中拥有有效数据治理的策略目标是建立数据治理组织的第一步,可以通过编写数据治理章程来启动。数据治理章程包括任务声明以及对数据治理愿景和目标的描述。在章程正式实施之前,可能需要高级管理层在章程上签字。章程中应该包含数据治理组织的框架,并解释谁有权对数据做什么,以及数据治理的范围。有许多数据治理模型可供选择,但并非所有模型都适合每个组织。三种常见模型为:由一组高级经理(通常被称为指导委员会)作出高级决策;依靠数据治理办公室,一个提供指导的中层管理组织;大部分管理工作由数据治理工作组完成,工作组包括业务和IT领域的专家。

（二）组织搭建

指导委员会由高级管理人员和利益相关者组成,通常是高级副总裁和管理数据业务线(如营销、财务、采购等)的副总经理。指导委员会的负责人应该是一名高级执行官,向首席执行官报告,有权批准项目预算和确立项目优先级。指导委员会的主管人员负责各自的业务。指导委员会还包括业务和IT领域的执行发起人,以及数据治理办公室的主任。执行发起人是公司中的高级管理人员,他们了解自己的业务,可以推动整个组织的数据治理进程。指导委员会指导整个组织的数据治理过程,并确保为数据制定的政策和程序得到遵守;负责批准数据项目的章程和战略,批准和修改提案,批准资金,并提出项目建议。此外,指导委员会还负责就业务战略提供指导并处理冲突问题。指导委员会必须愿意参与组织中所有与数据治理相关的事务,并向数据治理办公室和数据治理工作组报告信息。

数据治理需要业务专家和 IT 专家。业务专家将与数据相关的业务需求传达给其他人。他们必须知道是如何收集数据的,以及首席执行官等决策者将如何使用这些数据。数据所有权由业务团队行使,而不是 IT 团队,其成员主要是业务人员。他们知道业务的目标是什么,以及数据如何帮助实现这些目标。他们需要有足够的技术知识向 IT 团队有效地解释 IT 需求。业务人员必须拥有来自上级管理层的授权以执行有关数据质量的标准和策略。他们还必须了解不良数据是如何进入系统的,并找出纠正错误的方法。他们有权在企业和部门级别对不良数据进行修正,并能够审查和衡量数据质量解决方案的成功与否。

(三)制定标准细则

数据治理标准是企业数据管理的重要组成部分,因为它可以帮助确保数据的质量、一致性和完整性。数据治理标准应该是强制性的,这意味着所有数据管理活动必须遵守这些标准。这对于数据治理非常重要,可以确保企业中的每个人都使用相同的标准来管理和维护数据。数据治理标准可以涵盖各种形式和内容。例如,数据治理标准可能规定字段填充要求,确保每个字段都填写了必要的信息,并且这些信息符合要求。数据治理标准也可能涉及字段关系管理规则,这可以确保正确地建立和维护不同字段之间的关系。此外,数据治理标准还可能涉及可接受值和不可接受值的详细文档和格式等方面,以确保数据的一致性和准确性。数据治理标准应该由数据管理专业人员起草,并由数据治理办公室或授权的工作组进行审查、批准和采用。这可以确保数据标准是专业的、有效的,并得到业内专家的认可。此外,数据治理标准应该有详细记录,以避免丢失细节信息。这可以确保数据治理标准的连续性和一致性,从而确保数据质量得到持续的改进。数据治理标准还需要有效沟通、监控、定期审查和更新,这可以确保数据管理活动符合标准,并帮助保持数据质量和一致性。此外,对于不遵守数据治理标准的情况,企业应制定适当的惩罚措施,以确保所有人都遵守标准。随着数据变得越来越重要,数据治理也变得越来越复杂。通过强制实施数据治理标准,企业可以确保数据质量得到持续的提高,从而拥有更好的业务绩效和竞争优势。

(四) 嵌入式数据治理

数据治理组织的一个目标是将治理活动嵌入与数据相关的一组流程,作为资产加以管理。数据治理的持续操作需要规划,相关的运营计划包含实现和操作数据治理活动所需的事件,如维持成功所需的活动、时间和技术。可持续性意味着采取行动确保流程和资金到位,以支持数据治理组织框架的可持续实施。这个需求的核心是组织对数据治理的接受程度;履行管理职能,监测和衡量其结果,并克服经常导致治理不稳定或失败的障碍。为了加深组织对数据治理的理解,通常可以通过其他本地应用程序创建感兴趣的数据治理社区来增强交互式学习。这在数据治理的早期尤其有用,但随着数据治理操作的成熟,其有效性可能会减弱。

第三节 会计大数据的数据治理:标准

一、数据治理标准含义

随着国际化业务的发展,企业需要在不同会计制度之间进行转换,与国际会计制度接轨,因此需要一套国际会计数据接口标准来实现数据共享。另外,随着财务信息化的发展,针对不同行业出现了一些专门的财务信息软件,与此同时,市场上的通用财务软件也越来越多,需要一套会计数据标准作为业务规则和技术标准来规范行业的发展。财务数据格式标准不同,不仅会增加审计和监管的工作量,也使得监管部门难以及时掌握基层单位的底层数据(薛桦,2022)。在这种情况下,《国家标准化发展纲要》指出:"标准是经济活动和社会发展的技术支持,是国家基础性制度的重要方面。"在国家治理体系和治理能力现代化进程中,标准具有基础性和引领性作用。标准被定义为"衡量事物的依据或准则"或"由权威建立和确定的东西,作为衡量数量、重量、程度、价值或质量的规则"。标准有助于定义质量,因为它提供了一种比较的手段。标准还展现了简化流程的潜力,通过采用标准,组织只需作出一次决策,并将其编入一组规则(标准),而不必为每个项目重新作出相同的决策。实施标准应在使用的过程中促进结果的一致性。

但是,标准的建立或采用通常很可能导致标准标的目标的丧失。大多数组织并没有开发或实现数据标准的良好实践。由于专业线管理的需要,不同业务部门对业务管理和数据质量控制的标准不同,业务体系也不统一。例如,以文本形式存储的数据会给财务信息统计带来困难(张羽,2020)。因此,"标准"在组织内部和组织之间有很大差异,对一致性的期望也是如此。

二、会计数据治理标准体系框架

会计数据治理标准体系包括四个方面:会计业务术语、会计参考数据和会计主数据、会计数据元、会计指标数据(见图4.3)。

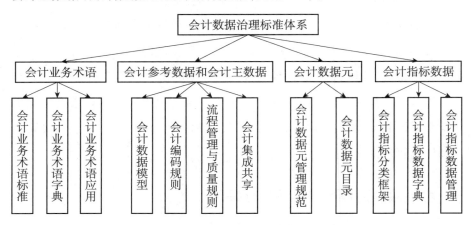

图 4.3 会计数据治理标准体系框架

会计业务术语的管理涉及多个方面,包括会计业务术语标准、会计业务术语字典和会计业务术语应用。在这些方面的管理中,会计业务术语标准是重要的基础,它规定了会计业务术语的含义和使用方式,确保了在不同的场合和系统中使用的术语是一致的。会计业务术语字典对会计业务术语进行编码和分类,以便在会计业务中使用。同时,会计业务术语应用是指在会计业务中对会计术语的正确使用。

会计参考数据和会计主数据的管理也是关键的一环,涉及会计数据模型、会计编码规则、流程管理与质量规则、会计集成共享等方面。数据模型和编码规则定义了数据的结构与编码方式,使得数据能够被系统正确地处理和使用。流程管理与质量规则是为了保证数据的有效性和准确性,通过制定规范的过程和质量标准来管理数据的采集、处理与使用。集成共享则是将不同系统中的数据整合起来,实现数据的共享和互通。

会计数据元的管理也是非常重要的一环,包括会计数据元管理规范和会计数据元目录。会计数据元管理规范规定了会计数据元素的定义和属性,以及在不同的系统和应用中的使用方式。会计数据元目录则是对会计数据元素进行分类和管理,使得不同的系统和应用都能够方便地使用这些数据元素。

会计指标数据的管理也是关键的一环,包括会计指标分类框架、会计指标数据字典和会计指标数据管理。会计指标分类框架定义了会计指标的分类方式和标准以及指标之间的关系。会计指标数据字典则是对会计指标进行编码和分类,以便在会计业务中使用。会计指标数据管理是对会计指标数据进行采集、处理和使用,保证会计指标数据的有效性和准确性。

这些管理指标和流程的建立与实施可以帮助组织实现会计数据的标准化及跨系统共享,从而提高会计数据的质量和利用效率,这对企业的决策制定和经营管理都具有重要的意义。

三、会计数据治理标准体系运行机制

2022年3月,国务院国资委发布的《关于中央企业加快建设世界一流财务管理体系的指导意见》指出,要"充分发挥财务作为天然数据中心的优势,推动财务管理从信息化向数字化、智能化转型"。会计数据治理标准体系是会计数字化、智能化开展的前提。财政部印发的《会计信息化发展规划(2021—2025年)》提出,在"十三五"时期,各单位积极推进会计信息化建设,部分单位实现了会计核算的集中和共享处理,推动会计工作从传统核算型向现代管理型转变。

近年来,国家一直在大力推广电子金融票据系统。利用诸如综合电子发票、铁路客票、机票行程单、银行回单、对账单等电子流程共同构建企业对外凭证的合法性、标准化和数据库化,建立会计数据治理标准体系,统一规范企业内部自制凭证和数据库,通过内外部合作达到"大服务、大管理"的效果。

2021年国家档案局办公室等发布的《关于进一步扩大增值税电子发票电子化报销、入账、归档试点工作的通知》将有效实现会计凭证与国家大数据库的对接,为国家大数据的统筹管理、应用、计算、监管提供可靠载体。加快建立会计数据治理标准体系、推进会计数据治理能力建设是中国大数据战略体系的重要支撑项目和关键闭环。

推动会计数字化转型,需要全面规划、制定和实施会计数据治理标准。这些标准应该覆盖会计信息系统的输入、处理和输出,以确保会计数据的一致性和准确性,为数字化转型奠定基础。

在输入环节,需要加快电子凭证会计数据治理标准的制定、试点和推广,实现企事业单位电子票据接收、记录和归档全过程的自动化与无纸化。这有助于提高会计信息处理的效率和准确性,减少错误和漏洞。

在处理环节,需要探索制定财务会计软件基础会计数据准则,并在一定范围内对相关企事业单位进行试点,以满足各单位对会计信息规范化的需求和相关监管部门对会计数据系统底层数据的渗透需求。这有助于提高会计信息的一致性和准确性,促进监管部门对会计数据的有效监管。

在输出环节，需要推动企业向不同监管部门报送的各类报表会计数据口径尽可能统一，降低编制和报送成本，提高报表信息质量，提升会计数据共享水平，提高监管效率。这将有助于促进信息共享程度和监管效率的提高，同时也有助于提高企业对外的透明度和信誉度。

四、会计数据治理标准化的意义和作用

标准化在国家治理体系与治理能力现代化中具有基础性和引领性作用。同样，数据治理也迫切需要加强标准化，这是打破管理困境、提高数据质量、释放数据价值的关键。一系列政策、法律、愿景、规划都需要转化为制度和标准才有利于实施，数据治理标准化在各层级都具有重要意义。

在国家层面，数据治理标准化受到高度重视。一方面，数据治理标准化被视为新一代信息技术体系建设的重要环节；另一方面，国家将标准化工作领域的数据治理作为标准化的基础理论研究，以期获得新思路和新方法。《2021年全国标准化工作要点》明确提出，要推动网络产品和服务安全、关键信息基础设施安全保护、数据安全、个人信息保护、工业互联网、智能汽车数据采集等重点领域国家标准的制定，还要进一步完善新一代信息技术体系建设，紧跟数字化等新技术在标准化活动中的应用。这些举措将有助于提高标准化工作的现代化水平，保障企业和公众的数据安全与个人信息安全，促进新技术的发展和应用，推动中国在标准化领域的国际地位进一步提升。

在行业层面，数据治理标准化是大数据产业高质量发展的核心，是响应市场需求、规范产业发展、提高产业服务质量、引导产品升级、促进技术创新的重要支撑，是衡量会计数据治理行业发展水平和成熟度的关键标志，也是抢占行业发展主导权和话语权的关键手段。

在组织层面，数据治理标准化是政府、企业等组织管理数据资产的关键突破口和现实手段。会计数据治理标准化不仅有利于各种会计数据管理机制和会计业务流程的建立与完善，而且有利于提高会计数据质量，激活会计数据服务创新,保护会计数据安全,提高各种组织的会计数据管理水平,促进管理创新和技术创新,从而提升经济效益和社会效益。

第四节　会计大数据的数据治理:技术

数据治理技术是数据治理过程中使用的技术工具,主要包括数据规范、数据清洗、数据交换和数据集成四种技术。

一、数据规范技术

在进行数据治理前,需要对各项数据进行梳理和规范,因为这些数据数量庞大,并且存在较大的差异,直接进行治理可能会加大工作量并引发纠纷。原始数据往往存在格式、编码或者标识上的错误,有必要一开始就对这些内容进行规范,首先要建立一套贴近事实的标准化体系架构。在这一架构中,要求数据能在统一标准和统一格式下进行处理,同时保证数据具有可比性和相关性,增强对数据的治理能力以及数据的可靠性和真实性。建立数据库往往是行动的第一步。数据库的建立需要对数据的属性、替代值、空值、连贯性进行约束。数据属性代表了某一数据不同于其他值的唯一识别记号,它是数据的专属信号和特性。数据替代值则是指在数据库中可能会出现难以衡量和描述的数据,为了数据的连贯性,需要采取一定的方式来替代这些数据进行记录。实在找不到替代值的内容就是空值。数据的连贯性是指所有数据按从小到大进行排序,不存在空缺值,整个数据库中的数据完整。在整个行业中,数据的规范化处理一直是数据治理的首要条件和必备条件,它可以为后面的操作节省时间和成本,让数据治理更加顺利和可靠。目前较为常见的数据规范方法有规则处理引擎和标准编码库映射(吴信东等,2019)。

(一)规则处理引擎

数据治理为每一个数据项目创建了一个标准数据要素,并且为每一个标准数据要素定义了特定的处理规则,包括数据转换、数据验证、数据链接及数据分布。在机器学习等技术的基础上,对数据字段进行识别,并利用自动数据校准技术来解决在数据处理过程中出现的数据不规范问题。在此基础上,通过对数据的语义相似性及样本区域进行检验,将具有较高相似性的数据纳入数据表,进而依据数据的特点,选取适当的转化规则,实现自动化、规范化检验。字段的审核任务是基于数据项的规则模板自动生成的。该规则体系包含丰富的数据处理逻辑,可将多个数据源中的不同时标数据转化成一个统一的时标,还可以用指定的连接记号将多个资料项目联结到一个资料项目,等等。在此基础上,引申出一种新的基于规则库的方法,即在一系列的规则中,将第一个规则的输出作为第二个规则的输入。利用规则的组合,可以灵活支持不同的数据处理逻辑。规则处理示例如图4.4所示。

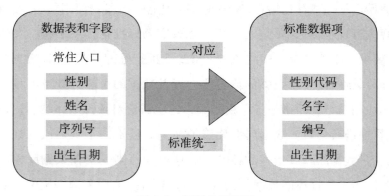

图4.4 规则处理示例

(二)标准编码库映射

标准编码基础是按照国家标准和一般技术规范而创建的有价值的词典。标准范围包括国家标准、行业标准和地方标准,并按照国家标准分类与代码、行业标准分类与代码、地方标准分类与代码进行构建。举例来说,如果希望把代表"男性"性别的所有字段都转化成代表"男性"性别的数值,就可以先建立一个数据词典,在这个词典里,可以从一组不同的表达中提取关键字的数值,最后显示为"男性"的数值。

二、数据清洗技术

实际数据对噪声、缺失、不一致性等因素具有很强的敏感性。数据清除是一个确定并(或)修正"脏数据"的程序。如果能够正确地制定数据库的数据规范,就能减少数据的清洗工作。在数据清洗过程中,"脏数据"主要包括错误数据、残缺数据、类似数据等。按照"脏数据"的类别,数据清除可以分成三种类型:清除属性错误、清除不完全数据、清除类似的重复记录(吴信东等,2019)。

(一) 清除属性错误

随着数据量的增加,数据之间的冲突和噪声也越来越多,我们要找出这些不正确的资料,并加以修正。

1. 属性错误检测

属性错误的识别可分为两类:一类是定量的,一类是定性的。定量错误探测主要是通过对离群点的探测,利用统计学的方法来识别错误。Chandola等(2007)把离群点的检测方法划分为极值分析、聚类模型、距离模型、密度模型、概率模型、信息论模型等六大类,并做了较为详尽的介绍。而定性错误检测一般利用描述性方法指定一个标准的数据实例或约束,数据一旦违背这些实例或者约束,就有可能被判定为不良数据。具体来说,我们从三个方面解释何为定性错误检测,即检测什么、如何检测和哪里检测。

首先,检测什么是指检测的错误类型。定性错误检测技术可按捕捉到的错误种类加以分类。当前,很多工作都采用完整性约束以获取数据库应当遵循的数据质量准则,其中要重点关注重复性数据对数据完整性的破坏。其次,如何检测主要涉及检测过程中人类的参与程度。定性错误检测技术可按是否有人员介入以及人员介入的步骤进行分类。目前大部分的测试程序是全自动完成的,仅部分测试需要人类介入。最后,哪里检测是指错误发生的阶段。一般来说,错误可以出现在数据管理的各个阶段,大部分检查都是以原始数据库为对象的,但有些错误只能在数据管理之后通过语义和逻辑检测发现。

2. 属性错误清除

属性错误清除包括噪声资料清除和不一致资料清除。噪声资料的清除也被称为去噪处理,常用的方法有盒分法、回归法等。盒分法是利用邻域的数值对序列数据进行光滑处理,但仅限于部分光滑处理;回归法则是通过对序列的拟合对序列数据进行光滑处理。在一些案例中,清除不一致资料可以参照其他材料来手工修正,如知道资料的功能相关性,就可以利用功能相关性来修正资料的属性值。但是,大部分的不一致性要求进行数据变换,也就是定义一系列变换以校正数据。

(二) 清除不完全数据

数据缺失在现实生活中是无法避免的,在很多情形下都会出现数据的缺失,如一些表格要求填写配偶的资料,单身人士无法填写这些资料。对于缺失的数据,有很多种处理方式:

1. 不计元组

一般来说,这个方法经常用于一个元组缺失多个属性值的情形。这种方法存在一定局限性,因为如果某个元组因缺失多个属性值被忽略不计,那么该元组中的其他属性值也无法使用,而这些值可能是有用的。

2. 手工将遗漏的数值补全

这一方法的主要缺点是耗时费力。数据清洗技术要求人为因素最小化,在数据集很大、属性缺失很多的情况下,该技术并不适用。

3. 用全局变量填补遗漏数据

在某种属性中缺少的值处填入相同的常数。举例来说,在随后的数据开采过程中,用"NULL"这个统一的常量来填补缺少的数值,这或许是个很有意思的想法。尽管这个方法比较容易操作,但有时它是不可靠的。

4. 中心度量填补

用属性的中心度量填充遗漏的数值。中心度量是指能代表属性"中间项"的数值,如平均数、中位数或一些加权数值。通常情况下,在具有对称性的数据中使用平均数,在具有倾向性的数据中使用中位数。

5. 填入最符合实际情况的数值

在数值预报中,回归分析是最常见的一种统计方法,而在实际应用中,还可以利用贝叶斯和决策树两种方法来判断缺失值。

(三)清除类似的重复记录

对类似的重复记录进行清除通常采取"先排序后合并"的思想,即采用优先排队算法、最近邻排序算法、多程最近邻排序算法。优先排队算法比较复杂:在对表格中的全部记录进行分类之后,将排列好的记录按照优先顺序依次进行搜索,同时采用动态聚类的方法,减少比对次数,从而提高比对效率。优先排队算法具有良好的自适应能力。最近邻排序算法是一种用于解决相似数据的经典方法。该方法利用滑动窗机制对相似的多条数据进行匹配,一次仅对 W 条输入数据进行比较,总共需对 $W \times N$ 次数据进行比较,从而提高匹配效率。但是,该方法存在两大缺陷:第一,性能依赖于对关键词的排序。如果没有选择正确的顺序,两个类似的记录就不能在滑动窗中显示,不能识别出类似的重复记录,会造成许多类似的重复记录不能被清除。第二,对于滑动窗,W 值的控制也比较困难。如果 W 过大,则会导致不必要的比较发生;如果 W 过小,则会导致对重复记录丢失匹配。多程最近邻排序算法是一种改进的方法,即使用多次最近邻排序算法,每一次选取的滑动窗口数值均可以相同,且在与相近的记录匹配时采用传递闭包的模式。该方法可以有效减少缺失记录的数量,但同时也存在误判的情况。针对最近邻排序算法和多程最近邻排序算法中滑动窗数值与属性权值均为固定权重的问题,有人提出利用滑动窗数值与属性权值具有不同权值的方法对相似数据进行清理。以上算法均有不足之处。例如,在排序过程中,多个外部排序造成的输入/输出开销很大;由于字元位置存在敏感性,在进行分类时,类似或重复性的字元并不一定会排列在一起,从而影响分类精度。

三、数据交换技术

在关系模式之间进行数据交互时,寻找一次查询的语义与复杂性是当前数据交互研究的一个重要方向。Afrati 和 Kolaitis(2008)对聚合查询的语义和复杂性进行了系统的研究,并在概念和技术上作出了一定的贡献。在一篇划时代的文章里,Fagin 等(2005)为这个问题提供了一种纯粹的逻辑性的解决方案,自此之后,数据库研究领域开始对数据交换进行深入的研究。近年来,Xiao 等(2018)提出了一个新的观点,那就是通过多个主体间的数据交互来实现智慧城市。他们设计了一种新型的端计算架构——数据隐私保护自动化架构,以一种不间断的方式实现了在线隐私保护处理的自动化,并将其与公司的主要应用系统进行了无缝集成。因为 XML(可扩展标记语言)的基本格式是标准化的,在跨系统或平台共享传输 XML,接收者仍然可以解析数据。Wu 等(2018)把基于特性的数据交换引入云端设计与生产合作,以 XML 为基础,建立通用的数据元模型和描述规范进行数据交换。

总之,数据交换通常通过协定资料交换和标准化数据交换两种方式实现。协定资料交换侧重于系统间资料的直接传输,而标准化数据交换利用网络环境和 XML 技术实现跨平台数据共享与交换。

(一)协定资料交换

协定资料交换是一种用来确定来源和目的的资料交换互动。按照已有的协定,资料交换由一种系统资料库向另一种系统资料库传送资料。Tyagi 等(2017)提出了一种递归数据交换协议的模型,它能够获取参与方观测到的任意数据序列,并且能够提供独立的性能序列保障;在此基础上,还给出关于最小比特数的一个下限。该模型无须改变基础数据库的逻辑及数据结构,可直接应用于数据存取层的开发。然而,这种方式也存在缺陷:首先,编程人员必须对下层数据库有一个清晰的认识,并且要冒很大的安全风险;其次,编程人员在对原始数据存取层进行修改时,必须确保数据的完整性与一致性;最后,这个模式下系统的复用性很差,对于不同的应用来说,每一次的数据交换都要做不同的设计。

(二)标准化数据交换

标准化数据交换指的是在网络环境下,建立一种能够被多方共享的方式,以此方式作为一个统一的标准,使得跨平台应用能够实现数据的共享与交换,该系统只需为多个应用程序提供一种可重复使用的统一标准。由于采用XML技术,企业可以在不改变现有技术或平台的前提下,有效利用现有技术或平台,高效、低成本地发挥XML技术的功能;同时,还可以在已有的数据交换应用的基础上,对更多新的应用进行扩展,进而推动不同企业之间应用集成的发展(吴信东等,2019)。

四、数据集成技术

通过对异构、分布式、自治的数据进行统一处理,可以实现对不同来源数据的统一和透明访问。系统数据集成主要指异质的数据集成,其核心内容是数据标准化以及构建元数据中心(吴信东等,2019)。数据标准的完善和信息交换的完善,对实现高效的信息整合起到了重要作用。而数据整合的难点主要来自数据的三个方面:数据的异质性、远距离的数据资源分配、资料来源的自治。其中,数据的异质性主要表现在两个方面:一是不同来源的数据在结构上存在差异,即所谓的结构异构性;二是由于数据来源不同,相同数据条的定义或(和)意义却不同,即所谓的"语义异"。数据源具有动态变化的特点,对数据整合系统提出了更高的要求。针对这一问题,目前有多种方法可供选择,如模式整合、数据拷贝、本体论等。

(一)模式整合

模式整合为使用者提供单一的查询界面,让使用者可以透过中间模式,直接从原始资料库中提取资料。在此基础上,有人提出一种基于域的源数据发现、查询界面模式抽取、域的源数据归类、域的源数据整合四步骤。这一方案的优势在于:为用户提供一个统一的访问界面和一个整体的数据视图。其不足之处在于:在这种方式下,用户往往要同时存取多个数据源,且网络延迟程度很大,数据源间无交互。当需要整合的数据源很大,并且具有很高的实时性和很快的更新速度时,通常会使用模式整合方法。

(二)数据拷贝

所谓的数据拷贝,就是把不同数据源中的数据提前拷贝到一个统一的数据源中,使用者仅需存取单一资料来源或少数资料来源。建立数据副本是一种基于多源数据的紧耦合方式,在此方式下,面对多源数据集中的情况,可以有效地解决多源数据的复杂性问题,从而极大地提升系统对用户需求的响应速度。但是,数据拷贝所需的时间较长,不能保证实时的数据一致性。资料仓库法是一种被广泛应用的资料拷贝方式,美国明尼苏达大学在1991年采用此法并提出一套资料整合系统,同时开发出一种针对多个异质数据源的数据融合方法,使得用户在搜索资料时的体验类似于访问常规数据库。然而,面对频繁变化的数据,资料仓库法由于需要不断重复数据抽取、转换和装载流程以维护数据的一致性,会造成数据融合的低效并可能产生意想不到的错误。为此,针对数据来源相对稳定或用户查询模式固定或有限的场景,数据中台法是一种新的有效处理数据的数据拷贝方法。

(三)本体论

上述两种方法用于解决数据的结构异质问题,而本体论则是一种专门用来处理语义异构的技术。在语义整合中,冲突检测和真值发现是解决冲突的常用方法。在冲突处理中,最常见的方法有忽略冲突、回避冲突、解决冲突三种。忽略冲突是指人为介入处理冲突。回避冲突是通过设置针对各种情形的统一限制原则,避免冲突。解决冲突主要有三种方式:第一种是以选举为基础,采取简单的少数服从多数的策略;第二种是以质量为基础,对数据来源的可信度进行评估;第三种是以关系为基础的类模型,以第二种模型为基础,对数据源间的关联进行研究。

本体论是在一个特定的范畴内,对各种概念和它们之间的联系进行的一种清晰的说明,在此基础上建立一个面向多个数据源的数据整合系统,使得用户可以对多个不同的数据源进行高效的访问。其后,一种基于本体论的数据整合方法被提出。由于单个本体论中的全部数据源均需与全球本体论中的共享词典进行关联,因此其适用面很窄,且数据源的改变对全球本体论也会产生影响。为克服单一本体论的不足,有人提出了多个本体论。多个本体论中的每一个资料来源都由一个本体论来描述。该方法的优势在于,数据源的改变对本体产生的影响很小。但是,目前还没有一个通用的词典,这使得不同来源的数据很难进行对比,而且数据来源间的分享与互动也不够充分。进一步地,基于多个本体论的混合本体论解决了单本体论和多本体论各自的问题,不仅有效地弥补了单本体论适用面窄、对全球本体论会产生影响的缺陷,还克服了多本体论可能存在的不足,即混合本体论也能够构建一个整体共用词汇表。

第五节　会计大数据的数据治理:评价

一、会计与大数据质量

在会计大数据的背景下,数据治理成为连接会计实践与技术创新的桥梁,其重要性在于确保数据的准确性、完整性和安全性,从而为会计决策提供坚实的数据基础。组织、标准、技术是数据治理的关键组成部分,它们共同定义会计与数据治理的紧密关系。组织层面的数据治理着重于构建跨部门合作的框架,使会计专业人员、IT 专家及数据科学家能够协同工作,以实现数据的有效管理和利用。这种跨领域的合作模式要求建立明确的职责分配、沟通机制和决策流程,确保数据治理策略能够得到有效执行。此外,培养数据素养成为组织中每位成员的必要任务,这有助于提升整个组织对数据治理重要性的认识和理解。在标准层面,会计数据治理必须遵循相关的会计准则和数据保护法规,如 GDPR(《一般数据保护条例》)或《SOX 法案》(《萨班斯-奥克斯利法案》),这些法规旨在确保数据处理的合规性和透明度。合规性不仅是法律要求,也是维护企业声誉和客户信任的关键。因此,会计数据治理需要围绕这些标准制定严格的数据管理政策和流程,以确保所有财务数据的处理活动都符合最高的行业和法律标准。技术层面的发展对会计数据治理提出了新的要求和挑战。随着云计算、大数据分析、人工智能和机器学习技术的不断进步,会计专业人员现在能够处理和分析以前无法想象的数据量。技术使得数据整合、实时分析和预测建模成为可能,这对于改善决策制定过程、识别趋势和管理风险至关重要。然而,技术的复杂性也要求会计专业人员不断更新自己的技能和知识,以充分利用这些工具。同时,数据安全和隐私保护成为技术实施过程中的重要考虑因素,需要采用加密、访问控制和数据监控等措施来保护财务数据不受威胁。

总的来说,会计与数据治理之间的紧密联系体现了在数据驱动的商业环境中,如何有效管理和利用数据已成为提升会计实践、增强企业竞争力的关键。在组织、标准和技术三个层面上实施强有力的数据治理策略,不仅可以提高数据的质量和可用性,还可以确保数据的安全性和合规性,为企业的持续成长和发展提供强有力的支持。

二、数据治理评价的必要性

从根本上说,数据治理评价不仅是一个评价结果,更是一个评价过程,目标是实现数据标准的高效执行,提升企业运营的标准化程度、数据质量以及效率与决策水平。从数据治理工作流程和管控机制上进行设计,将数据治理目标分解到时间、主体、部门等维度,为了支撑业务目标的达成,制定出可量化的考核指标,并持续地督促利益相关者去完成这些任务;同时,强化企业数据治理意识,并进行数据文化培训,这些都是实现企业数据治理目标的有效途径。为了使企业能够更好地执行数据治理的规范与标准,必须对数据治理的有效性进行评价与检验。

随着数据治理工程的开展,相关的机构与制度也随之完善,数据治理工作也将走上正确的轨道。但数据管理是否真的是企业的一项日常工作?是否真正融入企业内部?若不能科学地建立与之对应的评价标准与体系,企业将不能充分认识到数据治理的重要意义,而大型企业从引入数据治理工程到实质开展数据治理工程经历的时间一般都比较长,其日常的数据治理工作势必会流于形式,难以维持好不容易取得的数据治理成果。企业数据治理工作的考核和评价体系应建立在企业数据治理工作的组织人员、制度流程和关键环节的基础上,通过科学有效的考核和评价,建立起与问责、激励、整改等机制相关联的企业数据治理工作机制,保证企业在发展过程中始终明白数据治理的重要性,确保相关制度、标准和规范在执行过程中得到更好落实。

三、数据治理评价原则及体系

随着企业信息化水平的不断提高,数据治理已经成为企业经营管理中越来越重要的一个环节,也是一个相对较新的问题。为了保证数据治理评价指标体系能够具备可行性,在构建指标体系时必须遵循以下原则:①科学性。在设计指标体系时,首先要确定企业数据治理的目标、原则,然后围绕企业数据治理的目标和原则,结合企业数据治理的理论基础和实践经验,采用层次分析法构建企业数据治理评价指标体系,保证指标体系的科学性。②综合性。在建立企业数据治理评价指标体系时,要确保指标的完整性,充分体现企业数据治理评价中涉及的有关因素和相关环节的关联性,确保指标的内容是充分的,这样才能对企业数据治理水平进行全面评价。③独立性。在构建企业数据治理评价指标体系时,一个指标的数据不能随另一个指标的数据而变化。④可操作性。在构建企业数据治理评价指标体系时,构成各指标所需的评价数据一定是便于收集和采集的,同时评价指标的说明也应该是简单易懂的,尽量少用专业词汇,从而确保来自不同领域的专家都能够准确地理解评价指标体系,保证评价过程具有较好的可操作性(赵惠芳等,2010;李刚等,2012)。

数据治理评价指标体系分为三个部分(见图4.5):数据质量管理、数据支撑能力和数据服务能力(王刚等,2016)。数据质量管理包括数据完整性、数据时效性、数据准确性和数据安全性等方面。数据质量管理衡量数据自身质量,对会计信息数据来说,对应的是会计信息质量要求,这样可以从客观的角度对数据质量起到约束作用。数据支撑能力涉及数据治理基础设施、数据治理组织结构、数据质量管理制度和数据治理人员素质等方面。数据支撑能力从基础设施、人员配置等方面保障数据治理顺利开展,起后方保障作用。数据服务能力涉及数据治理流程规范、数据治理覆盖程度、数据治理响应时间和数据处理能力。数据服务能力属于会计大数据的数据治理过程中的技术层面范畴,是确保会计大数据的数据治理策略在数据治理过程中能够有效实施的能力,包括数据治理流程规范的理解能力、及时响应数据治理能力和数据处理能力等涉及事中流程的全覆盖以及事后反馈的能力。

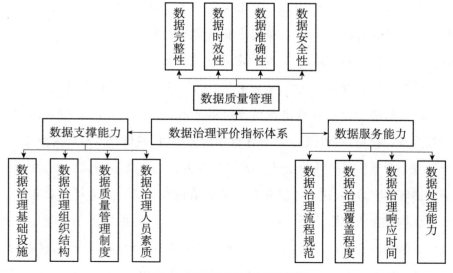

图4.5 数据治理评价指标体系

数据治理的质量评估需要检查单个数据点的数据准确性,发现数据质量问题。常用的检查数据质量问题的方法包括记录编号检查法、关键指标总核查法、历史数据比较法、范围判断法、经验回顾法和匹配判断法。

1. 记录编号检查法

通过比较记录的数量,通常可以验证数据状况,主要是检查数据表中的记录数量是否在指定的范围内。适用范围:对于数据表中按日期增量加载的数据,必须检查每个加载周期的记录数量是否恒定或在可以确定的范围内,如每天增加的新成员数量。

2. 关键指标总核查法

对于关键指标,比较数据总量,看看它们是否一致。这主要是指对具有相同业务意义的摘要逻辑和不同维度的统计进行回顾。适用范围:同一表中同一字段在不同维度上的统计,必须检查是否存在汇总关系。表中的字段与其他表中的字段具有相同的服务含义,从不同的维度进行计数,具有汇总关系,并且两个表的数据不是由同一个数据源处理的。若满足此条件,则必须进行总量试验,如企业的收入总额、利润总额、费用总额、投资总额等指标。

3. 历史数据比较法

通过历史数据观察数据变化规律,验证数据质量,从变化趋势、加速或减速、周期、拐点等方面论证数据的可靠性,通常根据同比发展速度来判断。在评价时,应根据各项指标的发展特点,对同比发展速度增加(或减少)幅度较大的数据进行复盘。历史数据比较法包括同比和环比两种方式。该方法适用于无法使用记录编号检查法和关键指标总核查法,且事实表记录条数小于1 000万条的情形。

4. 范围判断法

确定一定时间内指标数据变化的合理范围,重点关注范围外的数据,其中数据变化的合理范围直接根据业务经验确定。适用范围:事实表中的字段可以确定取值范围,可以判断超出范围的数据一定是错误的。如果满足此条件,则必须采用范围判断法,如基于年龄维度的活跃员工数量的统计数据,18岁以下和65岁以上的数据属于异常数据,应重点审查。

5. 经验回顾法

对于报告中各项指标之间的逻辑关系仅靠计算机程序审计无法确认和量化,或者有的审计设置了量化限制,但限制范围广且难以确定的情况,需要增加人工经验审计。适用范围:当量化或量化限度无法评估时,使用手工经验评审,如数据安全事件对企业声誉的影响。

6. 匹配判断法

对比核实相关部门提供或发布的数据,判断数据的有效性。适用范围:与相关部门提供或公布的数据一致的,可采用匹配判断法,如上市公司净资产收益率、总资产负债率。

四、数据治理成熟度评估模型:DCMM 模型

企业数据治理是企业提升运营效率、服务能力和客户满意度的重要途径。通过研究企业数据治理的基本理论,我们意识到数据治理包括企业数据治理框架体系和企业数据治理成熟度模型(张一鸣,2012)。企业数据治理成熟度模型描述了数据、信息和知识资产从当前状态到未来理想状态应该经历的过程,是衡量企业数据治理水平的一种方法,是企业数据治理评价的必备工具(苏博等,2012)。

自2018年10月1日起,我国实施了 GB/T 36073—2018 标准的数据管理能力成熟度评估模型(DCMM)。DCMM 结合了国际数据管理协会《DAMA 数据管理知识体系指南》中的相关内容,充分吸收了国内外先进项目和行业的发展经验,并考虑了各行业数据管理的发展现状(崔璨,2020)。DCMM 定义了数据管理能力成熟度评估的八个主要能力领域:数据策略、数据治理、数据架构、数据标准、数据质量、数据安全、数据应用、数据生命周期。DCMM

与其他数据管理能力成熟度模型的最大区别在于,DCMM 增加了三个能力领域:数据应用、数据标准和数据安全。在这八个能力领域中,共有二十四个能力项。具体指标体系如图 4.6 所示。

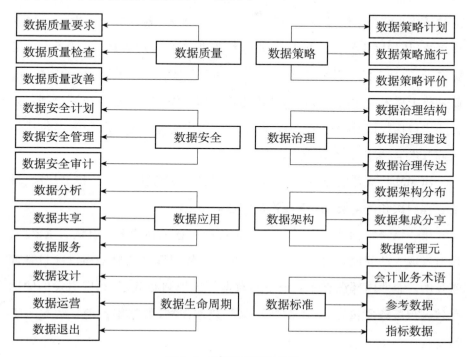

图 4.6　DCMM 指标体系

数据质量包括数据质量要求、数据质量检查和数据质量改善。数据安全包括数据安全计划、数据安全管理和数据安全审计。数据应用包括数据分析、数据共享和数据服务。数据生命周期包括数据设计、数据运营和数据退出。数据策略包括数据策略计划、数据策略施行和数据策略评价。具体来说,数据策略计划是指由数据治理委员会制定的、为指导会计大数据的数据治理而设计的企业战略计划;数据策略施行是指组织完成数据策略规划并逐步实现数据功能框架的过程;数据策略评价包括评价实施过程是否符合战略规划、是否需要修改等,还包括策略实施后的相关评价。目前,大多数企业的相关数据策略评价在定性或定量上都不完善。数据治理包括数据治理结构、数据治理建设和数据治理传达。数据治理结构的建设包括组织架构、岗位设置、团队建设、数据职责等内容,是各项数据职能发展的基础。数据治理建设负责确保数据管理和数据应用功能的规范化运作,并建立相应的系统。整个系统建设围绕数据管理工作展开,划分多个层次的数据管理系统,从程序化的文档数据管理方法、数据资产管理方法,到对活动质量标准、元数据等的一系列数据管理方法,再到管理规则、管理规范的实施等,就是整个系统的建设。数据治理传达是内部和外部的沟通与协调机制。数据架构包括数据架构分布、数据集成分享和数据管理元。数据标准包括会计业务术语、参考数据和指标数据。

DCMM将成熟度分为五个层次:初始层次、初始管理层次、稳健层次、量化管理层次和优化层次。各层次的定位如下:

第一级:初始层次。这个层次的企业没有意识到数据对组织的重要性,没有形成主动管理数据的意识,企业内部的数据管理主要是通过项目管理进行的。企业内部没有建立统一的数据管理规则和流程,数据引发的问题导致客户服务质量差,产生数据隔离和数据孤岛,数据维护消耗大量人工成本。

第二级:初始管理层次。这个层次的企业认识到了数据的重要性,并开始将数据作为资产进行管理。在需求和战略的驱动下,企业制定相应的数据管理流程,指派内部人员进行初步的数据管理,识别数据利益相关者。

第三级:稳健层次。这个层次的企业将数据视为提高绩效的重要因素。企业制定了组织级的数据管理流程和政策,以促进数据管理的标准化和规范化。数据管理人员能够跨系统进行数据管理以满足组织的需求。

第四级:量化管理层次。这个层次的企业将数据视为重要资源,认为数据管理可以增强企业的竞争力。企业对数据管理相关流程进行了全方位的改进,针对相关机构、岗位、人员等设置了绩效指标并定期考核,能够通过对数据管理的监控和分析来实现制度和流程的优化与改进,数据管理逐步科学化、规范化。

第五级:优化层次。这个层次的企业将数据视为企业不可分割的一部分,数据管理的政策和流程可以根据外部环境与行业现状实时改进,被业界视为数据管理的标杆。

DCMM 是企业数据管理和应用能力的评价框架。从标准本身来说,任何企业都可以完成相关的应用。从考核过程来看可分为两个方面。一是数据所有者(评估自己的数据管理和应用能力)。DCMM 可以评估数据所有者(金融保险机构、互联网企业、电信运营商、工业企业)在数据管理方面的问题,并给出具体建议,帮助其提高数据治理能力。二是数据解决方案提供商(评估外部提供的产品和服务的数据管理与应用能力)。DCMM 可以帮助数据解决方案提供商(软件开发商/运营商、信息系统建设与服务提供商、信息技术服务提供商等)提高自身解决方案的完整性。

从企业层面来看,DCMM 的价值和意义如下:

第一,它可以指明企业未来管理的发展方向。企业可以对标国家标准,发现企业数据管理能力建设过程中存在的问题,发现企业与行业平均水平的差距;DCMM 作为权威框架,可以指导企业开展数据管理工作,帮助企业快速提高数据管理意识,掌握数据管理方法,事半功倍地提高数据管理能力。

第二,它可以规范企业建立数据管理制度。DCMM 提供了国内最权威的数据管理理论知识体系,可以帮助企业明确数据管理和应用建设的思路与框架,规范和指导相关工作。通过 DCMM 方面的考核和培训,企业可以加强内部技术人员、业务人员和管理人员的数据资产意识,提高相关从业人员的数据管理技能水平。

第三,它有利于培养数字人才。将 DCMM 评价结果纳入企业数字化评价体系,或基于 DCMM 模型设计符合企业实际情况的定制化数据管理评价模型,定期对分公司、子公司进行评价,推动整个企业数字化转型进程。另一种方式是根据国家标准开发一套定制模型,这也是目前的发展趋势。

从政府层面来看,DCMM 可以帮助主管部门更好地履行行业管理职能,推动落实国家重点领域大数据发展的战略部署、先进理念和典型经验,提升重点领域企业的数字化发展水平,是行业主管部门履行行业管理职能的重要抓手。

从国际层面来看,DCMM 提高了我国在数据管理领域的国际竞争力。目前,国际数据管理领域正处于生态不锁定、路径不统一的重要战略机遇期。推进 DCMM 标准化评价,构建独立可控的数据管理体系,有助于增强我国在国际数据管理领域的影响力和话语权。

思考题

1. 什么是数据治理?数据治理的核心问题有哪些?
2. 在会计大数据的背景下,数据治理策略有哪些?
3. 已有的数据治理技术对会计有何应用价值?

参考文献

常瑛颉. 云计算环境下 H 公司会计信息化的应用研究[D]. 哈尔滨:哈尔滨商业大学,2018.

陈醒. 煤炭相关数据治理技术研究[J]. 煤炭技术,2020(12):148-151.

丛力群. 工业4.0时代的工业软件[C]//第十届中国钢铁年会暨第六届宝钢学术年会论文集Ⅲ. 北京:冶金工业出版社,2015.

崔璨. 基于DCMM的会计数据管理能力评估模型研究[D]. 太原:山西财经大学,2020.

范煜. 数据革命:大数据价值实现方法、技术与案例[M]. 北京:清华大学出版社,2017.

高艳. 完善我国财务报告体系研究[D]. 成都:西南财经大学,2007.

李刚,王斌,周立斌,等. 基于标准差修正G1组合赋权的人的全面发展评价模型及实证[J].系统工程理论与实践,2012(11):2473-2485.

李慧敏.商业银行线上供应链金融信用风险评估研究[D].兰州:兰州财经大学,2018.

李嘉亮.数字化转型推动会计工作向高水平迈进[N].中国会计报,2022-02-18(6).

李晓慧,张明祥.会计监管的演进与发展研究[J].会计研究,2019(2):42-48.

李燕.浅谈大数据时代会计工作转型的思考[J].中国产经,2022(2):51-53.

李永稳,黄永生.大数据时代背景下我国注册会计师审计风险防范研究[J].财会学习,2019(17):161-162.

李增福,骆展聪,杜玲,等."信息机制"还是"成本机制":大数据税收征管何以提高了企业盈余质量[J].会计研究,2021(7):56-68.

刘慧龙,张玲玲,谢婧.税收征管数字化升级与企业关联交易治理[J].管理世界.2022(6):158-176.

刘梅玲,黄虎,佟成生,等.智能财务的基本框架与建设思路研究[J].会计研究,2020(3):179-192.

刘伟坚,何春贤,李文姬.中国社科院和中科院数据库建设经验和启示[J].信息系统工程,2010(6):106.

刘雪松.攀枝花市银行业金融机构数据治理的监管研究[D].成都:四川大学,2021.

刘音.DH证券公司数据治理策略及实施保障研究[D].长春:吉林大学,2022.

陆兴凤,曹翠珍.利益相关者视角下的企业财务大数据治理[J].财会月刊,2022(1):39-47.

马先捷,高军,卢莉莉.数据清洗与数据质量保证方案论述[J].网络安全和信息化,2021(4):24-27.

牛艳芳,薛岩,邓雪梅,等. 审计大数据关联的网络分析平台构建及应用研究[J]. 审计研究,2018(5):35-42.

秦娇. 云会计在小微企业的应用研究[J]. 质量与市场,2022(20):136-138.

审计署昆明特派办理论研究会课题组,周应良,陈波,等. 新时代大数据审计实践研究:以医疗保障基金审计为例[J]. 审计研究,2020(2):7-13.

舒伟,曹健,王华,等. 我国会计本科人才培养的现状、挑战及对策[J]. 会计研究,2021(8):177-189.

宋恩轩. 大数据技术在Z会计师事务所审计工作中的应用研究[D]. 哈尔滨:哈尔滨商业大学,2021.

宋捷. 数据安全风险分析及应对策略初探[J]. 通信与信息技术,2022(5):59-61.

苏博,陈溯,唐成功. ERP数据质量评估与数据治理方法研究[J]. 信息系统工程,2012(8):140-144.

孙雪娇,翟淑萍,于苏. 大数据税收征管如何影响企业盈余管理:基于"金税三期"准自然实验的证据[J]. 会计研究,2021(1):67-81.

谭章禄,王美君. 智慧矿山数据治理概念内涵、发展目标与关键技术[J]. 工矿自动化,2022(5):6-14.

万勇. 企业信息孤岛问题研究[D]. 合肥:中国科学技术大学,2006.

王刚,汪杨,王珏,等. 基于证据分组合成的企业数据治理评价研究[J]. 系统工程理论与实践,2016(6):1505-1516.

王靖芹. 大数据时代司法会计在经济犯罪侦查中的应用研究:以w公安局为例[D]. 济南:山东财经大学,2022.

王雷,韩磊杰. 企业数字化转型中的逻辑性数据孤岛破解机制研究[J]. 改革与开放,2022(10):57-64.

王茹. 德国工业4.0的优势、挑战与启示[J]. 经济研究参考,2016(51):3-6.

王蔚萍,章学周. 基于分布式系统的县区政务数据治理的思考与实践[J]. 江苏科技信息,2021(26):28-31.

王伊纳. 基于大数据的管理会计发展研究[J]. 财务管理研究,2020(3):81-84.

王轶辰. 数据孤岛、技术差距、人才短缺:发展大数据三大难题待解[J]. 江苏企业管理,2017(9):29-30.

吴信东,董丙冰,堵新政,等. 数据治理技术[J]. 软件学报,2019(9):2830-2856.

肖敏知,李玉清,施寅国. 云计算对企业运营产生的作用[J]. 办公自动化,2020(21):22-23.

谢苏闽. 文本大数据方法在环境会计信息披露中的应用探析[J]. 财务与会计,2022(16):72-73.

邢会强. 个人税务信息保护与《税收征收管理法》修订[J]. 广东社会科学,2023(1):253-263.

徐涛,荀伟,尤建新,等. 破解数据质量安全问题 构建数据溯源体系是关键[J]. 上海质量,2022(12):39-41.

徐晓. 大数据背景下管理会计应用现状及发展趋势[J]. 财会学习,2022(12):83-85.

薛桦. 会计数据治理能力建设的实践与体会:以地勘央企为例[J]. 中国总会计师,2022(8):66-67.

薛惠锋,张南,康熙瞳. 数据安全与国家发展[M]. 北京:科学出版社,2016.

杨德明,夏小燕,金淞宇,等. 大数据、区块链与上市公司审计费用[J]. 审计研究,2020(4):68-79.

杨恺. 纪检监察工作中的大数据技术及其价值研究[D]. 长沙:长沙理工大学,2021.

杨柔坚,李洋,苏艳阳. 基于大数据的政策跟踪审计方法研究:以就业政策跟踪审计为例[J]. 审计研究,2020(4):28-34.

叶强,高超越,姜广鑫. 大数据环境下我国未来区块链碳市场体系设计[J]. 管理世界,2022(1):229-249.

叶钦华,叶凡,黄世忠. 财务舞弊识别框架构建:基于会计信息系统论及大数据视角[J]. 会计研究,2022(3):3-16.

尹洁. 建峰公司数据沉没问题研究与对策[D]. 乌鲁木齐:新疆大学,2015.

于一男. 我国金融数据治理框架与实施建议[J]. 金融纵横,2022(10):59-65.

张军,罗云芳,叶江丽. 我国会计信息主要使用者及需求探究[J]. 经济师,2006(12):157.

张维娜. 青岛市运用大数据推进市场监管存在的问题及对策研究[D]. 青岛:山东科技大学,2020.

张一鸣. 数据治理过程浅析[J]. 中国信息界,2012(9):15-17.

张羽. 基于大数据分析的会计数据监控治理[J]. 新理财,2020(7):49-52.

赵惠芳,王桂伶,徐晟. 基于证据理论的产学研合作质量评价研究[J] 科技进步与对策,2010(6):108-111.

赵宪武. 大数据背景下对注册会计师审计风险影响与对策[J]. 审计与理财,2021(8):41-43.

张新民,金瑛. 资产负债表重构:基于数字经济时代企业行为的研究[J]. 管理世界,2022(9):157-175.

张悦,杨乐,韩钰,等. 大数据环境下的审计变化、数据风险治理及人才培养[J]. 审计研究,2021(6):26-34.

赵云辉,张哲,冯泰文,等. 大数据发展、制度环境与政府治理效率[J]. 管理世界,2019(11):119-132.

周宏,赵若瑜,李文洁,等. 大数据背景下市场竞争与债券信用风险:基于企业多元化发展的实证检验[J]. 会计研究,2020(12):125-136.

周守亮,唐大鹏. 智能化时代会计教育的转型与发展[J]. 会计研究,2019(12):92-94.

加快会计数字化转型 支撑会计职能拓展 推动会计信息化工作向更高水平迈进:《会计改革与发展"十四五"规划纲要》系列解读之六[J]. 财务与会计,2022(6):4-8.

AFRATI F,KOLAITIS P G. Answering aggregate queries in data exchange[C]// Proceedings of the 27th ACM SIGMOD-SIGACT-SIGART symposium on principles of database systems. Vancouver:ACM Press,2008:129-138.

CHANDOLA V,BANERJEE A,KUMAR V. Outlier detection:a survey[J]. ACM computing surveys,2007,14:15.

FAGIN R,KOLAITIS P G,MILLER R J,et al. Data exchange:semantics and query answering[J]. Theoretical computer science,2005,336(1):89-124.

TYAGI N,GILAD Y,LEUNG D,et al. Stadium:a distributed metadata-private messaging system[C].// Proceedings of the 26th symposium on operating systems principles. New York:Association for Computing Machinery,2017:423-440.

WU Y,HE F,ZHANG D,et al. Service-Oriented feature-based data exchange for cloud-based design and manufacturing[J]. IEEE transactions on services computing,2018,11(2):341-353.

XIAO Z,FU X,GOH R S M. Data privacy-preserving automation architecture for industrial data exchange in smart cities[J]. IEEE transactions on industrial informatics,2018,14(6):2780-2791.

第五章　AI：会计大数据的处理与分析

📑 学习目标

- 了解会计大数据的概念以及大数据处理与分析技术的具体内容。
- 理解会计大数据处理与分析的具体技术内容和机器学习、深度学习的概念。
- 掌握 SQL 查询语言在会计大数据分析中的应用以及机器学习算法和深度学习算法在会计大数据分析中的作用。
- 思考会计大数据可视化的技术趋势。

⚙️ 关键术语

会计大数据　会计大数据分析技术　机器学习算法　深度学习算法　数据可视化

引导案例

成都色诺芬信息技术有限责任公司

成都色诺芬信息技术有限责任公司(下称"色诺芬公司")是一家具备高新技术企业资格和双软企业资格且极富创造性的金融信息服务公司,为海内外的投资者和学术研究者提供经过专业整合的中国金融资讯与投资研究服务。作为国内领先的金融信息服务企业,色诺芬公司提供中国资本市场的金融资讯、量化投资、经济调查、投资顾问等服务,旨在帮助客户获取更多的资讯服务和更好的投资经验,并致力为高校的实证研究、学科与实验室建设提供强有力的数据支持。

　　CCER 经济金融数据库是色诺芬公司联合北京大学中国经济研究中心推出的研究型数据库。在中国经济研究中心林毅夫主任、陈平教授和美国耶鲁大学管理学院陈志武教授的直接指导下,经过两年大规模的研究和建设,中国经济研究中心与色诺芬公司于 2001 年正式推出 CCER DATA V1.0。2009 年 12 月,色诺芬公司与人大经济论坛建立战略合作关系,为 CCER DATA 的更好发展奠定良好基础。2010 年,色诺芬公司总部迁至成都。2015 年,色诺芬公司将产品更新为 CCER DATA V3.0,同时与中山大学岭南学院联合研发新三板数据库,成为国内首家推出该库的数据商。2017 年,色诺芬公司独家开发一带一路专题数据库,成为率先发布此类数据库的数据商。2018 年,色诺芬公司联合复旦大学经济学院共同研发央企高管数据库;2020 年,率先推出上市公司供应链数据库;2021 年,独家上线税收激励与研发创新数据库,同时顺应学术热点,与中国人民大学商学院联合开发环境治理研究数据库;2022 年,联合厦门大学管理学院对并购重组数据库进行全新构建。

　　资料来源:CCER 经济金融数据库介绍 http://www.ccerdata.cn/home/company。

第一节　会计大数据的处理与分析概述

一、会计大数据

　　目前全球正处于数字经济时代,数据已然成为企业最重要的资产之一。随着万物互联生态圈的构建,信息传导速率和传播规模的颠覆性发展逐渐驱使数据处理与存储技术不断完善(秦荣生,2015)。互联网+技术的广泛应用造就出海量、多样、高增长率的大数据信息,大数据走入人们的视野。大数据(Big Data)的概念在 2008 年《自然》(*Nature*)杂志的"Big Data Special"专题首次提出,而传统的数据库软件工具逐渐难以承载大数据的获取、处理、分析和存储工作。麦肯锡公司在2011年6月基于大数据与传统数据信息间的规模差异角度提出大数据的新兴定义:一种规模大到在获取、存储、管理、分析方面大大超出传统数据库软件工具能力范围的数据集合。此外,会计信息的呈现、获取和使用也出现较大的变革,古老的会计信息处理方式显然不再适合常态化的大数据。对于企业财务而言,简单的由会计科目和核算维度组成的"小数据"已经不再被视为待获取的主要经营信息,取而代之的是汇聚企业整体价值链数据流的会计大数据(陈虎和陈健,2022)。

尽管当前财会领域关于会计大数据的研究已取得里程碑式跨越的成就,但既有的各研究文献对于会计大数据的释义尚存有一定差异。程平等(2022)曾基于会计大数据的内在特性将会计大数据定义为:广泛应用于企业财务核算、营运资金治理以及财务决策等企业财务管理领域,以互联网和云计算为依托,通过对企业价值链内外部产生的多样且规模庞大的财务信息数据进行收集、存储、治理、计量等一系列会计数据处理操作而构成的技术集合。陈虎和陈健(2022)则依据外在功能将会计大数据定义为:通过应用新兴技术为企业财务部门拓展经营预测及决策制定的业务板块及功能实现途径,助力企业财务业务板块新颖化,进而达成推动企业财务板块效能优化所需的相关数据信息总和。

相较于传统会计数据,会计大数据通常具有以下特点:首先,服务场景更广泛。相较于传统的会计数据,会计大数据对数据的拓展层面更加深入、广泛,而基础信息覆盖面广意味着业务板块的边界延伸,即服务内容的拓展引致的职能板块的创新。其次,数据范围更广泛。过去的会计数据更多的是由浮于表面的纸质或电子数据载体(如财务报表、付款明细等)呈现,在此般载体附着的散碎的数据信息种类会较为固化。但是从会计大数据的基础定义中我们不难看出,会计大数据中的子数据信息除包含上述由纸质或电子载体呈现的传统会计数据外,还包含依托于企业财务信息系统的结构化数据,以及附着于企业营运条线、网页等的半结构化数据和非结构化数据,可以说会计大数据跨越了企业整条价值链。最后,应用技术更先进。由于大数据的处理分析对于数据收集、存储、清洗等方面的技术需求更高、算法模型更复杂,对于数据处理结果的要求也趋于个性化,因此对新一代的数字技术的应用更加频繁(陈虎和陈健,2022)。

二、会计大数据处理与分析

中兴新云服务有限公司总裁、中国会计学会会计信息化专业委员会委员陈虎在对揭晓 2021 年影响中国会计人员的十大信息技术的行业高峰论坛的解读中提到:在当下影响国内会计人员的十大信息技术中,会计大数据分析与处理技术、数据中台、数据挖掘这三项技术可以助力当下以及未来企业数字化转型下的财务数字化。[①] 过去的企业财务管理往往依据实践经验或者单纯凭感觉进行决策,而随着数字化的逐步普及,企业财务部门可以将传统的小容量数据转换成大容量数据,并依据先进的模型、算法以及积累的知识进行科学决策。

当下,会计大数据的应用逐渐深入现代企业的财务及业务层。企业财务部门在会计工作中又是如何应用大数据思维及相关技术的呢?应该收集哪些数据?如何整合这些数据信息?如何筛选、处理现有数据?得到处理结果后该如何分析?分析结果又该如何呈现与利用?本章拟针对上述问题进行介绍。

所谓会计大数据处理与分析技术,是基于财务领域的各类应用场景,以大数据存储与计算技术为基础,将数据收集、分析、可视化等功能及内容板块作为核心,进而助力企业获取价值链中的有效信息的数字化技术(陈虎和陈健,2022)。

依照从收集会计原始数据到形成数据信息资产再到价值化的过程,会

---

① 参见 https://news.sina.com.cn/gov/2021-06-07/doc-lkqcfnaz9539343.shtml。

计大数据的处理与分析技术主要可以分为七个方面。

(一)数据采集

对于大数据这种大容量信息资产,通过技术让其实现价值化的前提是拥有足量的、可分析的数据库,而数据采集则是会计大数据分析处理的首个步骤,也是所有数据系统不可缺少的功能。所谓数据采集(DAQ),是指基于不同数据采集技术,针对不同数据源产生的多样化、大规模、全链条化的数据信息进行分渠道收集。传统数据采集技术主要包含条形码、传感器、埋点、OCR(光学字符识别)、网络爬虫、系统日志、API(应用程序接口)、RFID(射频识别)、数据库等。其中,针对火车票、发票等票据类数据载体,通常会采用 OCR 识别技术对实物票据进行电子转换并存档,同时还可以对电子成像输出结果进行等比例切割,从而实现对票据信息的全面识别和收集;对于企业日常经营数据,可以通过传感器或系统记录进行收集。

而随着大数据的深度应用,一些大数据采集平台和系统应运而生。系统日志是提升大数据性能的重要数据源,针对系统日志型数据(各种涉及硬件及软件问题的数据等),主要有 Flume、Scribe、Kafka、Fluentd、Logstash、Chukwa 等技术能够完成系统日志数据的采集工作(刘国城等,2023):

(1) Flume 技术。Flume 作为 Hadoop(分布式存储和计算的开源软件框架)的组件,是由 Cloudera 公司专门研发的分布式日志收集系统。Flume 技术的运行流程为:先从企业系统的数据生成器中收集可用数据并依托 Agent 完成数据存储,然后与数据收集源以及数据接收端经过交互后,由 Agent 将采集到的数据集合以多渠道方式传输到诸如 Hadoop、HBase 等广义存储平台中。Flume 技术不仅提供了从 Console(控制台)、RPC(远程过程调用)、Text(文件)、Tail(UNIX 命令)、Syslog(系统日志)、Exec(命令执行)等数据源上收集数据的能力,还通过引入 ZooKeeper 保证了存储的数据配置的一致性。

(2) Scribe 技术。Scribe 技术是由脸书公司基于系统日志数据收集技术而开发的一种数据收集系统,主要特点是分布式数据收集,可统一进行数据的处理。在实际应用场景中,Scribe 系统先从各种云端数据源中收集各类系统数据,接着将收集好的系统日志数据嵌入一个共享队列,然后通过该队列式载体将数据传输至系统后端的中央存储系统上。在实际操作中,当中央存储系统出现故障时,Scribe 系统可以暂时将系统日志输入本地在线文档以保证数据的完整性,待中央存储系统的性能恢复后,再通过系统将本地的系统日志文件完成续传。Scribe 架构主要包括 Scribe agent、Scribe 和存储系统。其中,Scribe 的存储目前主要依托于 File(文件)、Bucket(内置多个 Store,通过 Hash 将系统日志数据存储到不同的 Store 中)、Multi(对载体中的系统日志数据在不同 Store 中同时完成存放)、Null(忽略数据)、Buffer(双层存储)等载体。

(3) Kafka 技术。Kafka 技术从属于 Java,是由 Scala 编程语言编写的数据采集存储系统。Kafka 系统主要被应用于企业系统日志数据的采集和后续存储以及实时信息发布。Kafka 技术同时具备 Scribe 系统的高扩展性与高容错性以及额外拥有的高并发性、高吞吐量的特点。Kafka 技术主要是将发布日志型数据的主体的各类子信息经过 Agent 进行类别区分并传播,最后由信息接收者获取信息。

(4) Fluentd 技术。Fluentd 是指基于 C/Ruby 开发并通过 JSON 文件来统一企业系统日志数据的技术集合。Fluentd 由于具备丰富的插件,对于各种数据源的日志数据都可以完成收集工作,然后根据用户定义将系统日志信息分类。通过 Fluentd 技术,可以轻易实现对企业系统日志文件的实时追踪,并且还可以将收集到的数据集进行过滤转存。Fluentd 主要具备如下特点:安装方便、占用空间小、半结构化数据日志记录、灵活的插件机制、可靠的缓冲、日志转发以及采用 JSON 统一数据/日志格式。相较于 Flume 技术,Fluentd 技术的配置相对简单。

(5) Logstash 技术。Logstash 是一个用于接收、处理和转发日志数据的工具。该技术不仅可以支持系统日志数据,还支持网络日志、应用日志、Apache日志等所有日志类型。Logstash技术可以动态地统一来自不同数据源的数据,并将数据标准化到已选定的目的地。

(6) Chukwa技术。Chukwa技术是指基于Hadoop的HDFS和MapReduce来构建(用Java来实现)的一种开源的、用于监控大型分布式系统的数据收集系统。Chukwa技术不仅提供多种模块支持Hadoop集群日志分析,还提供对已收集数据的展示、分析和监视功能。此外,对于网络大数据采集,Chukwa主要通过网络爬虫抓取完成数据采集工作,如Scrapy技术。Scrapy是由Python语言开发的一个快速、高层次的屏幕抓取和Web抓取架构,用于抓取Web站点并从页面中提取结构化数据。

除上述数据采集技术外,数据库采集技术也被广泛应用于审计、会计等领域。近年来,如NoSQL(非关系型的数据库)、HBase(分布式的、面向列的开源数据库)、MongoDB(基于分布式文件存储的数据库)等数据库的应用较为流行,其中高端采集技术、ODBC技术[一种基于Open Group和ISO/IEC的数据库API的调用级接口(CLI)规范,使用结构化查询语言(SQL)作为数据库访问语言的开放式数据库连接技术]等在审计领域被频繁应用。

(二)数据清洗

当前的大数据环境以"4V+1C"(Volume,Variety,Value,Velocity,Complexity;数据海量,数据多样,数据价值密度低,数据处理速度快,数据体系复杂性强)为特点,故在进行数据处理时会不可避免地被一些重复、缺失、错误的脏数据严重影响数据质量,为了提高数据质量,需要对数据进行清洗(陈虎和陈健,2022;封富君等,2017)。所谓大数据清洗技术,是指通过对海量数据的分析和整理,根据既定的规则来检测和纠正采集到的数据,通过去噪、数据过滤、数据聚合、数据修正等方式剔除数据中的噪声和干扰项来提高数据质量,从中抽取有价值信息,从而降低处理成本,有时也会避免企业陷入为短期利益而试图获取"非法"数据的法理悖论(陈虎和陈健,2022;钱余发和张玲,2023;封富君等,2017)。虽然我们通常认为,只要是有助于改善数据质量的技术就可以被认为是数据清洗,但实际上,数据清洗在不同的技术应用领域(主要是数据仓库、数据挖掘、全面数据质量管理三个领域)有不同的定义(叶鸥等,2012)。在数据仓库领域,数据清洗用来对脏数据进行检测及修正,并对孤立点数据以及重复性元组问题进行数据整合及分解;在数据挖掘领域,数据清洗是指基于不同的数据系统,在指定的数据应用场景对已采集完全的数据进行预处理;而在全面数据质量管理领域,数据清洗意味着对采集到的数据进行正确性评价,进而判断哪些数据的质量需要改进,即侧重对数据采集工作的反馈。

而针对数据清洗的不同定义,叶鸥等(2012)给出注解:第一,数据清洗的目的并非删除脏数据,而是通过清洗技术对数据进行还原或修补,通俗来说,这里的"清洗"并非"洗尽"而是"洗净";第二,虽然数据清洗的初衷在于解决采集数据的质量差、效度低等问题,但在实践中,数据清洗技术并不能完美处理数据集中所有数据的质量问题,即数据清洗具有有限性;第三,数据清洗主要解决的是实例层数据质量问题。针对实例层数据的清洗,国内外学者进行了大量研究,既有文献的关注点主要集中在属性错误数据的检测清洗和重复记录的检测与消除(封富君等,2017)。其中,对于属性错误数据的清洗主要有清洗空缺值、清洗不一致数据和清洗噪声数据三个方面(杨俊闯和赵超,2019);针对重复记录的检测与消除主要以基本的字段匹配方法、Smith-Waterman 算法、R-S-W 算法、编辑距离方法、基于 N-Gram 的字符串匹配算法、中文字段匹配算法和余弦相似度函数、基于统计的词语相似度算法、基于语义资源的算法等方法为主(盛怡瑾等,2015)。

(三)数据挖掘

数据挖掘(Data Mining,DM)一词产生于 20 世纪 80 年代后期,结合了数学、统计学、人工智能、机器学习等多个专业(王光宏和蒋平,2004)。数据挖掘是指通过对数据承载的统计指标以及相关图表进行计算和组合处理,从而实现对统计量以及图表中承载的数据信息的内在结构和组合规律的探索与挖掘,从而使数据获取者对数据集本身的特点,各子数据之间的关系、趋势,以及数据集内在模式的拓展版块更加了解的一种开放式数据分析方法。这种分析方法可以助力数据分析者更加宏观地把握数据的整体情况,从而对数据集的主要特征及分布规律进行概括总结,为后续的数据算法模型的构建和选择提供技术及现实基础(王光宏和蒋平,2004)。在对企业财务进行现金追踪溯源的过程中,数据挖掘技术发挥了极为重要的作用。Zhang(2022)曾就企业基于属性分组的海量金融数字档案的智能挖掘进行研究,实验数据表明基于属性分组的海量金融数字档案的智能挖掘对提高效率有很大的帮助。在连续五年发布的影响中国会计从业人员的信息技术评选中,数据挖掘技术一直位居前列。对许多企业的财务部门来说,数据挖掘技术目前尚未成熟且未得到广泛应用,但这将是未来财务领域发展的趋势之一。数据挖掘的任务就是发现数据的内在模式,主要包含描述型模式和预测型模式两种。其中,描述型模式是指基于当前数据中存在的事实描述当前数据的一般特性;而预测型模式则基于时间变量的参数,对数据的历史以及当前的表征值进行"递推式"预测,从而得出其未来的值(王光宏和蒋平,2004)。数据挖掘是一个复杂的过程,涉及的方法主要有:

第一,数据分类。数据分类是指对一部分数据先进行学习(训练),该部分数据被称为训练数据,另一部分数据被称为测试数据,即用来对数据的结果进行预测。数据分类的主要方法有决策树算法(ID3 算法、C4.5 算法、随机森林算法等)、朴素贝叶斯分类、惰性学习法(K 近邻分类法、局部加权回归等)、支持向量机、神经网络等(刘红岩等,2002)。

第二,数据聚类。数据聚类是指将大量且多样的数据包裹基于一定划分方法进行数据分解,得到数据组或簇的过程。这一技术旨在挖掘数据之间的独有联系,通过聚类算法,可以将海量且无序的数据依据相似度进行分组,建立相似度高的群体联系,帮助数据分析者更加精准地定位目标群体。

而由于多维数据集的积聚规则存在多样化,因此不存在一种通用的聚类算法(周涛和陆惠玲,2012)。传统的聚类方法主要有K-Means法、凝聚法、分裂法、基于统计学的COB – WEB法、基于神经网络的竞争学习法等(周涛和陆惠玲,2012)。

第三,数据异常检测。数据异常检测又称离群数据检测,是指发现与样本空间中大部分其他样本显著不同的对象。数据异常的原因可大致分为数据来源类不同、数据自然变异、数据测量误差和随机误差等。针对数据异常检测这一种技术需求,现有的技术方法主要是DSOBD,即以数据间距为基础的数据流离群点挖掘算法,还有使用加权属性的离群点检测算法、基于K-Means动态离群点检测(DOKM)算法等。其中,由于K-Means对数据离群点较为敏感,对聚类结果具有很大影响,因此该算法可以很好地检测离群点和聚类相似数据,不仅提高了离群点检测的精确度,还优化了聚类效果(韩崇等,2017)。

(四)数据算法

算法(Algorithm)是指通过系统的策略方法针对指定任务具体步骤进行一系列机制化方案运作的具体规则(陈虎和陈健,2022;李琳等,2021),操作者可以基于对任务的运作预期实施具体、明确、可操作的流程,进而完成预期结果的有效输出。当前常见的数据算法(DA)主要可分为以下五种:分类算法(逻辑回归、决策树、朴素贝叶斯等)、聚类算法、回归算法、关联规则算法、时间序列算法(陈虎和陈健,2022)。算法并非仅仅指代计算机算法,在会计领域中,算法的应用也同样广泛。在会计的数据处理中,数据经过一定转化后输出,供信息使用者使用,可见会计系统本身就具备算法基础特征(李琳等,2021)。

(五)大数据存储与计算

大数据时代数据量大、数据源异构多样、数据实效性高,传统的数据存储与计算技术逐渐出现瓶颈:将所有数据都存储在一个服务器或若干个服务器上面,已经满足不了部分用户的需求。因此,为实现大数据存储和计算技术的硬需求与新兴技术发展适配硬着陆,分布式架构问世并逐渐成为主流(陈虎和陈健,2022)。

对分布式架构的释义可以简化为:一套涵盖了文件存储、对象存储、图数据库、文档数据库、时序数据库、流计算、批量计算、图计算、分布式协调系统、集群管理及调度等内容在内的基于互联网链接多台计算机的技术体系,主要包括分布式存储、分布式计算两方面。其中,分布式存储的核心技术原理是先将数据群分散存储至多个存储服务器中,再将分散的存储资源整合成虚拟存储资源。相较于传统的存储技术,分布式存储技术有效地规避了单个存储器超负荷进而造成性能瓶颈等问题,从而有效提高了存储系统的运作效率,满足系统需要。区别于传统的数据库数据存储技术,当下对大数据存储技术的研究成果提倡从存储机制的不同方面进行深入、全面的设计,这些技术的改进会加强用户对数据访问功能的体验。对于数据访问功能的加强会进一步促进数据分析质量的提高(Siddiqa 等,2017)。当前大数据存储系统随着技术的提升逐渐深化完善,主流的大数据存储系统主要有:

第一,谷歌文件系统(GFS)。该系统由谷歌公司技术人员设计完成。GFS 采用一种聚类方法,将数据块分成 64KB 的块,并为每个块存储一个 32 位的校验和(Checksum),旨在满足对稳定增长的数据的存储需求以及技术提供的其他特性。

第二,Hadoop 分布式文件系统(HDFS)。HDFS 是一个分布式的、可扩展的存储系统,也是一个适合数据级应用程序的解决方案,通常在 GB 到 TB 的规模范围内。HDFS 不仅仅是 Hadoop 的一个存储层,还是一个独立的分布式文件系统,可以帮助提高系统的吞吐量(吕婉琪等,2014)。

第三,BigTable 系统是谷歌公司开发的另一款产品。BigTable 系统为分布在大量商品服务器上的大规模结构化数据提供了一个灵活和高性能的存储系统,是一种适应性强、可靠、适用的存储系统,可被应用在数千台机器上从而实现 PB 级的数据管理。

第四，MongoDB 是一个由 Mongo 公司设计的开源 NoSQL 数据库，支持存储多种二进制文件，存储方式有系统主动分片存储和用户自定义分片存储。作为一个具有高度可用性、可扩展性和容错性强的面向文档的解决方案，MongoDB 运行时效能更高。MongoDB 利用 JSON 数据模型获得了 MySQL 的特征，因此 MongoDB 具有与 MySQL 相同的水平可伸缩性，易于敏捷开发和对各种文档数据的动态模式支持（张艳霞等，2014）。

当下的大数据计算技术中，应用较为普遍的主要有：

第一，离线批处理。离线批处理主要是指大数据离线分布式批处理技术。该技术专用于应对单次性计算需要对大量历史数据进行输入且对实时性要求不太敏感的场景。目前常用的开源批处理组件主要分为 MapReduce 和 Spark。其中 MapReduce 计算模型是指由谷歌公司提出的分布式计算模型，分为 Map 阶段和 Reduce 阶段：Map 阶段负责数据切片和并行处理，Reduce 阶段负责对 Map 阶段的计算结果进行汇总。而 Spark 是基于内存计算的大数据并行计算框架，2009 年开发，2010 年开源，是目前最主流的批处理框架。Spark 由于使用了先进的 DAG（有向无环图）执行引擎，支持中间结果仅存储在内存中，大大减少了 IO 开销，带来了更高的运算效率，并且利用多线程来执行具体的任务，执行速度比 MapReduce 快一个量级，由此逐步替代了 MapReduce（吴宇鹏，2021）。

第二，实时流处理。在当下诸如实时统计分析、实时推荐等实时性业务需求场景之下，批处理模式由于数据处理时延问题而完全无法满足业务需求。相比批处理模式，流处理不是对整个数据集进行处理，而是实时对每条数据执行相应操作。流处理系统的主要指标有时延、吞吐量、容错、传输保障（如支持恰好一次）、易扩展性、功能函数丰富性、状态管理（如窗口数据）等几个方面。目前市面上有很多成熟的开源流处理平台，典型的有 Storm、Flink、Spark Streaming。三者的简单对比如下：Storm 与 Flink 都是原生的流处理模型,Spark Streaming 是基于 Spark 实现的微批操作;Spark Streaming 的时延相较于前两者高;Flink 与 Spark Streaming 的吞吐量高,支持的查询功能与计算函数也比 Storm 多。总体来说,Flink 是这三者中综合性能与功能最好的流平台(吴宇鹏,2021;Tantalaki 等,2020)。

与分布式存储的技术理念较为相似,分布式计算技术同样基于分散待处理数据集群后并行计算,从而实现弱化单个计算流程的抗压准备,待分散并行的计算工作完成后再将计算结果整合(陈虎和陈健,2022)。近些年来,为满足对日益庞大的数据量的处理需求,领域内诞生了多种包含中间件技术、移动 Agent 技术、P2P 技术、网格技术以及 Web Service 技术等在内的分布式计算技术,且其中的每一种技术都得到一定程度的领域认同,在特定的范围内得到广泛的应用(周晓峰和王志坚,2004)。

(六)数据治理

数据治理(DG)的目标是保障数据资产实现持续性的价值创造,作为一套管理体系,其内容包括元数据管理、主数据管理、数据质量管理、数据标准管理等方面。实现数据治理内在目标的路径体现为:识别数据资产,建立统一且可执行的数据标准和数据质量体系,并在保证数据安全合规的基础上,实现数据资源在全企业范围内的共享(陈虎和陈健,2022)。作为广义信息治理计划的一部分,为建构大数据优化、隐私保护以及数据资产变现的策略,大数据治理主要立足于对多个职能部门的目标和利益的有效协调(宋姗姗和白文琳,2022)。当下大多数学者都将数据价值创造视为大数据治理的基础目标,研究者们普遍认为,数据本身只是信息载体,不具备产生价值的功能,为挖掘数据资产的内在价值,需要基于海量且多样的数据集合来评估和预测相关利益者的需求,进而设计并供给一系列有针对性、创新性的大数据服务。一套科学完善的管理体系即数据治理,在数据价值的释放过程中起着关键性作用。科学而有效地进行大数据治理将有助于提升数据质量、降低数据管理成本、增强基于数据分析的决策能力(杜小勇等,2023)。

数据治理的重点内容体现在三方面：大数据生命周期、大数据质量管理、大数据安全与隐私保护。对这三方面的治理也有不同的针对性解释以及实践的侧重点：

第一，大数据生命周期。对大数据生命周期的治理基于战略的指导，是发现治理问题、收集并整合数据、建模与分析、提出解决方案等过程的集合（宋姗姗和白文琳，2022）。相较于传统的数据生命周期，大数据生命周期管理将风险管控视为首要前提，最大限度地发挥数据的潜在价值（吴善鹏等，2019）。在实践中，对数据质量、隐私保护和信息安全的研究同样是数据治理领域的重要方向（马广惠等，2018）。

第二，大数据质量管理。国内当前对数据质量的研究主要有质量评估和质量提升两方面。国外则集中于大数据质量保证研究、大数据质量评估与管理研究两个方面：针对大数据质量保证，Clarke（2016）、Lee（2019）和Wang等（2016）先后从大数据流程风险评估、大数据验证和数据质量保证、基于会计价值周期的数据质量保证、基于数据溯源的大数据质量保证等内容进行研究；针对大数据质量评估与管理，Ciancarini等（2016）、Immonen等（2015）、Cai和Zhu（2015）分别从意大利宪法机关获取公开数据，基于工业背景的社交媒体数据质量评估、用户角度分层的数据质量框架以及数据质量的动态评估过程等方面进行研究。而国内针对大数据质量管理的研究主要从技术、法律和应用领域三个角度进行（刘文云等，2018；程开明等，2016）。不难看出国内研究侧重于从单视角研究，更有针对性地关注在不同应用领域中的质量管理与保障体系。而相较于国内研究，国外学者在研究方法上强调案例分析，在研究导向上注重理论与实践的结合，在研究内容上主要围绕质量保证、质量管理等构建框架与模型。

第三，大数据安全与隐私保护。大数据的4V特征、流通上的跨组织和跨系统、应用上的复杂性以及分析挖掘技术的迅速发展，加剧了数据被盗用和滥用的安全风险。目前主要依靠区块链技术（如分布式存储、异地备份、加密、统一身份认证、权限控制、入侵检测与防御、高危操作防护等)实现数据的安全存储与计算。肖人毅(2014)曾针对大数据安全防护技术进行总结,主要包括基于不经意随机访问存储系统(Oblivious RAM,ORAM)、对称加密、公钥体制、文档的排名查询和模糊查询四个方面。而针对技术实践应用场景,国外研究发现大数据治理在实践中面临的主要挑战在于技术、社会、组织、经济、法律和政策上存在的障碍,但本质上均可归纳为管理和技术这两个方面(宋姗姗和白文琳,2022)。其中,管理问题主要侧重于数据垄断、数据权属、数据隐私、数据壁垒、数据质量这五个方面,而技术问题则以技术相对滞后、技术体系不够完善和普及、数据利用不够充分三个方面为主。

(七)数据可视化

数据可视化(IDV)的定义为,基于计算机图形学理论以及图像处理技术,将数据分析结果以图像的形式呈现,并进一步实现交互处理的理论、方法和技术(陈虎和陈健,2022)。数据可视化是可视化技术在非空间数据领域的应用,相较于基于关系数据表观察分析数据信息,数据可视化能更直观地对数据及其结构关系进行展示(刘勘等,2002)。数据可视化的图像载体主要有仪表盘、BI报表、数字化大屏、经营看板等。数据可视化的方法可以根据数据可视化原理的差异划分为基于几何、面向像素、基于图标、基于层次、基于图像和分布式等技术。

三、会计大数据处理与分析技术应用场景

在未来,基于会计大数据处理与分析技术,作为生产企业关键数据的核心一环,财务部门将从数据沉淀者转变为数据服务者,在监控、分析、预测、预警等方面发挥重要作用,帮助企业实现财务数字化转型,助力创新发展。基于财务的职能表现,我们可将财务数字化划分为财务会计数字化、管理会计数字化、决策支持数字化。考虑到数据驱动是数字化转型的核心所在,在

不同发展阶段,财务数字化在各业务场景的实现都离不开对数据的运用。通过对数据进行收集、清洗、分析和可视化,会计大数据分析和处理技术为财务数字化场景的实现提供了重要支撑(陈虎和陈健,2022)。财务数字化应用场景主要包含以下四个方面:

第一,大数据资金管理。资金安全、可视、可控一直是企业资金管理所追求的目标。会计大数据处理与分析技术使得企业对资金流的实时预测和资金支付欺诈的管控成为可能。其中,资金流的实时预测是利用算法对资金收支业务数据进行计算、分析并可视化预测结果。而针对资金支付欺诈的管控则是在有效整合内外部数据、设计算法模型和数据规则的基础上,对交易中频率异常、金额异常、重复支付异常等行为的识别,从而保障企业资金安全。

第二,大数据预算管理。预算管理主要包括预算的目标确定、编制、控制、分析、调整、考核等环节。大数据预算管理主要通过预算编制精准化、预算管控自动化、预算分析可视化三个方面来实现。其中,预算编制精准化的内涵在于提高预算编制的科学性和准确性,以模型与算法的应用实现对收入、费用和资金等的精准预测;预算管控自动化是以算法实现从业务系统中对部门实际的执行数据进行自动的按日跟踪、管控;预算分析可视化侧重为绩效考核提供直观且可靠的依据,方法主要包括对预算与实际执行数据的抓取、对计算逻辑的设置、对指标体系的构建,最终对分析结果进行图像呈现和趋势分析。

第三,报表管理自动化。财务部门除向外部信息使用者提供真实、有效的信息以及对这些信息进行实时监控和反馈外,还要将相关报表报送主管部门,并出具内部报表以满足内部管理需要。自助式报表服务在会计大数据处理与分析技术的应用下成为可能,例如中兴新云的财经云图通过识别关键动因业务模型以及关键控制点,结合数据的治理、采集、清洗、分析、可视化技术应用,在五步实施路径的基础上多层获取预算、成本、绩效、销售、薪酬等多维分析报表,使财务人员的工作内容更侧重于对数据结果中反映的经营管理问题进行挖掘与分析。

第四,大数据信用管理。传统的客户信用风险管控主要依靠手工收集以及主观判断,极易导致信用风险管控在事前不到位、在事中不及时等问题出现。企业可以通过运用会计大数据分析与处理技术,实现从不同的数据源自动采集数据,如客户信用评价和应收账款情况预警。

第二节 SQL 查询语言与会计大数据的分析

SQL(Structured Query Language,结构化查询语言)是操作关系型数据库的结构化查询语言,用于访问和处理结构化数据。与命令式编程语言不同,SQL 的本质是一种基于集合的声明式编程语言。

基于 SQL 技术的持续发展,当前在会计数据分析领域中,SQL 语言的应用也比较广泛:

第一,SQL 语言可以协助会计人员检测对会计凭证的恶意篡改行为。例如,通过 SQL 语言可以实现自行检测会计凭证表:SELECT * from gl_accvouch WHERE(SUBSTRING(ccode,1,1) > 'x')。该条 SQL 语言通过为表内科目进行编码,超出受编码区域(x)的则为虚假内容,从而实现对会计凭证恶意篡改行为的检测。此外 SQL 语言还可以通过外部表关联协助检测恶意篡改行为,详见附录七。

第二,SQL 语言在会计凭证、总账及会计报表中可以全程应用,包括提取会计凭证数据,提取分析所需数据,生成总账本期发生额信息表,生成期初余额、本期发生额及期末余额信息完整数据表,提取会计数据生成会计报表。经过这五个操作程序,可以实现 SQL 语言在会计凭证、总账及会计报表中的全程应用,证实在离开会计软件的情况下,会计的总账也可以通过应用 SQL 语言来生成。详细的 SQL 语言详见附录八。

当前现行的会计数据分析技术尚存有一定的局限(黄瑞宏,2017):

第一,凭证反映信息不全面。当前会计数据的生成、处理存在不足,为数据分析增设了障碍。当下会计软件的核心信息均以凭证表为主,日常的凭证录入、修改的记录均在凭证表上存储。但是由于当下会计软件中的凭证表大多以会计科目代码为主,对于会计科目名称的体现不足,因此会计软件的使用者很难甚至无法直观地从会计软件中的凭证表中获取充分的会计信息。此外,会计软件中的各数据表彼此处于独立状态,由于表间缺乏关联,因此从会计软件中提取、分析会计数据较为困难。

第二,难以摆脱会计软件约束。当前会计软件的用户在对会计信息进行提取时,往往需要先得到会计软件的授权,得到授权后仍需要基于软件系统提供的模型进行分析,具有极强的限制性,不利于使用者对会计信息的深加工和二次开发。

第三,不易发现被恶意篡改的凭证。会计人员可以通过获取数据库的管理权限在数据库后台修改数字化会计凭证的会计科目,使相关稽查难以发现,也无法实现对会计账表数据的快速校验。总账数据来源于会计凭证表,会计报表数据来源于对总账及明细账数据的提取填列,而这些数据常常会因为数据编报人员主观人为的或非主观的错误,造成会计信息的失真。对于这种传统的手动填列数据,我们无法通过数据库后台快速校验填列工作可能存在的各种差错。

第三节 会计大数据与机器学习算法

机器学习(Machine Learning)是近二十多年兴起的,横跨概率论、统计学、逼近论、凸分析、算法复杂度理论等多领域的交叉学科。机器学习旨在实现计算机的自动学习,使机器通过算法,一方面获得数据分析过程中发现的内在规律,另一方面基于此实现预测分析。机器学习算法充分借鉴了人脑的多分层结构、神经元的连接交互、分布式稀疏存储和表征、信息的逐层分析处理机制,拥有自适应、自学习的强大并行信息处理能力,是目前最类似人类大脑的学习方法和认知过程。

以数据集是否包含特征与标签、是否存在人为标注目标为标准分类,机器学习的算法类型有三种:监督学习(Supervised Learning,SL)、无监督学习(Unsupervised Learning,UL)、强化学习(Reinforcement Learning,RL)(张润和王永滨,2016;马天平和吴卫星,2018):

监督学习以有标签的数据为训练和测试数据集,训练机器学习的泛化能力,学习的效果较好;但是,获取包含标签的数据集的成本较高。监督学习的数据集涵盖初始训练数据和人为标注目标,是在学习过程中根据标注特征从训练集数据中习得划分对象的规则,以此规则在测试数据集中实现对结果的预测,并提供有标记的输出的学习方式。监督学习的例子有回归、分类、决策树、结构化预测、随机森林、降维等。

无监督学习相当于机器进行自助学习,以期在学习过程中从数据中获取更多模式的先验知识,但存在学习效率低的问题。无监督学习主要用于处理未被分类标记且事先不需要进行训练的数据集,希望通过学习寻求数据间的内在模式和统计规律,从而获得数据集的结构特征,因此无监督学习的根本目标是在学习过程中根据相似性原理进行区分。无监督学习的例子有聚类和关联算法。

强化学习意在将机器放在一个能让它通过反复试错来训练自己的环境中,使它从过去的经验中学习,并且尝试利用在试错过程中了解到的透彻知识作出精确的判断。强化学习的例子有马尔可夫决策过程。

然而,面对具备4V特征的大数据,传统的机器学习逐渐暴露出短板:第一,传统的机器学习无法实现对人类的学习过程的理解以及路径模拟;第二,传统的机器学习无法实现对计算机系统和人类用户之间的自然语言接口的研究,即无法构建人机互通的语言枢纽;第三,传统的机器学习由于程序设定等要素,尚未具备基于不完全信息进行推理的能力,无法自行进行数据的清洗筛查;第四,传统的机器学习不具备基于现有数据挖掘新事物的能力基础;第五,传统的机器学习算法仍是基于内存运行的,故对于大数据而言,无法载入计算机再由机器学习算法进行分析处理是比较致命的(何清等,2014)。

针对机器学习算法,国内外已有较多学者展开研究,现列举几种常用的机器学习算法。朴素贝叶斯(Naive Bayes,NB):以贝叶斯定理为依据,可预测未知样本分布于各类别的可能性,并最终将其划分于可能性最大的类别中。k最近邻(k-Nearest Neighbors,KNN):一种线性分类方法。逻辑回归(Logistic Regression,LR):基于逻辑回归模型,概率估计由二项式模型得出。决策树(Decision Tree,DT):以构建得到的树状结构依数据特征对样本进行分类,进而构建出最优决策树并作用于回归预测。随机森林(Random Forest,RF):利用矩阵实现多棵决策树的设定,将数据注入决策树并分类,以被预测最多的类属决定数据最终的分类结果。梯度提升决策树(Gradient Boosting Decision Tree,GBDT):基于决策树的线性回归算法,由多棵决策树形成处理结果。支持向量机(Support Vector Machine,SVM):通过求解凸二次规划,在样本空间中得到划分超平面,用于解决二分类问题。人工神经网络(Artificial Neural Networks,ANN):基于风险最小化原则的非线性算法,由多个类似于神经元的单元组成,算法的实现过程类似于生物神经网络。Boosting与Bagging算法:Boosting算法以其他机器学习算法为基础,用于进一步提高算法精度和性能;Bagging算法是一种基于随机选择的训练集,各轮训练集之间相互独立的自举聚合算法(何清等,2014;陈凯和朱钰,2007;杨剑锋等,2019;李静和徐路路,2019;葛恭豪,2018)。

当下机器学习算法在会计和财务领域中的应用也较为广泛。国内外学者针对机器学习算法先后在会计违规行为、金融机构行为等方面展开了研究:

在会计违规行为方面,以 Cecchini 等(2010)和 Bao 等(2020)为代表的国外学者分别通过支持向量机和集成学习方法对公司财务舞弊行为进行探索性预测。国内学者则更多是从案例出发:刘梅玲等(2020)以云南烟草商业为例,基于"大智移云物区"技术对智能财务建设探索和实践方向进行研究,并提出可以从业务驱动财务、管理规范业务和数据驱动管理三大逻辑推进智能财务在企业中的应用;何瑛等(2020)则进一步在"大智移云"的背景下,基于财务会计和管理会计两个不同层面对机器学习在企业财务智能化革新中的推动作用进行研究,并提出经机器学习再造的智能会计引擎将成为集高效率财务核算流程与多维度财务管理职能于一身的独立性平台工具;陈运森等(2023)则基于集成学习方法,分析多维度捐赠动机特征对捐赠行为预测能力的差异,识别出影响企业参与捐赠的主要动机并找出预测能力最强的特征。

在金融机构行为研究方面,Cao 等(2021)运用财务信息、宏观经济指标等多维度数据,开发出在股价预测和超额收益两方面均显著优于人工分析师的人工智能分析师;马天平和吴卫星(2018)则创建了基于机器学习算法的"SKRG 递进集成"新预警体系,且测试样本显示基于机器学习的预测效果好于传统的 GARCH(广义自回归条件异方差)模型。

第四节　会计大数据与深度学习算法

面对以有限的样本和计算单元为特征的浅层学习问题,早期机器学习算法对于数据间复杂函数的表达能力有限,随着研究的深入,学习能力逐渐达不到预期水平,仅仅可以实现对数据初级特征的提取。基于此,Salakhutdinov 和 Hinton(2009)提出深度学习模型(Deep Learning Model),是目前最接近人类大脑分层的智能学习方法。深度学习技术可以通过建立类人脑的分层模型结构,突破浅层学习的限制,实现对复杂函数关系的表达。近年来,随着国内外学者对于深度学习算法的深度研究,神经网络的分层计算模型与人类大脑结构的特定区域对应的这个事实也进一步得到证实(张润和王永滨,2016)。目前深度学习神经网络模型种类丰富,根据模型的层次结构,可分为基本模型和整体模型;根据模型的数学特性,可分为确定性模型和概率性模型;根据模型的网络连接方式,可分为邻层连接模型、跨层连接模型、环状连接深度模型(谢剑斌,2015);等等。

在深度学习模型中,其多个隐层的人工神经网络具有良好的特征学习能力,可以通过逐层初始化实现网络整体调优。近年来,深度学习在多个商业领域的应用颇为成功,如谷歌的翻译、苹果的 Siri、微软的 Cortana、蚂蚁金服的 Smile to Pay 等。

深度学习算法的核心思想是:自下向上通过无监督数据逐层训练及非线性变换提取训练数据中的统计特征,实现训练数据内在模式的持续进化,建立从底层信号到高层语义的映射关系,完成网络初始化;进一步地,自上向下通过监督学习进行优化迭代计算,完成网络的整体调优(张润和王永滨,2016)。

现列举主要的深度学习算法技术。反向传播(Back Propagation,BP):一种按照误差逆向传播算法训练的多层前馈神经网络,是一种流行的监督算法。卷积神经网络(Convolutional Neural Network,CNN):本质上是一种二维图像处理算法,其局部感知和参数共享概念极大地减少了网络体系中的参数数量,使训练过程变得高效。长短期记忆网络(Long Short Term Memory Network,LSTM):解决了机器学习中梯度消失和爆炸的缺陷,对间隔和延迟相对较长的时间序列数据具有强处理能力。限制波尔兹曼机(Restricted Boltzmann Machine,RBM):以二分图结构为基础的模型,具备两层结构、层间全连接和层内无连接的特点,适用于有效地提取数据特征以及预训练传统的前馈神经网络,可明显提高网络的判别能力。深度置信网络(Deep Belief Network,DBN):是一个概率生成模型,网络的输出是置信度(即概率)。对抗网络(Generative Adversarial Net,GAN):用于对抗样本的生成,其优点在于能够训练任一生成器网络生成较好的样本,并有效避免马尔科夫过程和近似计算概率的问题。循环神经网络(Recurrent Neural Network,RNN):主要用于序列数据的特征提取,如音频分析和语言识别等,且在机器翻译和语音识别领域有更加出色的表现。全连接网络结构(Full Connected,FC):用于特征提取和分类识别,对计算和存储空间的需求量大(田启川和王满丽,2019;刘俊一,2018)。

深度学习在图像、视频、语音、文本和大数据处理方面表现突出,但在实际应用中存在以下重要问题:第一,在对大规模有效数据集和高性能计算能力的需求上升的情况下,传统的人工收集标签数据投入的人力物力会过多而导致成本过高,基于部分标签或无标签的无监督学习方式是深度学习算法未来发展的趋势之一;第二,深度学习模型在训练过程中会耗费大量时间,如何在保证精准度的同时降低学习过程的复杂性并快速训练得到模型是未来算法训练的改进目标;第三,深度学习模型的内部架构不可见,对学习原理与过程的透明化、对各类参数以及训练结果规律的发现是未来的发展趋势;第四,正如第三点所述,深度学习算法的运行仍然处于黑箱状态,因此可视化深度学习算法的原理可以促进其在更广泛领域的应用。

第五节 会计大数据的可视化

可视分析是科学/信息可视化、人机交互、认知科学、数据挖掘、信息论、决策理论等研究领域交叉融合所产生的新的研究方向。数据可视化是伴随大数据而出现的一个新技术趋势,是指可以通过直观的、浅显易懂的、可理解的图片或图形等方式直接将信息呈现给最普通的信息使用者,从而帮助企业进行高度精准、高度定量化的战略决策制定,使企业对市场的把控程度更加实时和精准的技术集合(刘勘等,2002)。以数据类型为划分依据,会计大数据可分为结构化会计数据和非结构化会计数据;而以数据形态为划分依据,会计大数据可分为动态会计数据和静态会计数据。将横向数据和纵向数据相结合,企业的海量会计数据可主要归纳为静态结构化会计数据、静态非结构化会计数据和动态实时会计数据三个类别。其中,随着技术变革以及互联网社交化动向的兴起,"静态非结构化会计数据"和"动态实时会计数据"对于企业财务决策的制定以及业务活动实际表现的影响效果愈加凸显。大数据可视分析涉及传统的科学可视化和信息可视化,在主流应用中,包括文本、图片、音频、多维数据等在内的信息类型已经成为大数据可视化的主要研究领域。

涂聪(2013)针对大数据可视化技术的发展趋势给出解读,并提出该项技术的三个发展态势:第一,多维叠加式数据可视化。在此类数据可视化应用中,用户获取的视觉信息不是单一维度而是多维的,如微信的基于地域定位对好友信息筛选的功能。第二,即时的数据关联趋势可视化。这类服务不仅可以即时地为用户提供可视化且实时的数据结构,同时还可以对各预处理的子数据信息间的链接关系和变动趋势进行更快捷且更便利的展现。第三,全媒体多平台的数据可视化。该项服务可以实现为使用者提供更直观、更高效的信息呈现方式。目前,大数据可视化工具主要包括:开源的、可编程的工具,如R语言、D3. js、Leaflet、Python、Processing. js等;商业化软件工具,如Tableau、QlikView、SAS、SAP Business Objects水晶易表、IBM Cognos等(陈伟和居江宁,2018)。

以Keim等(2013)和任磊等(2014)为代表的国内外学者先后从人作为分析主体和需求主体的视角出发,强调数据可视化技术要基于人机交互、符合人的认知规律,持续将人所具备的、机器并不擅长的认知能力融入分析过程。在会计领域的应用中,相较于目前常用的电子数据方法,基于大数据可视化技术的会计应用具有以下优点:一是可以通过大数据可视化分析,发现企业产生相关问题的深层次规律,分析出更深层次的问题;二是为实现相似项目的会计精准核查打下基础。针对数据可视化技术在会计领域中的应用，国内学者赵鹏（2017）对复杂借款利息账务处理的可视化规则作出描述，其结果表明相较于传统的公式、表格计算，可视化借款面板法相对更加系统、普适、直观、易于理解和便于操作。王大江（2016）针对成本还原中可视化程度低的问题，通过构建成本还原模型，并基于Treemapper技术对成本还原前和成本还原后进行可视分析，其结果也证实数据可视化能够弥补成本还原信息不被能直观、动态地传递等缺陷。管彦庆等（2014）针对传统企业财务报告的"表格+附注"模式所产生的对于不同主体基于会计信息需求以及会计知识储备程度的多元化而引致的框架效应，提出将账户式资产负债表重塑为图形可视化的资产负债表，进而实现企业合并报表的直观呈现与动态分析。针对数据可视化，国外学者也先后展开研究，并取得一定成果。Zin等（2022）基于马来西亚选定的公立大学的会计教育者和从业者的半结构化访谈，调查大数据会计专业毕业生所需的BDA（大数据分析）知识和技能，调查结果显示数据可视化技能至关重要。Domino等（2021）则基于数据分析如何帮助阐明和解决业务问题进行研究，提出数据透视表使用户能够以各种方式快速地将大型数据集汇总并分组到压缩的财务报告中。

第六节　会计大数据分析软件介绍

当前会计和财务领域针对大数据分析的软件主要有Excel、SAS、R、SPSS、Tableau、Python等。按照功能与应用场景，数据分析工具类软件大体可以分为以下五类：

第一，Excel生态工具。以Excel为代表的Excel生态工具软件主要包括Excel、VBA、PowerQuery、PowerPivot、Power View、Power Map。

Excel。作为微软办公套装软件的重要组成部分，Excel凭借简单但功能强大(不光包含表格软件,还有很多内置的数据分析工具和插件)的数据分析技术,可以帮助操作者进行各种会计数据的处理、统计分析和辅助决策操作。Excel 分析软件被广泛地应用于管理、统计财经、金融等众多领域。

VBA。宏,Excel 里的一种编程语言,可以自动化地执行一些操作。VBA 基于自动化、批量化、智能化等特征可以帮助操作者在操作 Excel 的过程中调用 Office 软件提供的丰富的功能接口。VBA 数据分析软件也被广泛应用于数据分析处理、数据建模、报表开发、应用开发等领域,在金融、审计、财务等行业非常流行。

PowerQuery。一种嵌入 Excel 产品的技术,旨在帮助用户塑造数据。用户在导入各种重要的数据源并对数据完成刷新后,可以在分步转换中对数据进行调整,逐步创建唯一的表格形态以满足数据分析需求。

PowerPivot。Excel 内嵌的一种数据建模技术,用于创建数据模型、建立关系以及创建计算。PowerPivot 可以实现对大型数据集的处理,从而构建广泛的关系,创建复杂(或简单)的计算。

Power View。一种数据可视化技术,普遍被应用于 Excel、BI SharePoint、SQL Server 和 Power BI 等技术软件,并具备创建交互式图表和其他视觉效果的功能,具有较强的数据信息视觉呈现能力。

Power Map。一种三维数据可视化工具,能以全新方式展示和查看信息。使用者通过 Power Map,可标注传统二维表格以及图片无法表示的注解或说明。例如,可以在三维地球或自定义地图上绘制地理信息和动态时间数据,通过显示这些数据,可以与其他人分享视觉浏览。

第二,数理统计工具。这类工具偏专业数学统计分析,可以做数据挖掘、数据建模、系统搭建等工作。数理统计工具主要包括 SAS、SPSS、Stata、Minitab、Statistica、MATLAB、Mathematica。

SAS。三大统计软件之一,是由 SAS Institute 开发用来进行数据管理的一种大型统计分析系统。SAS 由多种专用板块组成,通过 SAS 语言为用户提供交互式图形点击用户界面,功能齐全,涵盖数据访问、数据治理、数据计量分析及数据呈现等功能。SAS 软件凭借便捷的操作和强大的功能输出,如今被广泛应用于金融、医学等领域,且 SAS 基于 Customer Intelligence 产品线系列助力用户实现社交方向的功能拓展,如客户及潜在客户的群体描述,并实现行为预测及管理优化,在欺诈预警、风险可视化、IT 数据收集、管理分销等领域具有深入的技术积累。

SPSS。三大统计软件之一,与 Excel 类似,界面简单,适合初学者使用,且统计功能强大,拥有四大模块,用于数据处理、描述性分析、推断性分析和探索性分析。SPSS 凭借用户友好型的界面设计、易学且易用的便捷化操作,如今被广泛应用于社会科学、商业等领域。SPSS 还具有较为完整的功能体系,涵盖统计分析、数据挖掘、数据收集、企业应用服务等多样化功能。除了前述功能,SPSS 还提供诸如数据的探索性分析、统计描述、列联表分析、二维相关、秩相关、偏相关、方差分析、非参数检验、多元回归、生存分析、协方差分析、判别分析、因子分析、聚类分析、非线性回归、Logistic 回归等在内的从简单的统计描述到复杂的多因素统计分析方法。

Stata。三大统计软件之一,用于数据计算与分析、数据治理及专业图表绘制的统计软件。Stata 对于统计的图形绘制十分便捷且较为精美,相较于其他统计软件,Stata 具有操作灵活、简单、易学易用、运行速度极快等优点。Stata 的功能主要包括数据管理、统计分析、图表绘制、模拟、自定义编程。

Minitab。一种数据分析、统计、过程改善工具。应用场景是现代质量管理统计,通常会结合一些统计处理方法,如六标准差(Six Sigma)、能力成熟度模型集成(CMMI)以及其他制程改善方法等。

Statistica。一个完整的覆盖统计资料分析、资料管理、图表与应用程序发展系统板块的专业软件。Statistica 能够为使用者提供统计、绘图程序,凭借强大的制图功能助力数据管理实现一般需求,更能提供满足特定需求的作图技术以及数据分析方法(如数据挖掘、商业、社会科学、生物研究或工业工程等领域)。

MATLAB。三大数学软件之一。MATLAB 是一种被主要应用于数据可视化、数据算法开发、数据分析以及计算等数据计算和分析领域的高级技术计算语言。除矩阵运算、函数/数据图像绘制等常用功能外,MATLAB 还可用来创建用户界面,以及调用其他语言(包括 C、C++、Java、Python、FORTRAN)编写的程序。MATLAB 工具箱的功能非常强大,可以支持各行各业做数据分析建模,其典型应用有数据分析、数值与符号计算、工程与科学绘图、控制系统设计、航天工业应用、汽车工业应用、生物医学工程应用、语音处理、图像与数字信号处理、财务分析、金融分析、建模、仿真及样机开发、新算法研究开发、图形用户界面设计等。

Mathematica。三大数学软件之一。一款科学计算软件,有时也被称为计算机代数系统,被广泛应用于科学、工程、数学、计算等领域。

第三,BI 工具。BI 也就是商业智能,一般用来分析商业数据、洞察商业机会。BI 工具是大部分数据分析岗位需要用到的,因为学习起来相对简单,且数据处理和展示功能强大。BI 工具主要包括 Power BI、Tableau、QlikView、SAP BI、Oracel BI、FineBI、Yonghong BI。

Power BI。微软的 BI 产品,也是目前世界上最流行的 BI 工具之一,其优势在于和微软生态的集成较好。Power BI 是一款强大的自主商业智能工具,集合了软件服务、应用和连接器以协助各模块有效运作,通过对多种来源的数据信息进行整合、可视化展示等,凭借连贯的视觉效果、逼真的交互式见解大大提高了数据分析工作的效率。此外,Power BI 还可以实现数据建模及实时分析,并基于可视化技术和交互式见解实现使用者对数据的自定义开发。不难看出,Power BI 既是服务于用户的私人化报表与可视化工具,也被应用于部门或整个企业的分析和决策环节。对于使用者来说,Power BI 简单且快速,他们可以基于简单的 Excel 电子表格或者云和本地混合数据库创建图表。

Tableau。与 Power BI 一样,Tableau 是目前世界上最流行的 BI 工具之一,是用于可视分析数据的商业智能工具,优点是数据分析、可视化功能强大。用户可以创建与分发交互式和可共享的仪表板,以图形和图表的形式描绘数据的趋势、变化及密度。Tableau 可以连接到文件、关联数据源和大数据源来获取与处理数据。该软件允许数据混合和实时协作,这使得它非常独特。Tableau 被许多企业、学术研究人员和政府用来进行视觉数据分析,还被定位为 Gartner 魔力象限中的商业智能分析平台领导者。

QlikView。一个完整的商业分析软件。QlikView 应用使各种各样的终端用户以一种高度可视化、功能强大和有创造性的方式互动分析重要业务信息,让开发者能够从多种数据库里提取和清洗数据并建立强大、高效的应用,而且使这些数据能被 Power 用户、移动用户和每天的终端用户修改后使用。

SAP BI。SAP 公司的 BI 服务,一款支持数据报告、可视化和共享的集合式套件。作为 SAP 业务技术云平台的本地 BI 层,该套件可以随时随地将数据转化为有用的洞察资料。

Oracle BI。Oracle 公司的 BI 服务。

FineBI。我国较为领先的 BI 软件,定位于自助大数据分析 BI 工具,提供数据处理、即时分析、多维度分析、可视化等服务。

Yonghong BI。同样是我国较为领先的 BI 软件,基于本机安装,省去烦琐的部署环节,即装即用,提供一站式、敏捷、高效的数据治理及可视化分析、AI 深度分析服务。

第四,数据库工具。数据库是存储数据的工具,一般企业都会有自己的私有部署数据库或云数据库,几乎每一个数据从业者都需要和数据库打交道,因此熟悉各类数据库并编写 SQL 查询是数据人的必备技能之一。数据库工具主要包括 MySQL、PostgreSQL、Oracle、SQLServer、MongoDB、Hive。

MySQL。MySQL 由于性能强、成本低、可靠性高的特点,已经被广泛应用于维基百科、谷歌和脸书等网站。

PostgreSQL。最强大且最具潜力的数据库之一,开源免费、分析能力强、稳定可靠、支持广泛,在很多方面都比 MySQL 强,如复杂 SQL 的执行、存储过程、触发器、索引等。

Oracle。最稳定的数据库之一。银行、证券、电信等行业的大部分企业都在使用 Oracle,因为其商业化程度高、功能强大且稳定,备受世界 500 强欢迎。

SQLServer。微软公司数据库产品,具有易用性、适合分布式组织的可伸缩性、用于决策支持的数据仓库功能、与许多其他服务器软件紧密关联的集成性、良好的性价比等优点。

MongoDB。一个基于分布式文件存储的数据库,由 C++ 语言编写,旨在为 WEB 应用提供可扩展的高性能数据存储解决方案。

Hive。Hadoop 大数据生态的数据查询工具,一个用来开发 SQL 类型脚本来执行 MapReduce 操作的平台,当前在互联网公司中应用非常广泛。具体来说,Hive 是一个数据仓库基础设施工具,它位于 Hadoop 的顶部,用于汇总大数据,并处理 Hadoop 中的结构化数据,从而使查询和分析变得轻松。

第五,编程工具。除上述数据分析软件外,编程用于数据分析也是大趋势。越来越多的数据分析师通过 Python、R 等进行数据建模、可视化,而且编程语言快速、灵活、复用性强的特点也适用于数据处理分析。目前编程工具主要包括 Python、R、Julia、Java、Scala、Spark、Hadoop。

Python。目前最流行的数据科学编程语言。由于简洁的语法、强大的生态、功能全的应用,Python 几乎霸占了数据分析编程领域的半壁江山。就目前 Python 在科学计算、模型构建、可视化上的能力而言,其拥有 NumPy、Scipy、Statemodels、Pandas、Matplotlib 等众多现象级的数据科学库,无论是 GitHub、Kaggle、天池还是企业、高校里的数据项目,Python 几乎都已成为首选支持语言之一。Python 不仅有 TensorFlow、PyTorch、Caffe、Keras 等主流人工智能学习框架，还有 Gensim、NLTK、OpenCV、Mahotas 等专注于 NLP、CV 细分领域的经典开发工具。

R。编程统计工具的鼻祖。R 是一种主要应用于统计计算和绘图分析的统计软件，覆盖数据计算和结果呈现功能。R 可以以 UNIX、Windows 和 Macintosh 等操作系统作为运行媒介进行数据交互式分析与探索，还可以完成有效的数据存储和处理等任务。R 拥有一整套的数组计算操作符和体系完整的数据分析工具，为数据分析和显示提供强大的图形功能，拥有一套可以实现包括条件、循环、自定义函数、输入输出功能在内的既简单又高效的编程语言。

Julia。编程数据分析领域的新星。Julia 是一个面向科学计算的高性能动态高级程序设计语言，它首先定位于通用编程语言，其次才是高性能计算语言。Julia 在分布式并行化、精确数值计算等方面提供了独具特色的支持，并包含大量可扩展的数学函数库；尤其是在线性代数、随机数生成、信号处理、字符串处理等方面，Julia 集成了众多成熟、优秀的基于 C 和 FORTRAN 开发的开源库，有着很高的性能与效率。另外，Julia 有着强大、开放的开发者社区，贡献了大量的第三方库，并可通过内置的包（Package）管理器进行方便的安装使用。

Java。当下最流行的编程语言，在数据分析领域的应用主要是搭建大数据框架。

Scala。Java 的衍生语言，用于 Spark 数据分析、大数据开发等。

Spark。一个开源集群运算框架。Spark 在存储器内执行程序的运算速度能做到比 Hadoop MapReduce 的运算速度快上 100 倍，即便是在硬盘中执行程序，Spark 也能快上 10 倍速度。Spark 允许用户将资料加载至集群存储器，并进行多次查询，非常适用于机器学习算法。

Hadoop。当下最流行的大数据框架，大部分互联网公司都在用。简单来说，Hadoop 是一款支持数据密集型分布式应用并以 Apache 2.0 许可协议发布的开源软件框架,具有支持在商用硬件上搭建大型集群应用的优点。Hadoop 根据谷歌公司发表的 MapReduce 和 Google 文件系统的论文自行实现而成,所有的 Hadoop 模块都有一个基本假设,即硬件故障是常见情况,应该由框架自动处理。

? 思考题

1. 会计大数据具备什么样的特点?针对会计大数据的处理和一般大数据有何区别?

2. 结合大数据技术的会计大数据典型应用有哪些?是哪些技术的体现?

3. 数据可视化是会计大数据的重要工具之一,请简单解释其为会计大数据带来的应用价值。

参考文献

陈虎,陈健. 会计大数据分析与处理技术:助推数据赋能财务新未来[J]. 财务与会计,2022(10):33-38.

陈凯,朱钰. 机器学习及其相关算法综述[J]. 统计与信息论坛,2007(5):105-112.

陈伟,居江宁. 基于大数据可视化技术的审计线索特征挖掘方法研究[J]. 审计研究,2018(1):16-21.

陈伟,孙梦蝶. 基于网络爬虫技术的大数据审计方法研究[J]. 中国注册会计师,2018(7):76-80.

陈运森,周金泳,黄健峤. 企业的慷慨因何而来:基于机器学习的证据[J]. 财经研究,2023(6):153-169.

程开明,陈龙,翁欣月. 完善统计数据质量的保障机制研究:基于统计业务流程视角[J]. 统计科学与实践,2016(9):4-8.

程平,常吉,夏会. 会计大数据:内涵、框架及技术实现[J]. 商业会计,

2022(12):4-9.

邓线平.大数据清洗的方法论考察[J].江南论坛,2018(3):31-32.

邓盐婷,曲卫平.一种消除数据异常的关系代数运算方法[J].电脑知识与技术,2014(11):2523-2526.

丁胜红.大数据会计核算理论体系创新与核算云端化流程重构[J].中南大学学报(社会科学版),2019(5):99-107.

杜小勇,杨晓春,童咏昕.大数据治理的理论与技术专题前言[J].软件学报,2023(3):1007-1009.

封富君,姚俊萍,李新社,等.大数据环境下的数据清洗框架研究[J].软件,2017(12):193-196.

葛恭豪.机器学习算法原理及效率分析[J].电子世界,2018(1):65-66.

管彦庆,杨喜梅,博斌.我国企业财务报告的可视化研究:基于上市公司合并资产负债表的Treemaps图形化视角[J].中国注册会计师.2014(9):74-79.

郝爽,李国良,冯建华,等.结构化数据清洗技术综述[J].清华大学学报(自然科学版),2018(12):1037-1050.

韩崇,袁颖珊,梅焘,等.基于K-means的数据流离群点检测算法[J].计算机工程与应用,2017(3):58-63.

何清,李宁,罗文娟,等.大数据下的机器学习算法综述[J].模式识别与人工智能,2014(4):327-336.

何瑛,李堞爽,于文蕾.基于机器学习的智能会计引擎研究[J].会计之友,2020(5):52-58.

胡文瑜,应康辉.实例层数据清洗技术研究[J].计算机技术与发展,2022(5):22-28.

黄瑞宏.SQL语言在会计数据分析中的应用:基于用友会计软件的实证分析[J].中国乡镇企业会计,2017(11):228-230.

李静,徐路路. 基于机器学习算法的研究热点趋势预测模型对比与分析:BP 神经网络、支持向量机与 LSTM 模型[J]. 现代情报,2019(4):23-33.

李琳,刘凤委,李扣庆. 会计演化逻辑与发展趋势探究:基于数据、算法与算力的解析[J]. 会计研究,2021(7):3-16.

刘国城,李君,尤建,等. 浅析大数据审计采集技术体系的构成及其应用[J]. 中国内部审计,2023(1):91-95.

刘红岩,陈剑,陈国青. 数据挖掘中的数据分类算法综述[J]. 清华大学学报(自然科学版),2002(6):727-730.

刘俊一. 基于人工神经网络的深度学习算法综述[J]. 中国新通信,2018(6):193-194.

刘勘,周晓峥,周洞汝. 数据可视化的研究与发展[J]. 计算机工程,2002(8):1-2.

刘梅玲,黄虎,佟成生,等. 智能财务的基本框架与建设思路研究[J]. 会计研究,2020(3):179-192.

刘文云,岳丽欣,马伍翠,等. 政府数据开放保障机制在数据质量控制中的应用研究[J]. 情报理论与实践,2018(4):21-27.

吕婉琪,钟诚,唐印浒,等. Hadoop 分布式架构下大数据集的并行挖掘[J]. 计算机技术与发展,2014(1):22-25.

马广惠,安小米,宋懿. 业务驱动的政府大数据平台数据治理[J]. 情报资料工作,2018(1):21-27.

马天平,吴卫星. 基于机器学习算法的金融期权波动率预测[J]. 学海,2018(5):201-209.

莫祖英,贺雅文. 大数据质量管理与数据安全性、数据成本效益的关系分析[J]. 管理工程师,2021(6):19-25.

钱余发,张玲. 基于大数据的数据清洗技术及运用[J]. 数字技术与应用,2023(3):84-86.

秦荣生.大数据思维与技术在会计工作中的应用研究[J].会计与经济研究,2015(5):3-10.

任磊,杜一,马帅,等.大数据可视分析综述[J].软件学报,2014(9):1909-1936.

盛怡瑾,张学福,孙巍,等.数据匹配算法应用对比研究:以期刊数据融合中作者和机构匹配为例[J].数字图书馆论坛,2015(10):14-20.

宋姗姗,白文琳.中国大数据治理研究述评[J].农业图书情报学报,2022(4):4-17.

田启川,王满丽.深度学习算法研究进展[J].计算机工程与应用,2019(22):25-33.

涂聪.大数据时代背景下的数据可视化应用研究[J].电子制作,2013(5):118.

王大江.基于Treemapper的成本还原可视化研究[J].会计之友,2016(7):44-48.

王光宏,蒋平.数据挖掘综述[J].同济大学学报(自然科学版),2004(2):246-252.

王芮,韩锐,贾玉祥.基于Spark的分布式大数据机器学习算法[J].计算机与现代化,2018(11):119-126.

王曰芬,章成志,张蓓蓓,等.数据清洗研究综述[J].现代图书情报技术,2007(12):50-56.

吴善鹏,李萍,张志飞.政务大数据环境下的数据治理框架设计[J].电子政务,2019(2):45-51.

吴宇鹏.分布式计算视域的网络爬虫技术研究[J].信息与电脑(理论版),2021(19):87-89.

夏红雨,刘艳云.大数据时代对会计基本认识的影响探讨[J].商业会计,2016(14):17-20.

肖人毅.云计算中数据隐私保护研究进展[J].通信学报,2014(12):168-177.

谢剑斌.视觉机器学习20讲[M].北京:清华大学出版社,2015.

杨剑锋,乔佩蕊,李永梅,等.机器学习分类问题及算法研究综述[J].统计与决策,2019(6):36-40.

杨俊闯,赵超.K-Means聚类算法研究综述[J].计算机工程与应用,2019(23):7-14.

叶鸥,张璟,李军怀.中文数据清洗研究综述[J].计算机工程与应用,2012(14):121-129.

袁满,穆永豪,王贵友,等.改进的SNM中文语义重复记录检测算法[J].吉林大学学报(信息科学版),2021(3):348-356.

张培根,黄树成.一种用于中文数据清洗的近邻排序算法[J].计算机应用与软件,2018(8):286-288.

张润,王永滨.机器学习及其算法和发展研究[J].中国传媒大学学报(自然科学版),2016(2):10-18.

张艳霞,丰继林,郝伟,等.基于NoSQL的文件型大数据存储技术研究[J].制造业自动化,2014(6):27-30.

赵鹏.可视化借款面板法下复杂借款利息的账务处理[J].财会月刊,2017(7):56-60.

郑健,王志明,张宁.一种基于深度学习的改进人脸识别算法[J].计算机与现代化,2018(12):90-95.

周涛,陆惠玲.数据挖掘中聚类算法研究进展[J].计算机工程与应用,2012(12):100-111.

周晓峰,王志坚.分布式计算技术综述[J].计算机时代,2004(12):3-5.

BAO Y, KE B, LI B, et al. Detecting accounting fraud in publicly traded U. S. firms using a machine learning approach[J]. Journal of accounting research,2020,58(1):199-235.

CAI L,ZHU Y. The challenges of data quality and data quality assessment in the big data era[J]. Data science journal,2015,14(1):21-23.

CAO S,JIANG W,WANG J L,et al. From man vs. machine to man + machine: the art and AI of stock analyses[R]. SSRN working paper 28800,2021.

CECCHINI M,AYTUG H,KOEHLER G J,et al. Detecting management fraud in public companies[J]. Management science,2010,56(7):1146-1160.

CIANCARINI P,POGGI F,RUSSO D. Big data quality: a roadmap for open data: Proceedings of 2016 IEEE Second International Conference on Big Data Computing Service and Applications[C]. Los Alamitos: Conference Publishing Services ,2016.

CLARKE R. Quality assurance for security applications of big data: Proceedings of 2016 European Intelligence and Security Informatics Conference (EISIC) [C]. Los Alamitos: Conference Publishing Services ,2016.

DOMINO M A,SCHRAG D,WEBINGER M,et al. Linking data analytics to real-world business issues: the power of the pivot table[J]. Journal of accounting education,2021,57:1-11.

IMMONEN A,PÄÄKKÖNEN P,OVASKA E. Evaluating the quality of social media data in big data architecture[J]. IEEE access,2015,3:2028-2043.

KEIM D,QU H,MA K-L. Big-data visualization[J]. IEEE computer graphics and applications,2013,33(4):20-21.

LEE D. Big data quality assurance through data traceability: a case study of the national standard reference data program of Korea[J]. IEEE Access,2019, 7:36294-36299.

SALAKHUTDINOV R,HINTON G. Semantic hashing[J]. International journal of approximate reasoning,2009,50(7):969-978.

SIDDIQA A, KARIM A, GANI A. Big data storage technologies: a survey [J]. Frontiers of information technology & electronic engineering, 2017, 18(8): 1040 – 1070.

TANTALAKI N, SOURAVLAS S, ROUMELIOTIS M. A review on big data real-time stream processing and its scheduling techniques [J]. International journal of parallel, emergent and distributed systems, 2020, 35(5): 571 – 601.

WANG Y, HULSTIJN J, TAN Y-H. Data quality assurance in international supply chains: an application of the value cycle approach to customs reporting [J]. International journal of advanced logistics, 2016, 5(2): 76 – 85.

ZHANG Y. Intelligent mining and visualization of massive financial digital archives based on attribute grouping [R]. International Conference on Knowledge Engineering and Communication Systems (ICKES), 2022.

ZIN N M, KASIM E S, KANDASAMY I D, et al. Big data analytics knowledge and skills: what you need as a 21st century accounting graduate [J]. Management and accounting review, 2022, 21(3): 159 – 179.

第六章 会计大数据的应用

📝 学习目标

- 了解会计大数据的生态链以及生态链中的生产者、消费者、中介者、监管层的角色分工。
- 了解生态链中的生产者、消费者、中介者、监管层以及其他利益相关者如何生产和利用会计大数据。
- 全面了解在大数据商业环境中会计大数据的独特价值和作用,以及如何最大化利用会计大数据来提升企业的可持续发展水平。
- 深入挖掘会计大数据的潜力,为未来的科学决策提供更加全面、可靠的大数据支持。

⚙️ 关键术语

区块链　云计算　云会计　信息不对称

引导案例

中信证券股份有限公司——智能营销平台建设

当前我国正处于数字经济时代,大数据已经引起了学术界和 IT 行业的广泛关注,行业的变化日新月异,互联网、大数据、云计算、区块链、物联网等信息技术极大推动了传统经济形态向信息化经济形态转变,促进了会计行业的创新型变革。与此同时,这些技术作为前沿科技落实在实践中,引领金融、证券等多类型的行业产生质的改变。

在当前互联网技术蓬勃发展,大数据技术、知识图谱技术、人工智能及语义分析技术不断成熟的大背景下,面对客户数量持续增长、基础业务品种及其衍生品愈加丰富、行业竞争不断加剧的环境,中信证券股份有限公司(下称"中信证券")通过建设智能营销平台,合理利用大数据及其分析能力,试图依靠信息技术应对企业金融产品营销能力、客户服务满意度两个方面相关的需求。不只是中信证券,与客户相关的问题是摆在所有金融企业面前的一道难题。简单来说要尽可能地挖掘客户的潜在价值,提升客户忠诚度,加强企业与客户之间的联系,主要手段是为客户提供满意的金融产品和金融服务。能否为客户提供适合其风险偏好与收益预期的金融产品决定了企业的口碑,良好的口碑反过来又影响着客户的忠诚度和黏性,继而不断为企业带来业务规模的扩张和利润的增长。

中信证券智能营销平台是在当前数据时代的大背景下,为应对中信证券日益增加的需求而产生的。具体分析,中信证券的需求有两个方面:一是金融产品的营销,二是客户满意度的提升。根据官方的总结,主要存在几个业务痛点:一是庞大的客户群体和有限的营销人员之间的不平衡,二是营销人员能力差异及个体精力良莠不齐,三是有限的营销渠道难以应对多样的客户需求,四是新时代下创新的营销方式抬高了成本,而金融产品本身的特殊性对营销手段有新的要求,五是现有的平台难以满足对客户需求的深度了解。

中信证券的信息技术中心的智能营销平台建设,目的在于向公司营销人员提供一款统一、专业、高效、丰富、易用的智能营销平台。

大数据时代的主流前沿技术与会计相结合,极大程度地改变了传统会计,融合产生了大数据会计。大数据会计所具备的各种优势体现在中信证券金融产品智能营销平台的构建上。根据中信证券的信息,该平台集成了 Greenplum 分布式数据仓库、Hadoop 分布式计算、Spark Streaming 流处理技术、Redis 分布式缓存等存储计算平台,并使用语音分析、文本分析、情感分析、语义分析等自然语言处理技术对大量的语音和文本等非结构化数据进行结构化处理。在应用支持方面,该平台综合使用了协同过滤、内容推荐、热点推荐、相似推荐等多种策略进行产品、服务营销;在潜在客户挖掘方面,该平台运用了决策树、逻辑回归、时序分析、关联规则、聚类分析等机器学习模型进行决策分析。

中信证券智能营销平台建立了数据驱动的闭环营销体系,整合公司内外部结构化、非结构化的数据源,并通过对历史营销过程、结果的反馈分析,逐步积累、沉淀、完善公司数据资源,通过运用最新的大数据、自然语言处理、知识图谱、机器学习模型等技术,挖掘客户的潜在需求和营销商机,并使用挖掘分析引擎、推荐引擎和业务配置引擎自动为用户配置差异化、个性化的营销策略。为加强对营销过程的监控,系统采用"技术+管理制度"双管齐下的策略,不断加强、完善过程指标体系建设,对营销执行过程中的核心环节进行系统化监控和消息推送,建立、健全运营管理机制和过程考核机制,共同推动核心营销环节的跟踪、督导、协助服务,从而提升各环节的营销转化率。

针对客户管理的问题,平台建立了客户全生命周期的价值管理体系,采用前沿的机器学习模型挖掘并分析客户点击、交易、持仓、留言、员工拜访、产品行情、活动政策等相关多方数据源,及时定位或预测客户当前所处或即将进入的生命周期,并在进一步细分客户、渠道、业务、场景等后,实施差异化、个性化的营销服务,力求在提升客户服务体验、服务效率的同时,充分挖掘不同生命周期内的客户价值。通过客户细分和场景细分,在满足合规和风控管理的要求下,系统对客户所能触及的业务进行了多渠道覆盖,并建立了统一的营销投放和智能化引流体系,减少了高频度重复曝光带来的客户体验损失。

金融科技与传统金融综合服务能力的深度融合符合当前大数据时代背

景的要求,证券机构的数字化转型与科技创新就是会计大数据的成功体现。会计大数据的应用,归根结底是以智能科技提升行业的体系构建与改造效率,中信证券的智能营销平台利用大数据与 AI 技术,把数据库的优势应用到企业的运营中。

资料来源:中信证券公司介绍 http://www.cs.ecitic.com/newsite/AboutUs/;潘建东,王浩洋,徐政钧,等. 面向金融营销服务的数智协同平台建设[J]. 中国金融电脑,2023(8):50-52。

第一节 会计大数据的应用概述

在数字化高度普及的今天,全球有 20 多亿人接入互联网,50 多亿人使用着各种移动设备,有相当一部分人通过增加使用此类设备来生成大量数据,特别是遥感器不断产生许多结构化或非结构化的异构数据——被称为大数据。"大数据"是一个无定形的概念,被用来指代大的、多样化的、快速变化的数据集,以及用于从这些数据集中提取信息的分析技术。大数据的特点有三个方面:一是数据数量众多,二是数据无法分类到常规关系型数据库中,三是数据生成、捕获和处理速度非常快。大数据在商业应用方面前景广阔,并且作为 IT 行业的一部分正在迅速增长。各个领域均对大数据产生了巨大的需求,包括医疗保健机器的制造、银行交易、社交媒体和卫星成像。

大数据技术的种类丰富多样。数据科学是一个跨学科领域的统称,它使用科学方法、过程、算法和系统,通过数据挖掘和机器学习等各种方式从数据中提取信息。数据挖掘是一种数据分析技术,旨在发现大数据中涉及机器学习的模式,目的是从大数据中提取信息,并将信息转换为可理解的结构。机器学习意味着研究计算机系统用来提高其在特定任务上性能的模型。机器学习通过数据建立数学模型算法进行分析预测,方便决策者作出决策,而不用进行指令明确的编程。如上一章所述,机器学习可以是有监督的或无监督的学习。监督学习涉及人类知道的应用程序教学内容,如如何创建发票。无监督学习意味着机器得到一定的大数据,但没有被告知要寻找什么,机器应用程序研究数据、构建集群并自行学习。例如,客户中有一些相似之处,他们倾向于延迟付款或根本不付款。AI(人工智能)在《牛津词典》中被定义为"能够执行通常需要人类智能的任务的计算机系统的理论和发展,如视觉感知、语音识别、决策和语言翻译"。这意味着机器需要AI才能学习、执行上述任务。AI也可以被理解为一门描述计算机如何模仿人类智能的科学。

会计作为企业绩效的衡量工具,自20世纪50年代末开始实施自动化,这个时期也被称为计算机革命的开端。会计软件的出现为会计实践带来了革命性的改变,它们可以轻松地实现自动化数据输入、分类、计算和报告,显著提高了会计工作的效率和准确性。然而,90年代互联网的兴起引发了信息革命,进一步改变了会计实践。多媒体和协作软件的出现为复杂应用程序与网页提供了新的基础设施,促进了远程协作和虚拟团队的形成,也促进了企业在全球范围内的扩张和交流。同时,数据通信的进步和智能移动设备的普及也推动了云服务的发展。现在,越来越多的会计软件和云服务出现在互联网上,使得企业可以轻松地远程管理财务数据,提高了数据的安全性和共享性,同时也为企业提供了更多的灵活性和自由度。然而,这些技术进步也挑战了传统商业模式的基础,迫使企业重新思考商业模式和运营方式。因此,企业需要不断地更新技术和知识,跟上技术的发展步伐,适应这个不断变化的商业环境。

会计行业一直在不断适应经济环境的变化,以满足不断增长的需求。随着技术的发展和应用,会计行业也经历了从手工录入数据到数据自动化录入的演变过程。会计软件的出现使得会计实践变得更加高效,会计人员能够更快地完成工作,同时减少人为错误的发生。此外,随着互联网的发展和云计算的应用,会计行业也经历了革命性的变化。云会计或在线会计作为一种新的商业模式已经被广泛应用于会计领域,为会计人员或管理层提供更方便、更灵活的服务（牛艳芳等，2018）。通过云会计服务，会计师事务所可以实现在云端提供会计服务，从而降低了企业成本、提高了企业效率。此外，云会计还使得企业管理层能够随时随地通过互联网访问企业的财务数据和报告，帮助他们更好地了解业务运营状况。总之，会计行业在适应经济环境变化的同时，也在不断应用新技术和工具来提高效率和准确性，以更好地为企业和个人提供财务服务（张悦等，2021；叶钦华等，2022；张新民和金瑛，2022）。

一、应用类型

自20世纪90年代以来，技术专家就一直在利用、扩展和增强云计算平台。自人类社会出现贸易以来，会计就一直在协助每一项商业活动。由于需要高效、准确地将经济活动转化为数字，会计一直在不断改进。此外，信息技术的发展和互联网的出现也塑造了这种记录艺术。云计算是最快被采用的范例之一，它对业务环境产生了重大影响（刘梅玲等，2020；洪永淼和汪寿阳，2021）。同时，持续不断的挑战性环境迫使经济领域的所有参与者都必须具备竞争力、活力和主动性。另外，企业需要时时与国家政策保持同步，当发现自身经营目标与国家政策不同步时，需要适时进行调整。会计作为向所有利益相关者发布相关和特定信息的一种手段，已经采用了云计算解决方案，其结果是云会计——一种支持会计职业的新商业模式由此诞生。

（一）财务决策

在大数据时代，企业面临的经营环境越来越复杂多变，为了应对这种不确定性，企业管理层在决策的过程中越来越依赖于会计大数据，如利用会计大数据进一步掌握细分市场的需求，基于会计大数据掌握客户需求的最新变化以更好地保留老客户和获取新客户，基于会计大数据分析市场变化进而调整公司发展战略等。总之，科学利用会计大数据能够有效降低企业成本和风险、优化管理流程和提升决策效率。因此,金融、能源和电信等拥有大数据的行业率先完成数字化转型,积极主动地在企业经营决策中使用会计大数据,以期通过会计大数据形成企业新的竞争优势。企业在经营过程中将面临各种金融风险,为了改善其资产和负债管理状况,企业往往会专注于识别、衡量、监控和控制财务风险。利用大数据解决商贸企业的贸易垫资、资金成本高、业务和财务系统不对接等问题,通过运用大数据技术进行财务管理优化和改善,几家典型企业的实践已卓有成效。

阿里巴巴就是使用大数据改善风险管理和控制的企业之一。阿里巴巴基于支付和电子商务交易信息,开发了自己的信用评级和风险控制模型。它主要利用自身庞大的在线生态系统,截至2015年年初,该生态系统在阿里巴巴集团的淘宝、天猫等市场上拥有超过3亿注册用户和3700万小企业。阿里巴巴利用自身参与的众多平台所收集的数据,推进集团和合作伙伴的活动,加速世界各地的商业活动进展。通过准确挖掘、分析和存储数据,阿里巴巴可以更好地了解市场和消费者行为,并最终提高用户体验和产品改进的水平。

国家电网行业因大数据时代的来临遭遇了不小的挑战。基础设施项目竣工财务审查(IPCFR)是由财务部门执行的,反映项目的经济效益。通过IPCFR,项目利益相关者能够计算实际成本和投资回报,以及通过预算与实际支出之间的偏差评估建筑生产率。在建设过程中,通过电网大数据分析可知,如果数据采集标准操作程序(SOP)不被精确遵循,IPCFR的结果就不太可能反映实际情况。即使公司投入额外的人力和财力资源来恢复数据集,也不能保证所恢复数据集的准确性和完整性。IPCFR报告遵循电网行业的指导思想,传统的国有企业无法实现编制过程的自动化,以至于编制过程历来涉及大量的人工和烦琐的劳动。一是原始数据提取过程复杂。IPCFR的主要数据源只能从预算和结算中手工提取,手工数据提取过程不能保证精度。二是数据清洗工作量大,计算过程复杂。在从金融系统中提取原始数据/分项数据后,需要额外的人工来清理和拆分每个项目,以便计算每种材料的单价。因此,IPCFR 数据收集过程效率很低。除此之外,数据分析功能需要第三方工具的支持,在采集原始数据后,有必要对原始数据进行细化、计算和进一步分析。目前,用于计算的第三方工具往往存在较高的出错概率。另外,还存在涉及电网企业内部有效管理的问题。在这些传统的垄断企业中,由于内部管理等原因,不同部门之间的沟通效率不高。只有财务部门负责编写 IPCFR 报告,但数据收集过程需要跨职能的协作,一旦项目完成,其他相关部门的职责将转移到新的项目上,使财务团队难以收集和核实数据。因此,智能财务系统在财务决策方面为电网企业提供了极强的支持。

数据科学在会计和金融的许多方面都发挥着关键作用,它可以让会计专业人员作出更准确、更详细的预测,从而提高企业的竞争力和盈利能力。大数据和预测分析在提高预测准确性方面发挥着关键作用。目前,使用大数据进行预测的局限性在于,传统工具无法应对大数据的规模、速度和复杂性,这给组织带来了挑战。有研究表明,商业决策者在决策过程中倾向于使用复杂的预测方法,即尽可能依赖大数据分析,而不是使用传统的简单方法。然而,复杂的方法并不一定能够提高预测精度,特别是当使用多维数据进行预测时,可能会增加误差甚至得到互相矛盾的结果。这可能是决策者盲目信任大数据而产生的大数据偏好所导致的。因此,决策者所选择的预测方法应始终为决策者所理解,避免犯错。尽管如此,大数据在预测中仍体现出价值,提升预测的准确性。

(二) 经济犯罪侦查

大数据技术的快速发展已成为影响世界发展格局的一大趋势。大数据刑事侦查是在国内外警务实践中被广泛应用的一种新型犯罪侦查方式。司法领域的蓬勃发展体现着大数据技术对各领域直接而深远的影响。司法会计中,经济犯罪侦查不乏对计算机手段的应用,过往的方法已无法应对当今经济调查中的大规模数据收集工作,数据的规模、复杂性和传输速度几乎呈指数级增长,使得传统方法效率低下,新技术的应用迫在眉睫。

经济犯罪侦查是指侦查机关在刑事诉讼活动中,为了查明经济犯罪事实、收集证据、发现和查获犯罪嫌疑人,依法进行的专门调查工作和有关强制性措施。在大数据时代,经济犯罪呈现出一些新的特点和趋势,对侦查机关提出更高的要求。首先,犯罪资金转移快、隐匿性高。随着金融市场的发展和技术的进步,犯罪分子能通过各种渠道进行资金转移,这使得侦查机关的资金追踪变得异常困难。同时,犯罪分子在实施犯罪时,会采取许多掩盖自己身份的手段,包括虚拟货币、匿名网络等,这也会增加侦查难度。其次,跨境、跨省市的犯罪行为增多。随着经济全球化的加速和网络技术的普及,经济犯罪的跨境、跨省市行为呈现快速增长的趋势。这种跨境、跨省市的犯罪活动往往需要侦查机关具备跨区域、跨国界的协作能力和信息共享机制。最后,犯罪工具科技化程度高。现代技术的应用使得犯罪手段变得越来越复杂和高科技化,如黑客攻击、网络诈骗等,这些犯罪手段往往涉及专业知识和技能,对侦查人员的技术水平和专业素质提出了更高要求。综上所述,大数据时代的经济犯罪具有难以侦查和打击的特点,侦查机关必须采用更加科技化的手段来应对这些挑战。只有提升侦查技术水平、建立信息共享机制、加强国际合作,才能更好地打击经济犯罪,维护社会的经济安全和稳定。

当今社会,数据已经成为一种非常重要的资源,尤其是随着互联网的普及和信息技术的发展,人们的生产、学习、娱乐、交流等活动都在产生大量的数据。这些数据可以反映人们的行为、偏好、思想、习惯等方面的信息,因此对这些数据进行有效的处理和分析,可以为各种领域的决策提供更好的支持和指导。

在司法会计领域,大数据技术的应用可以帮助司法会计人员更好地了解经济犯罪案件的背景和情况,发现犯罪嫌疑人之间的联系和规律,找到涉案的关键证据和线索。具体来说,在这一领域,大数据技术主要分为:第一,数据采集技术。司法会计人员可以利用数据采集技术获取各种数据库系统和互联网等数据仓库中存储的大量财务数据与交易信息等。这些数据可以帮助他们更好地了解案件的背景、涉案人员、涉及的财务交易等信息。第二,数据挖掘技术。数据挖掘技术可以帮助司法会计人员通过对大量数据的分析和挖掘,找出犯罪嫌疑人之间的联系和规律,发现涉案的关键证据和线索。司法会计人员可以利用这些技术分析和挖掘大量数据,从而更好地了解案件的情况。第三,可视化技术。可视化技术可以将分析结果以图表等形式展示出来,方便司法会计人员更好地理解和解读数据。司法会计人员可以利用这些技术将分析结果以更直观的方式展示出来,以便更好地了解数据背后的规律和关系。第四,分析预测技术。分析预测技术可以为司法会计人员提供决策支持和指导,帮助他们更好地处理案件。通过这些技术,司法会计人员可以更准确地预测案情的发展趋势和可能出现的问题,从而制定更好的策略和方案。

  大数据技术应用在经济犯罪侦查中的作用非常重要。首先,数据获取是大数据技术应用在经济犯罪侦查中的第一条途径。经济犯罪案件往往涉及大量的财务数据和交易信息等,这些数据可能来自各种数据仓库、数据库系统、互联网等渠道。通过大数据技术,司法会计人员可以迅速地获取这些数据,并对其进行分类、整合、清洗,便于后续的分析和使用。其次,大数据技术应用在经济犯罪侦查中的另一条途径是数据的优化和分析。对于大量的财务数据和交易信息,其完整性、准确性和相关性都需要得到保证。在这方面,大数据技术可以通过对数据进行清洗、格式化、分析和可视化等,提高数据的质量和价值,并帮助司法会计人员更好地理解和使用数据。最后,大数据技术在经济犯罪侦查中的一个重要作用是挖掘规律和发现犯罪线索。在财务数据和交易信息中,往往蕴含着大量的信息和规律,而这些信息和规律对司法会计人员来说是非常有价值的。通过大数据技术,司法会计人员可以对这些信息进行分析和挖掘,发现各种可能的关联和规律,从中发现潜在的犯罪线索,并提供给相关部门进行调查和侦查。

总的来说,大数据技术在经济犯罪侦查中具有非常重要的作用。大数据技术的应用有助于更加准确地发现犯罪线索和证据,为司法会计人员提供更好的决策支持和指导,促进对经济犯罪的有效打击(王彦光,2019)。

(三)信息披露

根据现代会计概念,低碳会计是一种以货币、实物单位计量,以节能减排效果报告为中心的经济管理活动,其主要工作在于发现节能减排的新方法,协助实现企业的低碳减排目标。中国实施可持续发展战略需要社会经济发展规模从高能耗增长模式转向低能耗增长模式。在这种经济形势下,公众越来越关注企业碳会计信息的披露,但传统的会计理论体系已经不能完全满足低碳社会的要求。以货币形式衡量和充分披露影响碳排放的信息,建立健全科学客观的评价体系,促进绿色发展,形成绿色生产方式,实施环境会计符合时代发展的要求,对世界经济发展具有重要意义。因此,企业开始关注自身业务流程对环境的影响,追求可持续发展。这种观念上的转变将有助于环境会计的顺利实施;同时,随着环境会计制度和信息披露机制的完善,环境会计终将有长足的发展。

在全球碳中和的背景下,信息技术的发展提高了会计信息披露的准确性和效率,碳会计信息披露已成为全球企业在数字经济发展中的一项重要举措。企业在会计信息系统中积极向公众和其他利益相关者展示碳会计信息披露,可以更有效地反映企业承担的社会责任。

环境会计信息是指企业在经营过程中与环境有关的会计信息。环境会计信息对于企业的环境责任管理、环境风险管理及环境保护等方面都有着非常重要的作用。环境会计信息的载体形式多种多样,包括数据、文本、图片、语音等。这些信息的获取和管理对于企业的可持续发展至关重要。然而,由于环境会计信息的文本载体大多是非结构化和非标准化的,对这些信息的利用和分析尚存在一定的困难。

在大数据时代,企业需要通过大数据技术来更好地分析和利用环境会计信息。大数据技术可以处理高频度、低密度的环境会计信息,实现对企业环境行为的实时监控和对全局视图的构建。大数据技术能够将大量的文本信息转化为结构化的数据,并实现信息的标准化和规范化处理,这样就能够更好地分析和利用环境会计信息。有了大数据技术的支持,企业可以更好地了解环境经济活动,提高自身的社会责任感和可持续发展水平。同时,大数据技术也可以帮助政府更好地掌握环境会计信息的发展趋势,提高对会计信息的分析和监控能力,进而提高政府公信力。

具体而言,大数据技术的应用可以实现以下几个方面的目标:

第一,环境风险管理。大数据技术可以通过分析企业的环境会计信息,帮助企业及时发现环境风险,企业可以得到关于环境污染、环境投诉、环境事故等问题的大量信息,这些信息可以帮助企业及时发现和处理环境风险,降低企业的环境风险和环境污染风险,从而提高企业的社会责任感和可持续发展水平。

第二,环境财务管理。大数据技术可以通过分析企业的环境会计信息,帮助企业更好地管理环境成本,企业可以了解自己在环境保护方面的成本和投入,从而更好地开展环境财务管理。企业可以通过对环境会计信息的分析和利用,优化企业的环境成本结构,努力达成环境效益和经济效益的统一,为企业可持续发展提供更有力的支撑。

第三,环境管理绩效评估。大数据技术可以通过分析企业的环境会计信息,帮助企业进行环境管理绩效评估,企业可以将环境会计信息转化为可量化的数据,并将其与企业的环境绩效指标相结合,进而对企业的环境管理绩效进行评估。这样,企业可以更好地了解自己在环境管理方面的表现,进而制定更科学、更合理的环境管理措施,提高企业的环境管理水平和可持续发展水平。

第四,政府环境监管。大数据技术可以通过分析企业的环境会计信息,帮助政府加强环境监管。政府可以利用大数据技术对企业的环境会计信息进行分析和监控,发现企业在环境保护方面存在的问题,及时进行调查和处罚,提高政府的公信力和环境监管水平。同时,政府还可以利用大数据技术了解环境污染等问题的发展趋势,及时制定环境保护政策和措施,推动环境保护工作的开展。

总之,大数据技术的应用可以帮助企业更好地分析和利用环境会计信息,提高企业的环境责任感和可持续发展水平。同时,大数据技术也可以帮助政府加强对环境会计信息的监管,提高政府的公信力和环境监管水平。在大数据时代,政府和企业都应该积极采用大数据技术,共同推动环境保护工作的开展,为实现可持续发展作出更加积极的贡献。

另外,区块链技术也改进了会计信息披露系统。近年来,资本市场中财务报告的可信度受到严重挑战。公司财务报告提供的会计信息的可靠性、相关性和及时性明显不足,资本市场会计监管效率大幅降低。在数字经济时代,传统的复式记账和财务会计报告已不足以服务于新经济,重构会计信息披露体系势在必行。

(四)会计教育

大数据技术和服务的市场规模飞速增长,仅 2017 年的增长率就达到大约整个信息和通信技术市场增长率的六倍。与此同时,麦肯锡全球研究所预测,组织所需的具备深厚分析技能的人员以及具备利用大数据分析作出有效决策技能的管理人员和分析师处于短缺状态。很明显,大数据技能短缺是全球性的,每个地区都将面临类似的挑战。各种类型的熟练掌握大数据技术的从业者的缺乏限制了企业从大数据中获取价值的能力。在数据战略和各种技术数据管理职位方面存在人才短缺,主要是源于大学、专业和高管教育相关项目的短缺,这些项目旨在培养所需的人才,以满足对各类大数据专业人员日益增长的需求。

大数据的可用性将促使会计教育、研究和实践发生实质性变化。在教育领域,特别是会计和审计领域,大数据的使用将增加课程中的统计和信息技术内容,可能会打破目前CPA(注册会计师)考试中的一系列限制。实践部门,特别是内部审计部门,将是会计大数据使用的主要推动者,会努力跟上营销、供应链和客户服务等领域企业数据使用的发展。大量文献广泛研究了将大数据相关内容纳入高等教育(大学)学业课程的问题(舒伟等,2021)。然而,诸如将大数据和数据分析内容整合到专业培训课程与持续专业发展计划等领域的探索尚不足。在这方面,未来的研究应关注将大数据和数据分析纳入专业会计教育课程(注册会计师)的讨论,包括纳入的大数据内容和使用的整合策略。此外,未来的研究还应着眼于案例,并提供教师可以用来教学的样本数据。

为了向行业培养和输送既懂业务又懂财务的高水平审计人才,高校在人才培养探索和教学改革中应紧跟新时代教学步伐,探索数智化人才培养模式,从师资、课程设置、教学内容、教学方式、实践基地等方面进行试点和研究,推进业财融合,完善高校人才培养与数字化技术发展相融合的现代会计教育体系,培养"懂会计、懂业务、懂技术"的复合型会计信息化人才。目前来看,部分高校已率先开展智能审计高等教育培养工作,一些院校表现亮眼(何瑛等,2020)。

2022年中央财经大学首次在审计专业硕士(MAud)"风险管理与数据分析"方向招生,旨在让学生掌握风险管理理论,培养学生的数据分析能力,尤其是能够运用大数据、AI、移动互联网等技术原理和专业知识解决会计、审计与企业管理等领域的问题。广东财经大学开设审计学(智能审计方向)专业,着眼于引领实现"大智移云物区"时代审计的战略价值,结合智能审计综合实验和校外实习的实践教学环节,培养智慧型、创新型、复合型、应用型审计专业人才(周守亮和唐大鹏,2019)。浙江财经大学会计学院开设智能审计创新班,让学生辅修信息管理与信息系统专业,致力于培养综合素质高、数理思维好、信息技术能力强的复合型创新审计人才。南京审计大学依托学校"大审计"平台学科与行业资源优势,开设数据科学与大数据技术(大数据审计方向)专业,使大数据技术与审计交叉融合,具有鲜明的审计特色,旨在培养符合国家审计需要的大数据审计复合型专门人才。

随着时代的变化,会计理论研究的对象也在随之改变。早期,对上市公司财务舞弊的研究主要集中于分析财务欺诈的成因,冰山理论、舞弊三角理论、GONE理论、风险因素理论等,以及利益驱动、财务困难、制度激励、道德困境、大股东掏空、内幕交易、盈余管理等概念被提出。后来,学者们开始关注股权结构的影响,并提出关于控股股东侵占中小股东利益的第二类代理问题。最近,许多研究开始从审计、内部控制、组织行为、博弈等专业角度分析财务舞弊案件。在利益相关者治理研究中,一些学者考察投资者保护对公司业绩的影响,发现投资者保护可以提高公司业绩,提高公司盈利水平,降低债务融资成本和股权资本成本;投资者关系管理的信息和组织功能可以降低股价崩盘的风险,发挥市场稳定作用。

二、应用价值

会计作为商业语言,从一开始就服务于每个行业。而大数据的发展和应用可以帮助各企业深化对未来发展的预测、精确反馈客户的意见、建立更加精确的财务分析模型等。大数据+传统行业的组合在消费金融等领域已经崭露头角。因此,无论何种类型的企业都应该更加关注大数据的收集、加工、处理及分析,围绕大数据搭建新的业务模式。此外,对于管理会计而言,基于大数据进行财务决策分析将是一条重要的发展道路。

由于使用云技术的会计软件的出现,会计实践得到了显著改善,这是过去十几年中巨大的IT创新之一。今天,随着云技术的进步,不断变化的商业世界越来越具竞争力和复杂性。与其他业务部门一样,会计也采用云计算解决方案,以便为所有利益相关者提供相关和特定的信息与实时业务概览。

会计是一个正在经历巨大变化的行业。大数据赋能传统会计，使得财会人员需要思考更多问题（如未来的运营方式），以满足在大数据时代下更高的客户期望和需求。通过云计算，企业可以获得精确至每小时甚至每分钟的财务信息，这些信息可以由企业会计人员完全访问和管理。目前最大的技术趋势之一是云技术。云是一个可以随时随地在线访问数据和软件的平台，几乎可以从任何有互联网链接性质的设备访问。在云计算中，用户利用互联网或其他方式通过云服务商提供的软件进行数据分析处理。用户只需将需要处理的数据远程发送给云端，在云平台中完成数据分析，再向用户反馈分析结果。这一过程全部在云端完成，避免了传统应用需要在个人计算机上不断安装和维护客户端的弊端。

因此，云会计与传统会计软件最大的区别就在于：它是作为一种企业所提供的财务分析服务，而传统会计软件是作为一种产品。当使用者通过互联网访问会计数据时，其购买的是专业服务提供商提供的会计应用服务，而不是软件本身。也就是说，云会计改变了会计分析程序本身，实现了整个业务环境的升级。

（一）云服务

SaaS（Software-as-a-Service）。软件部署模型，是向用户提供特定用途的软件服务，一般通过互联网使用供应商安排在云基础设施上的应用软件，也被称为软件即服务。它有时被称为"OnDemand 软件"，通常以每次使用付费为基础定价。其优点在于避免了在个人计算机上安装和更新应用程序等烦琐的步骤，主要缺点是用户的数据存储在云提供商的服务器上。

PaaS（Platform-as-a-Service）。将平台作为按需服务提供的软件部署模型，软件可以在模型上开发和部署。它建立在基础设施即服务（IaaS）之上，与 SaaS 和 IaaS 相结合，程序员可以通过云平台进行软件的开发和运行，而无须购买和管理庞杂的底层软件。

IaaS（Infrastructure-as-a-Service）。将服务器、软件和网络设备的基本计

算基础设施作为按需服务提供的软件部署模型,在此基础上可以开发平台并建立应用程序的执行,被称为基础设施即服务。其优点与 PaaS 类似,可以避免购买和管理复杂的基础软件与硬件。

促使企业使用云服务的原因有很多:

(1)保持对业务的关注。企业意识到运营 IT 部门不是自身的核心能力。购买云服务,无论是以单个应用程序的形式,还是以整个数据中心的形式,通常更具成本效益、更可靠,并使企业能够重新分配有限的资源以发展业务。

(2)提高业务灵活性。拥有大量技术投资的企业可能会发现自己无法利用市场变化或应对竞争压力。云服务消除了这些障碍,使企业能够不断调整自身的技术需求以适应业务,而不用考虑数据中心运转通常需要的成本。

(3)减少资本支出。云服务通过减少软件购买支出,减少持续的资本投资,保证运营成本最小化。

(4)灵活调整规模。有旺季或不同季节性需求的企业可以从云服务中受益,在季节性业务高峰时不必购买硬件或软件就可临时增加更多容量,否则购买的硬件或软件在淡季将会被闲置。

(5)实现随时随地访问。云服务可以不受时间和地点的限制实现即时访问,只需保证基本的网络连通和用户访问权限即可。

(6)提高人员配置效率。云服务可以实现专业分工,帮助技术人员保持高效工作。

(二)应用优势

在当今的商业世界中,云会计具备许多优势,具体来说:

(1)降低成本。这是云会计的重要优势之一。使用云平台进行会计记录、确认和计量,企业不必一次性或者按月支付会计软件使用费,这将大幅减少企业的运营成本,提升企业资源配置效率。

（2）实时更新信息。在传统的会计系统中，更新会计信息是一个常见问题，想要更改一个数字就必须手动在该数字出现的每个位置进行修改，包括表单、分类账和其他文档。然而，在使用云计算的情况下，当输入新数据时，系统会自动将其填充到对应的位置上。这样做不但可以节省时间和金钱，而且可以避免错漏可能会引起的潜在问题。

（3）可获取所有会计信息。传统会计的一个限制是获取企业详细财务信息的时间取决于会计专业人员的专业性，或者需要到办公室查看纸质记录或保存信息的台式计算机。相比之下，云计算在这方面有着明显的优势。只要有人能够连接到互联网，就可以像使用移动设备一样轻松地访问会计记录。

（4）提高数据安全性。云会计的安全性也很重要，因为它需要确保所有财务信息的安全。一个人可能会认为将数据存储在个人电脑中是安全的，但从长远看这可能会产生问题。不仅工作场所可能有人想要窃取财务信息，而且个人电脑也可能感染病毒，并且无法恢复。然而，如果所有财务记录都通过互联网存储，即使电脑桌面和硬盘内文件被删除，也不会有任何损失，因为仍然可以通过云访问财务数据。

（5）提高团队侧可用性。云会计有利于整个业务团队开展工作，因为所有授权用户都可以随时使用数据，不再需要聚集在一个办公室，轮流审阅重要文件。所有能够访问互联网的授权用户都可以从任何地方同时查看会计数据。云会计还易于扩展，添加新用户很简单，只需设置授权的配置文件和密码即可。

（6）即时修复。在以前的纸质系统中，如果程序存在任何问题，用户就要耐心等待下一个版本来修复错误。云计算的一个好处是，可以立即解决软件障碍问题。

（7）提高工作场所的成本改进效率。一般来说，无论企业的管理多么专业或高效，总是存在改进的空间。云会计有助于解决由业务变化带来的一些成本问题。例如,许多供应商要求对其商业工具的购买必须一次性全额付款,导致购买企业的预算额度被提前使用,使得预算没有回旋空间。而云计算可以有效解决这一问题,企业可以"按需付费",甚至可以制订月度计划,这有效缓解了中小型企业预算紧张的问题。

(8)数据自动备份和恢复。云会计优于传统会计的一个领域是数据自动备份和恢复。云计算允许数据自动备份,消除了忘记备份的可能性,并减少了人为错误。云会计会自动备份会计信息并将其保存到异地位置,这有助于在发生闯入、火灾或其他可能危及敏感和重要信息的事件时保护信息。如果业务遇到这些情况,基于云的服务提供商就可以帮助企业恢复数据,使业务快速恢复并运行,从而最大限度地减少对客户的不良影响。

(三)积极价值

会计大数据带来的积极影响可以从几个方面来谈:

第一,会计大数据在会计领域的应用极大地提升了企业的预测能力。通过大数据分析,企业可以更准确地预测未来的市场趋势和财务状况,从而制定更有效的财务战略并作出更明智的财务决策。这种预测能力的提升可以帮助企业更好地规划未来发展,降低风险,并更好地适应市场变化。

第二,大数据与会计的结合有助于优化企业资源配置。通过对会计大数据的信息分析,企业可以更好地全面掌握自身的资源状况,包括财务资源、人力资源和实物资源等。这样的会计大数据支持可以帮助企业更科学地制订全面预算管理方案,并据此进行资源配置,减少甚至避免资源浪费,提高资源使用效率,从而实现降低成本和增加效益,提升企业的竞争力。

第三,大数据与会计的结合可以改善员工绩效管理并提升企业的整体绩效水平。通过会计大数据分析,企业可以制定更科学、客观的绩效考核体系,确定明确的、切实可行的关键绩效指标(Key Performance Indicator,KPI),据此,企业可以更准确、更客观地量化评估员工的表现。这种由会计大数据驱动的绩效考核体系可以有效激励员工的积极性,提高员工工作效率和工作质量,从而提升企业的整体绩效水平。

第四,大数据在会计领域的应用可以帮助企业更有效地评估和管理风险。通过对会计大数据的分析,企业可以更全面地了解所面临的内部风险和外部风险,包括市场风险、政策风险、财务风险、技术风险、自然环境风险和经营风险等,从而及时采取措施管理和控制风险,降低企业面临的不确定性,保障企业的可持续发展。

第五,大数据与会计的结合对企业扩大市场份额、提升市场竞争能力也有着积极影响。通过大数据分析,企业可以更精准地了解消费者的需求和行为,制定更有效的精准营销策略和推广计划,让网络广告在合适的时间、通过合适的载体、以合适的方式投给合适的消费者。这样的大数据驱动营销能够使广告更精准、更有效,给品牌企业带来更高的投资回报率,帮助企业更好地吸引客户,提升品牌知名度,增加市场份额,推动业务持续增长。

总的来说,大数据与会计的结合为企业带来了前所未有的机遇和挑战,在企业的预测能力、资源的合理配置、员工绩效管理改善、风险评估和精准营销等方面提供了强大的支持和帮助。通过充分利用大数据技术,企业可以更好地适应市场变化,提高绩效,优化决策,实现可持续发展。

第二节　会计大数据的生产者应用效应

一、概述

随着IT工具在人们生活的几乎每一领域的普及,技术和社会之间的界限正在模糊。在经济领域这样一个充满不确定性的环境中,数字技术带来了全新的经营方式。随着技术的迭代和升级,企业不可避免地要使用基于云的技术实现企业的效率升级。云会计模型使所有利益相关者(包括企业所有者、会计人员、审计师和客户)能够通过互联网同时访问最新的财务数据,从而加强彼此间的密切合作。

云可能会成为重塑现实和重新定义我们所知的全球化的根本因素。我们需要给云会计一个证明其价值的机会,让它有机会引领会计行业进入一个全球标准化的时代,将企业带入下一个效率水平阶段。

世界的数字化仍在继续,会计和金融领域的创新将影响人们每天的工作任务。如果不深入了解目前在这些领域发生的事情以及在可预见的未来最有可能发生的变化,各种职业都将面临风险。在大数据时代,决策者通过应用大数据、云计算等技术为决策服务,是其取得成功的关键所在。除将大数据用于精准营销(如定向投放广告)以提升广告费用的单位产出能力外,把大数据用于会计和金融等领域也将带来巨大影响。

财务共享在设计之初就专注于业务,通过梳理一线业务、绘制业务图、精简表格、设计信息化流程,不仅可以令会计信息来源于业务,还可以实现会计凭证、账簿、报表、分析预警、预算控制的自动化。在财务共享模式下,通过对系统数据的分析和诊断,人们可以回顾公司战略和运营的问题,及时调整公司的战略和运营,形成数据的动态循环,及时反映业务状况,推动业务和战略调整。

二、会计人员的应用效应

云已经征服了几乎所有商业领域,但会计界中一些人似乎仍对这种新模式持怀疑态度。根据一些会计人员的说法,基于云的软件是一个明显的威胁。但事实上,这一解决方案旨在简化会计人员的工作并优化业务流程。基于云的应用程序并非旨在取代业务活动中的人为因素。会计行业应该接受现实,并顺应我们今天所处的现实发展。

会计人员需要拥有能够实时洞察盈利机会的能力。云会计提供了从纸质财务报表转向实时财务仪表盘的替代方案。基于云的会计软件可以让企业有机会通过改进协作和沟通来改变客户关系。通过协作,企业可以消除来回传输数据(或纸质文档)的负担(这一过程成本高昂、耗时且不安全)。

通过改进的远程访问,客户可以轻松地在线开具发票,其他业务伙伴可以使用最新的财务信息作出明智的业务决策。会计人员也可以在提高商业洞察力方面发挥重要作用,从而改变企业(尤其是小企业)的业绩。这要求会计不仅要采用新技术,而且要采用一种新的工作方式,将重复的行政流程减至最少,并让有资格的个人能够与市场分享他们的专业知识。

尽管数字技术改变会计人员的工作方式已经是大势所趋,但就目前来看,会计行业对云技术的看法呈现多极化的状况。云技术将会计人员大致分为三类:第一类会计人员对云和安全问题感到恐惧,并尽一切努力规避。他们采用把头埋在沙子里的"鸵鸟策略",这是不明智的。第二类会计人员接受云技术的存在,但他们非常担心它对企业盈利能力的不利影响。这些会计人员将会计账目视为自己利用技术生产的一种产品,云会计的大量应用可能会打破这种技术壁垒,使得原本的客户可以自己生产会计账目或者索要更低的会计服务价格,从而减少工作量,降低利润。第三类会计人员更能看到云会计给会计行业带来的改变和机遇,他们对云会计持积极态度,认为云会计能给他们带来更多的机会和酬劳,因此他们尝试寻找适应变化的方法,并通过提高工作效率和盈利能力获得回报。

在一个不断变化的数字时代中,技术提高了创新效率,导致行业态势正在以更快的速度改变。新技术对会计行业的赋能正在以一种惊人的速度推动行业发展,会计人员应该积极对待这一变化,根据新特点,重造业务流程。

会计行业的一些变化趋势如下:

(1)顾问正在向价值链上游移动。采用云计算的顾问对自己的时间有更多的控制权,他们没有花时间处理手工工作,如录入账单数据或去客户那里取文件,而是"雇用"软件为他们做这项工作。这对那些尚未进入云端的顾问有直接影响。

(2)会计外包规模正在快速增长。受自身人员技能、人力成本和发展需求的限制,许多企业会选择将会计业务外包给第三方。随着诸如社交网络、云会计、云ERP、大数据、人工智能等互联网技术的发展和应用,物理距离不再是阻碍会计人员与潜在客户沟通交流的障碍,单个会计人员的工作效率获得较大的提升,这些都为会计外包业务的发展提供了广阔的前景。由此,会计外包业务的网络效应得到进一步放大,其边际成本也呈下降趋势。总之,随着互联网技术的进步和会计大数据的发展,会计外包业务的规模逐年增长,而且会计跨国外包业务也得到迅速发展。

(3) 客户关系管理正在成为中心。随着云会计和云ERP的发展和应用,客户关系管理类型正在从交易型客户关系管理转向价值驱动型客户关系管理,企业通过会计大数据能够实现更有效的客户关系管理,更好地协调企业与客户之间在销售、营销和服务上的有效交互与体验,为客户提供创新的、个性化的客户交互和服务体验。企业上述做法的目的是通过会计大数据的使用吸引更多新客户、保留老客户以及将已有客户转化为忠实客户,以增加市场份额,提升市场竞争能力。

(4) 基于价值的定价正在成为会计业务的定价标准,即定价标准正在从小时定价转向固定的、基于价值的定价。在过去,录入会计数据需要消耗很多的人工和时间成本,对会计业务的定价往往采取基于小时的计费方式。然而,随着现在人工智能技术的发展,对凭证的自动识别使得会计数据的录入变得简单且不容易出错,无须再花费大量时间录入和核验,由此造成以前录入会计数据的人员无法再获得相应的报酬。但是,由于数字经济时代对会计业务提出的新要求,会计往往能够提供更多的可辅助决策的信息,因此会计业务的定价正在逐渐转向基于价值的方式。

(5) 新一代会计人员即将到来。一般来说,客户通常只会与某一代会计人员合作,他们不会随着技术发展而成长。而新一代会计人员会带着新的会计大数据相关技术进入行业,逐渐取代过去传统的会计人员,基于云技术的会计大数据将成为新一代会计人员掌握的不可或缺的部分技能。

三种可能发生在会计人员身上的变化有:

（1）会计人员将使用越来越复杂和智能的技术来改进传统的工作方式，这些技术甚至可能取代传统方法。智能软件系统（包括云计算）将支持外包服务，社交媒体（包括脸书、推特）将比企业的财务报告披露更多的数据，利益相关者将使用工具来解释"大数据"。

（2）持续的全球化将为会计行业人员创造更多的机会和挑战。虽然全球化鼓励资金从一个资本市场自由流向另一个资本市场，但加强国际外包活动的开展以及技术和专业技能的转让将继续对解决本地问题（如不同的文化、金融和税收制度）构成威胁。美国、欧盟和澳大利亚的会计师事务所正在将服务外包给印度和中国以降低成本，这将导致西方会计行业的就业形势发生转变。

（3）加强监管以及相关披露规则的建设，这将在未来几年对会计行业产生巨大影响。例如，自从披露诸多跨国公司和个人避税信息的"卢森堡泄密案"和"巴拿马文件"公开以来，各国密切关注因税收而产生的不公平竞争、对国家经济发展的影响，同时，也出台了相关的政策以加强相关的监管。

如今，云会计利用其业务优势，减少各方信息需求者访问会计信息的障碍，使得更多企业和个人运用云计算技术处理会计业务。全球各地的小企业都在利用云来管理财务，现在少有企业利用传统存储方式来收集、整理自己的财务数据。

总之，采用云计算技术可能会给从事会计工作的事务所带来巨大的好处，它能够快速分析大量的数据，从而减轻编制半年度或年度报告的负担。在一个需要提高服务效率、降低成本的经济环境下，云计算为企业和会计师事务所带来的机会是无限的。由于客户能够自己记账和纳税，云计算可以将会计人员的角色转变为值得信赖的业务顾问。

三、供应商的应用效应

大数据催生了新的管理原则。公司治理的领导者发现，高效的结构是竞争成功的关键决定因素。类似地,未来的竞争优势是由那些不仅能够以更好、更聚合的方式捕获数据,而且能够在更大范围内有效使用这些数据的公司提供的。大数据将创造新的增长机会以及新的公司类别,如汇总、分析和生成行业数据的公司,其中许多公司从大量信息流中捕获、分析甚至生成有关产品和服务、买家和供应商、消费者偏好的数据。许多研究报告了使用各种数据源生成的大量原始数据,这些数据需要运用大数据技术进行分析。例如,沃尔玛每小时要处理 100 多万笔客户交易,并存储 2.5PB 的客户数据。美国国会图书馆每年收集 235TB 的新数据,并存储 60PB 的数据。2014年,全球手机使用量超过 55 亿部,平均每部手机每年会创造 1TB 的通话记录数据。这些增长是技术变革以及电子商务、商业运营、制造业和医疗保健系统的内部和外部活动所必需的。此外,内存数据库的最新发展提高了数据库的性能,并使通过物联网(IoT)和云计算设施收集数据成为可能,这些设施能提供持久的大规模数据存储和转换功能。

供应商管理大量货物的同时可获取大量的数据。由于每天都有大量的货物交付,因此每天都会产生如产地、大小、重量、目的地、内容和位置等方面的数据,从而形成宝贵的数据库。

全球物流业拥有大量不断增长的大数据,并充斥着来自智能手机、传感器、数字机器到 B2B 数据交换的实时数据。这样的大数据为物流业参与者进行供应链管理带来了新的竞争优势,从而提高了数据可见性,使数据使用者能够实时根据需求和产能波动进行调整,并洞察客户行为和模式以实现更智能的定价和更好的产品生产。在物流行业,大数据分析可以提供竞争优势。客户和产品的可见性更高,随着客户与组织服务的互动更显著,反馈水平会更高,为有更多功能的分析程序提供了机会,从而使使用者可以制定出更好的关于客户感受以及产品和服务质量的指标。人们有可能建立一个信息链,通过传输链和交付高价值数据作为信息源来维护信息链的长期存在;同样,也有更高级别的服务优化,因为大型服务需要大型数据源才能有效地运行。信息越准确和可用,优化效果就越好,这也可以通过战略采购来实现。战略采购的协作范围侧重于管理供应商关系、分析费用成本,从而以高效的方式获取商品和服务。战略交付帮助公司优化财务绩效,最小化交易成本,并提高供应商绩效。

在供应商参与的大数据供应链金融框架中,主要参与者包括监管层、资金供应方(如商业银行、小额贷款公司、信托公司、担保公司等)、供应商、物流企业、上下游企业以及相关的信息化平台(如在线融资平台、在线支付平台、电子商务平台和物流平台)。信息化平台利用会计大数据把这些供应链上的主体协同起来,确保在线供应链金融能够高效、便捷地运转,使所有参与者都能实时了解信息,同时也方便监管机构实时监管,确保监管效能以避免可能发生的金融风险。核心企业则可以通过会计大数据中的电子商务平台与上下游中小企业进行高效、真实的资金往来。不同主体的协同过程又会为会计大数据提供更多的数据,随着时间的积累,会计大数据中的数据就能够与时俱进,为未来的人工智能分析提供更具时效性的数据。企业可以在网上融资平台审核中小企业的信息,为中小企业提供资金支持。中小企业的质押信息可以很好地呈现在物流平台上,核心企业可以及时了解质押的信息变化。上游和下游的中小企业需要在电子商务平台上申请资金,商业银行将根据其情况提供资金援助。在获得资金后,中小企业的货物和质押物将反映在物流平台上被实时监控。中小企业在获得资金支持后,会在支付平台上将贷款金额和利息退还给商业银行。在这个过程中,商业银行负有重大责任。一方面,商业银行需要向中小企业提供贷款;另一方面,商业银行应始终关注供应链条的动态,防止中小企业与核心企业或物流企业串通。在网上融资平台和网上支付平台上,商业银行为中小企业提供融资、结算和支付的综合服务;在物流平台和电子商务平台上,商业银行时刻关注信息的变化,从而保证供应链金融的在线安全运行。物流企业的任务主要是监督中小企业的质押以申请贷款,以及运输中小企业与核心企业的贸易货物。物流企业将在平台上充分展示这部分信息,以便其他参与者能够及时看到,并保证货物的安全和运输效率。

第三节 会计大数据的消费者应用效应

一、概述

会计大数据的消费者即信息使用者,一般来说,财务信息使用者分为两类:一类为利用会计信息进行日常经营活动管理及制定公司战略决策的内部管理人员;另一类为利用会计信息作出各项决策的外部人员,如投资人、债权人、政府机关等。对于会计信息使用者,个体层面涉及投资者、债权人,宏观层面则涉及国家的宏观经济政策制定者,如税务局。

投资者本身可以是个人投资者,也可以是机构投资者。企业在经营过程中可以请求已有投资者追加投资或引入新投资者。符合一定条件的企业则可以在资本市场发行股票或债券。公司股票和债券是当前投资者最主要的投资对象之一,投资行为的出发点是取得投资收益,而投资者最为关心的是权益风险。投资是否能得到回报,有回报又是多少,这是投资者进行资产分配的基本思路。因此,投资者关注投资对象获取利润的潜力和持续性,理性的投资者作出新增投资或转让投资决策前,会利用企业的会计信息分析和预测投资这家企业未来的收益和风险程度,与其他企业进行比较,并综合考虑宏观经济趋势等其他因素。个体投资人和大部分股东对财务信息的理解能力较为有限,大多数人仅仅基于个别财务指标进行投资决策,缺乏综合的财务信息分析能力,所以会计大数据的应用对他们的影响比较显著。

政府机构承担着对社会经济的宏观调控职能和对企业征税及监管的职能。为了保证这些职能的实施、提高社会资源配置效率,政府及其各职能部门需要定期获取企业的会计信息。例如,企业每期要以财务报表为基础,按照税法要求调整后向税务机关申报纳税;国有企业需向国务院国有资产监督管理委员会(国资委)报送财务报表,说明国有资产的保值增值情况;股份公司为了申请上市或发行债券,需要向证券监管部门报送全面的财务资料和各项财务指标,以确保上市公司的质量。

除可以从投资者那里取得资源外,举债融资也是企业所需资金的主要来源之一。企业的主要债权人是银行等金融机构,企业可以向银行申请借入短期或长期贷款。企业也可以通过验购货物的方式请求供应商暂时垫款,形成向其他企业融通的短期负债。债权人最关心的是贷款本息的安全性。在作出贷款决定前,债权人必然要求企业提供详细的财务资料,以评判企业未来还本付息的能力和风险。一般来说,债权人主要关注风险问题,即企业在未来偿还债务本金和利息的可能性。我们可以按照偿还期限对债权人进行分类,即短期债权人和长期债权人。短期债权人重点关注企业的短期偿债能力,包括资产流动性、存货周转率等,即债务人的变现能力,体现在如银行存款、股票、债券和应收账款等方面。长期债权人则需要将目光放得更加长远,应该对企业每期付息能力、到期还本能力多加关注,这种能力必须是长期的和可持续的。因此,除了偿债能力,盈利能力也是长期债权人关心的指标。随着新型金融工具的不断涌现和应用,债权人所面临的风险产生和积聚变得更加迅速,企业及时披露反映业务运作状况的会计信息就变得极为重要。这可以为债权人的投资决策选择提供准确、及时的证据,使得债权人更能发现和控制各类风险。

二、个体层面的应用效应

（一）投资者及债权人

在实践中,会计师被期望作为可信的专家积极支持投资者的决策。通过运用专业的分析技巧和能力,会计人员可以根据财务报告,对企业的财务状况、业绩和现金流提供有价值的见解。会计和审计标准有助于用户在数据存储量与存储成本之间找到一个平衡点。过去,由于信息采集和数据存储成本较高,企业始终面临信息匮乏的困境;现在,企业可以利用物联网等技术收集数据,通过云存储等分布式技术把采集到的数据及时地存储起来,形成大数据。然而这些大数据会占据太大的存储空间,导致存储成本上升。同时,不同来源、多种格式的数据可能包含大量无关紧要的冗余数据甚至错误数据,这不但会分散投资者的注意力,而且可能会误导投资者。

从信息使用的角度,大数据的增长加上信息处理能力的提高、复杂的算法和先进的统计方法,表明企业改进管理报告的空间很大,而且可以比较财务和非财务绩效指标。如果高质量的数据可用并能被实时处理,就意味着企业将提供更准确的财务报告、更好的绩效衡量和更可靠的预算。大数据可以通过提高数据准确性、完整性并使之实时、可用来提高数据质量。此外,使用大数据技术,折旧估计、历史成本测量、先进先出法和后进先出法的计量结果将变得更加准确。

而从信息获取的角度,个性化财务信息移动互联网的普及,再加上5G技术和企业财务共享数据库的支持,使财务报告的潜在用户能够随时随地获取企业的财务信息,并且可以追溯到原始文档以形成正确的判断。即使在数字经济时代区块链技术发展的背景下,信息用户也可以从整个经济的分布式系统中进一步验证信息,而不是只关注滞后的专业报告。这样,投资者"踩雷"的概率将大大降低,更有利于资本市场的良性运行。

(二)金融信贷提供者

在中国等新兴经济体,一般消费者和商业金融公司在以经济高效、可持续的方式满足经济活跃的低收入家庭与微型企业的需求方面取得的成功是有限的。计算和电信技术的最新进展正在改变金融业的运作方式,从而显著改变了这一格局。这种转变背后的一个关键机制是使用大数据来评估和完善潜在借款人的信誉信息,并降低交易成本。借款人的各种个人财务信息和非财务信息被用作衡量潜在借款人身份、还款能力和还款意愿的指标。

此前有文章分析称,中国和其他新兴经济体的低收入家庭及微型企业无法获得金融服务的主要原因不是借款个体缺乏信誉,而是银行等金融机构缺乏数据、信息和能力去获取金融弱势群体的信誉并有效地为其提供金融服务。

传统银行不愿意也无法为小规模借款人(如低收入者和小企业)提供服务,因为交易成本高,向这些借款人提供小额贷款的流程效率低。大多数发展中经济体的特点是缺少信用评级机构或信用评级机构表现不佳,无法提供有关中小企业信誉的信息。国家相关机构将收集和发布可靠的信贷信息,从而提高透明度并将银行的贷款风险降至最低。这种情况使中小企业在信贷市场上处于不利地位,因为中小企业往往比大型企业在信息方面更不透明,前者往往缺乏经审计的财务报表,由此银行很难评估或监控其财务状况。

使用新增的计算能力和新的数据与信息来源创建更好的风险模型,可以在很大程度上消除这一问题。一些可能的数据来源包括但不限于社交媒体、移动设备以及公用事业账单支付记录等。

2007年,阿里巴巴推出由中国建设银行(简称"建行")支持的专注于小企业的借贷程序AliLoan。建行有很多钱可以用来贷款,正在寻找有吸引力的借款人,但对于向缺乏信用记录的小企业贷款持谨慎态度。阿里巴巴将其电子商务网站的交易数据提供给建行,以便后者作出更明智的贷款决策。2013年6月,阿里巴巴推出名为余额宝的新基金管理服务,与银行的存款业务展开竞争。余额宝允许电子商务客户将剩余现金存入高息基金。推出几个月后,该服务吸引了超过10亿美元的投资。阿里巴巴的芝麻信用于2015年1月推出,为消费者和小企业提供基本的信用评级。芝麻信用评分的依据主要来自阿里巴巴集团的整个产品生态体系以及与其有合作关系的厂商的数据。这为许多信贷供应商提供了更精确、可量化的评价依据,有助于整个信贷行业效率的提升。

腾讯庞大的在线生态系统由QQ和微信用户等组成,QQ和微信提供免费电话和信息等多项功能,也可以供有一定影响力的公众人物进行粉丝营销。2015年年初,腾讯支持的私人银行微众银行成立,大数据是微众银行金融创新的一个关键方面。为了申请贷款,申请人使用手机摄像头拍摄照片并在线提交,微众银行系统将图片与公安部提供的数据进行匹配,以验证此人的身份。该系统根据从申请人网上购物、社交网络活动、游戏和其他在线活动等多个来源收集的数据为申请人提供信用评级。信用评级用于决定申请人可以获得的信用额度。

京东是一家以在线零售为主营业务的企业,同时,也是一家金融服务企业,为消费者提供金融服务和信用评分服务。在早期阶段,该服务专注于评估信用风险,并为在京东上购买商品及服务的消费者提供分期贷款。据报道,京东使用"数万个数据点"来评估潜在借款人偿还贷款的能力。想要在京东上购买商品的消费者可以申请信用额度,京东利用申请人过去和现在的网上购物数据来预测其违约风险,该算法考虑的因素包括一个人在网上购物的时间、购买的商品类型以及购买昂贵商品的历史等。

三、宏观层面的应用效应

(一)政策制定

反映和监督财政的合法合规性、加强政府部门的内部监督是会计信息披露的基本目标。各级政府财政管理部门主要利用会计信息编制和执行政府预算,并监督和管理政府财政资金流动;立法机关和审计部门负责审批和监督政府的预算与财政收支。政府会计信息的主要目标是满足利益相关者的需求,并为决策提供有用的信息。政府内部和外部都对政府会计信息有需求,如政府宏观管理部门需要根据信息作出经济决策和进行宏观调控;公众监督政府绩效,并根据披露的信息作出自我决策;公司等投资者关注政府的融资计划、偿债能力等,以进行正确的投资分析;国际投资者还需要了解被投资者的总体财务状况、经济实力、援助资金的使用和管理(赵云辉等,2019)。

2015年6月,中国信贷网(www.creditchina.gov.cn)上线,其中包含113万余条中国居民和企业的信用记录信息。网站的信息来自国家税务总局、最高人民法院、国家发展和改革委员会(NDRC)、中国证监会等政府部门和地方政府,允许任何人查看他人的信用评分。

大数据时代下,多源头、多维度的大数据为国家的税收征管提供了坚实的基础。我国政府顺应技术发展潮流,积极引导数字技术与税收实践相互融合。2015年,国家税务总局发布《"互联网+税务"行动计划》,明确指出各级政府、各部门要整合纳税人信息,实现税务信息共享。2018年,随着国家税务总局与地方税务局的合并管理,各地方纷纷针对大数据建立风险管控机构,建立全行业、全税种的全新税收风险识别模型和指标。2021年,中共中央办公厅、国务院办公厅印发《关于进一步深化税收征管改革的意见》,强调要充分发挥税收大数据的作用,实现对虚开骗税等违法犯罪行为的惩处从事后打击向事前、事中精准防范转变。

那么,如何利用大数据实现企业持有数据向税务部门的共享呢?

在这方面,可以先关注欧盟的做法。2022年,欧盟推出了《关于公平访问和使用数据的统一规则的条例》(以下简称《数据条例》)。《数据条例》是一项旨在促进数字经济和数字化转型的重要法规,其主要目标是为公共部门利用私人部门持有的数据提供途径,以促进创新和经济增长。同时,《数据条例》还规定了企业在特殊情况下提供数据的义务和强制执行机制,以确保数据的公平使用和对个人隐私的保护。此举将有助于推动数字经济的发展,为企业提供更多的商业机会,并为公共部门提供更好的数据支持,以改善政策制定和公共服务现状。此外,《数据条例》还有望促进数据交换和共享,增强数字化市场的透明度和可预测性,从而加强数字化经济的稳定性和可持续性。具体来说,《数据条例》要求在对公共利益威胁程度较高的特殊情况下(如2019年的新冠疫情),民营企业必须与政府部门共享其持有的数据。

应用大数据有利于建立一个全面的社会信用体系。要实现这一目标，我们必须首先解决信贷监管问题，以降低交易成本并支持公平交易。大数据可以通过聚合数据和比较信息来创建信用体系，并使市场主体的信用信息更加具体。这需要对大数据进行整合和分析以推断其客观规律，从而评估市场参与者的信用水平。信用评价的对象是动态和连续行为特征的长期表现，因此需要跟踪和分析市场参与者的行为与交易记录，以确保信用评价的准确性和可靠性。一只好的信贷基金可以增强市场参与者之间的信任，促进信息交流。因此，建立一个基于大数据的信用体系非常重要，它可以提高市场的透明度和效率，促进社会和经济的发展。具体内容可落实在五个方面：一是规范企业年报制度，二是完善监管机制，三是建立信用信息披露机制，四是规范市场主体信息公示，五是建立健全征信评信机制。同时，政府部门如果也将不涉密的数据反向共享给民营企业，就可以有效提升市场监管效率（杨柔坚等，2020）。

（二）税务工作

1985年，我国改革了税收征管体制，广泛实行统管分离的"行政体制"。税务登记系统、纳税申报和税务检查是税收征管系统的组成部分；大数据时代，我们的税收和管理体系正在慢慢从"管理"走向"数控"。大数据分析的变革力量不容否认。在全球范围内，流程自动化、数据集成和创新分析能力的结合正在极大地改变着企业和税务机关的运作方式。

目前，税收中用于大数据和商业分析的资源有限，未来的研究人员可能会考虑使用大数据来预测税务欺诈或逃税和避税的可能性。此类研究的数据可以从企业的纳税申报表和财务报表文件中获得，人工智能系统和机器学习算法的使用在这方面有很大帮助。未来的研究可能会调查税务当局如何使用机器学习和人工智能系统对可疑税务账户进行分类，以进行严密监控。有研究表明，大数据分析可以提高征纳税过程的透明度，使纳税人能够跟踪增值税交易、退税和纳税申报表，并适当控制增值税的应计项和支付项。此外,有关数字业务国际税收的问题在全球范围内提出了许多挑战。因此,未来税收研究可能会将注意力集中在大数据分析和人工智能算法的应用上,以应对全球数字商业收入征税的挑战(李增福等,2021;刘慧龙等,2022)。近年来,我国许多明星暴露了各自的税务问题,这也反映了我国对纳税人的监管不力、数字经济背景下应税对象的认定困难、税收管辖权问题突出等现状。纳税人的纳税类型与纳税人是否有隐瞒纳税申报或偷税漏税行为有关,而纳税人需要缴纳的税种和税额与其工作有关。在税收征管审计中,为了及时获取必要的外部数据(如工商登记数据、不动产登记数据、工程建设信息数据等),审计人员需要通过税收征管系统对上报的数据本身进行分析,如果数据存疑,那么即使是某个表里的数据具有自相关性,也必须写入审计报告。要解决存储级别可能存在的数据问题(如数据差错问题),通常需要进行大数据分析并结合手工排查,最终作出人工判断。数字经济时代带来了更多的发展机遇,但也凸显了现行税法体系的不足和缺陷。相关法律制度,无论是税务登记方面还是税收管理方面,都需要加以修改完善,以适应日益发展的市场交易格局。事实上,在互联网技术快速发展的影响下,完善法律制度已经成为一项非常紧迫和重要的任务。

我们也要看到,税务工作的完成得益于大数据技术的发展和成熟。在如今大数据飞速发展的时代,人们可以通过大数据对税收征管的应用和法律问题进行基础分析。过往受限于信息的不完整,或者说信息跟不上时代,税收征管系统无法完全正确匹配纳税人的完整信息;如今在大数据技术的帮助下,税收征管的正确率和覆盖率都得以提升。在现代信息技术互动和变革的冲击下,大数据越来越多地进入税收征管领域,数字化税收管理和数据管理逐渐成为税收征管的发展趋势。大数据和信息技术是提高税收征管能力不可或缺的力量,而"大数据+税收"模式已经成为互联网时代税收研究的主旋律。一套相对完善的税收征管和纳税服务体系可以更好地实现税收管理的现代化,提高税收管理的效率,快速适应信息化的发展趋势。在大数据时代,我们可以建立统一的纳税人识别号,将专门的纳税人识别号输入税收征管系统,方便后续需要时查询。税收监管系统尽可能包含所有纳税人的个人信息,并能够及时告知纳税人需要缴纳的税额和纳税时间。越来越多的国外税务机关要求纳税人以电子方式提交纳税申报表和报告,与使用传统(通常是手动)流程相比,这样能够实现在更短的时间内访问更丰富的数据源。开具电子发票也已成为税务机关的常见做法。对于一些税务机关来说,电子申报和电子发票的普及为在不同管辖区的间接税税率、管理和政策之间建立更高的一致性提供了新机会。

数据和分析时代已经开始从根本上改变间接税政策和管理的计划及执行方式。展望未来,数据和分析的新进展与应用,加上对跨境信息共享的需求增加,预计将进一步推动世界各地间接税系统发生更大变化。

第四节　会计大数据的中介者应用效应

一、概述

会计大数据的中介者主要包括审计师和分析师。审计师确保会计数据符合相应的会计准则,分析师则是对会计数据进行分析和解读,为投资者决策提供帮助。目前,会计师提供的财务报告包括四表一注,提供一种以货币计量的全面财务信息服务。抛开数据的真实性不谈,由于财务报表过于专业,许多利益相关者甚至股东都无法准确理解,找不到他们需要的信息,使得财务报告所蕴含的企业信息没有被充分利用。而审计师和分析师为利益相关者理解企业财务信息提供了专业的服务。在国际贸易时代,复式记账就足以应对信息需求;在大工业时代,制造业企业进一步需要成本核算、财务报表、预算管理和内部控制等信息;而在知识和服务经济时代,企业商业模式创新迫使会计为新型经济活动服务,重塑信息供给模式。

根据规定,上市公司的年度报告应在会计年度结束后四个月内完成,半年报应在半年期结束后两个月内完成,季度报告应在 3 月底和 9 月底后的一个月内完成。上述政策的制定是基于当时会计行业的背景,当时会计自动化程度低、效率低,会计合并需要很长时间。但在现在的背景下,经过这么长时间,内部人士有更多的机会获得内幕信息,有足够的时间套现,而信息劣势下的中小投资者自然处于不利地位。

二、短期的中介者应用效应

会计大数据的应用对信息中介者的工作的影响一般涉及两个方面,分别是工作效率的提高和工作方式的改变。

(一) 工作效率

缩短工作时间、提升信息准确度、挖掘信息分析深度等,都是会计大数据带来的应用效应。

预算编制是会计人员的一项典型工作,这项工作的一个常见问题是,设定目标和战略、查看记分卡、报告和预测都很耗时。数据科学可以优化预算编制,因为数据分析工具允许企业结合不同的财务和非财务数据生成更全面的报告(Goh 等,2017)。以 IBM 开发的计划分析工具为例,这类会计大数据工具为如何自动化预算和预测提供了一个很好的例子。它根据从众多来源收集的数据创建报告和分析,并使用更新的模型进行汇总。它将数据分析时间减少了 70%,同时提高了结果的可靠性,因为它使用的信息比人类所能使用的更多。基本上,现在任何可以阅读的格式(txt、pdf、html)都可以实现自动阅读,这减少了人们的工作时间,提高了会计人员的工作效率。除此之外,将神经网络与其他算法相结合的自然语言处理可以读取财务报表。机器学习和数据科学用于预测预算,可以比较多个未来结果,并根据审查中的各种资产和投资组合定制预算模型。

数字经济对注册会计师行业的工作方式也会产生颠覆性的影响,具体体现在对会计师事务所审计流程的影响。数字技术的应用确实能够优化审计流程,改变现有的审计工作方式,其中最具代表性的就是 RPA(机器人流程自动化)技术和 OCR(光学字符识别)技术。RPA 技术在财务领域最为成功的应用实例便是财务机器人。财务机器人以高效的处理速度、明确的业务流程等特点逐渐在金融、地产、医疗、税务等行业被应用。财务机器人的上线极大地节省了审计工作中的人力成本,智能化、7×24 小时全天候地对合同单据和财务报表进行勾稽比对,从而协助注册会计师完成审计工作底稿,初步形成审计结论,提高审计效率。OCR 是财务机器人的眼睛,RPA 是财务机器人的四肢。2016 年,德勤上线了"小勤人"财务机器人。"小勤人"智能系统的上线可以实现审计证据自动化、持续采集,审计工作底稿初步填写,审计项目管理,文档初步审阅。数据显示:"小勤人"使得单个审计证据的获取时间由以前的平均 40 分钟减少到 30 秒以下;得益于文档工作量的大幅减少,单个流程的底稿编制时间由以前的 1.5 个小时减少到 30 分钟以下。这大大提高了审计师的工作效率。无人值守式发票查验机器人可以代替审计师 24 小时不间断地查验发票的真伪,审计机器人可以帮助审计师完成实质性程序中对应收账款的细节测试,等等。

(二) 工作方式

现如今中介者(审计师、分析师)的工作方式已发生改变,无论是获取信息还是分析数据都与过去有很大的不同。

信息系统是数字经济时代不可或缺的基础设施。随着软件技术及研发理念的发展,一些会计工作因信息系统的构建与应用而发生了深度变革。在生产制造过程中,ERP(企业资源计划)系统既能帮助企业实现从客户洽谈到项目、销售、库存、生产、采购、合同、售后等关键生产环节的自动流转,又能实现财务、人力、办公流程的无缝衔接。例如,金蝶系统的凭证生成、审核、归档保证了会计信息的完整性,提高了财务数据的可追溯性。久其报表系统提高了企业对数据的透视能力,丰富的数据提取公式可以实现"一键取数",尤其是对报表数据与业务系统数据的"一键稽核",可以快速定位报表差异项目;同时,系统支持通过"一键合并"功能,实现集团各层级合并单位数据的自动汇总与合并,内嵌的抵消业务模型降低了传统人工操作产生差错的风险。远光系统的上线赋予了企业"数据透视"能力,强化了集团对子企业的财务管控能力。

数字经济下,注册会计师的审计重心发生了转移,主要体现在以下三个方面:第一,审计管理重心发生转移,审计管理变得更加智能化、信息化。随着数字经济的不断发展,注册会计师可以通过大数据平台对审计工作进行实时监督,随时审核审计方案、工作底稿和审计报告。第二,在数字经济时代,对账、核查以及数据的存储和检索等复杂且重复的传统审计工作将由人工智能处理,而数据的深度分析、价值判断和选择数据处理工具等需要职业判断的工作由注册会计师负责。第三,云计算平台要求从业人员具备更强的互联网计算机能力。在云计算平台上开展审计工作,注册会计师需具有全新的审计思维,更加关注审计环境,构建相适应的审计模型,保证审计结果的可靠性和准确性。

三、长期的中介者应用效应

由于会计人员按照会计准则的要求并结合企业的实际情况对企业运营状况按照监管的需要进行信息披露,审计师则根据审计准则的要求对披露的会计信息进行合规性核验以确保会计信息质量,因此会计人员与审计师的工作质量会对企业内部决策和市场上的投资者决策产生重大影响。审计师是会计信息质量的重要守护者,如果审计师能力不足或者与管理层合谋,低质量的会计信息就必然会影响市场效率,造成资源的低效率配置等一系列后果。

(一)企业工作制度、职能发生转变

工作制度的改进受时代影响,简化、效率化是最终趋势。

传统的会计组织呈金字塔架构——基础的核算会计处于底层,职能型的管理会计在中间,前瞻性的战略会计在顶层。数字经济下,会计人员结构发生着变化,逐渐由金字塔架构向菱形架构转变。负责记账、编制报表的核算会计需求将逐渐减少,负责组织、规划、控制、评价的管理会计将成为中坚力量。

随着社会经济的快速发展、互联网信息技术的广泛应用,企业管理者对互联网信息技术有着深入的了解,从而愈加重视互联网思维,使得企业管理会计也在不断地改革和转型。在大数据背景下,管理会计的工作方式发生了本质的改变,传统工作方式逐渐被摒弃,现代化技术逐渐取代了传统技术。随着互联网技术的深入应用,财务控制流程逐渐深入企业所有项目的初始阶段,以此提升管理会计在企业日常经营中的地位。随着管理会计职能的转变,其工作重心不再只是项目运营和项目结果评估,而是贯穿整个项目,全程参与其中。从项目的设计和制作,到项目的实施以及项目的结束,管理会计都在其中扮演着重要的角色。在大数据背景下,社会经济的发展十分迅速,企业要想在激烈的市场竞争中占据一定的地位,就必须对企业的财务体系进行不断的更新和完善,贴合企业自身的特色,使得财务会计的职责划分更明确、更精细,间接地促使管理会计的职责发生一定的转变,从原有的内部控制向着创造经济效益的方向发展。

(二) 市场获取信息的方式发生转变

最初的会计电算化带来了从纸质向电子化的转变,大数据时代的到来进一步优化了信息的收集与传递方式,更加便于中介者将市场与信息本身相连(杨德明等,2020;杨柔坚等,2020;叶强等,2022)。

在当今大数据时代,数字化是企业管理会计发展的关键。在数字技术的帮助下,管理会计流程取得了显著进步,为企业提供了更先进的控制系统。向数字化的转变符合组织内部数字化发展的总体趋势,使企业能够将数字系统集成到关键流程中,从而简化市场分析和决策等任务。通过接受这种转变,管理会计在未来的商业运营中可以发挥更实际和更重要的作用。

在《2022年中国共享服务领域调研报告》调研的200多家企业中，行业前三分别是制造业、工程建筑与房地产行业、能源与资源行业，就共享服务中心信息系统业务覆盖情况而言，费用报销模块覆盖率达100%。费用报销模块电子影像的采集、管理业务流程都发生了质变，采集端实现了文件的扫描、识别、处理，管理端实现了票据的上传、审核、归档。除了费用报销模块，一些企业的财务共享服务中心也上线了商旅平台服务模块，与航空公司官网、铁路系统实现直连，避免了预算超支、虚假报销等问题的发生，使邮寄报销成为历史；应收与应付模块在业务交易发生后自动生成凭证，及时、准确地提供往来账款余额、账龄分析、欠款分析、坏账分析等信息；采购与付款模块可以对供应商进行集中管理，实施统一付款，加强对总部资金的管控。

（三）社会人才培养模式发生转变

不少高等教育已经对会计人员的培养拓展了广度，企业在进行招募时对前期工作人员的选择也将电子信息处理能力纳入考虑范围，企业为员工提供的培训也会考虑这一点。工作人员是企业的核心，只有整体提升工作人员的综合素质，才能够有效落实会计工作。因此，在实际工作的过程中，企业应注重人才的培养，树立正确的管理理念，让工作人员对会计工作的性质有明确的认知。企业在安排岗位和划分职能的过程中，必须明确区分管理会计与传统会计的职能，根据工作性质对不同的人才进行岗位安置，从而让专业的人才面对专业的工作，避免出现跨领域工作的情况，让管理会计专职自身的工作，不被其他的繁重工作影响，将管理会计的职能作用充分地发挥出来。此外，企业应该对各个岗位的工作人员进行定期或者不定期的培训，管理者可以聘请专业的导师在企业中开展学习活动，或者联系专业的培训机构，使工作人员能够参与有效的培训，不断更新和完善自身的专业技能和综合素养，为企业的长远发展奠定一定的基础。

中国注册会计师协会在 2018 年注册会计师培训计划中提出，为了适应创新驱动发展和提高经济增长的质量效益，应该开发财务和审计转型课程，这些课程应该以新技术为引领，包括互联网+、人工智能、大数据分析工具、云计算存储、区块链应用、商业智能、财务共享服务中心等；同时，还应该引入一些智能工具，如增值税智能复核小助手、智能财务机器人等，以帮助注册会计师提高执业胜任能力，并更好地满足行业转型发展的新需求，引导行业适应服务领域的变革。在国外，会计师协会为会员提供形式多样的课程，帮助会员适应数字经济的发展。ACCA（英国特许公认会计师公会）推出了财务数字创新证书，覆盖了当前技术、新兴技术、未来颠覆性技术、数字转型（ABCD）四个板块，旨在帮助财务从业人员加深对数字技术创新的认识，了解数字技术对财会行业的影响。IFAC（国际会计师联合会）呼吁注册会计师行业储备数字化转型方面的人才，丰富注册会计师的专业知识，并加强注册会计师的能力建设。CIMA（英国特许管理会计师公会）为会员提供数字思维培训课程，以帮助会员树立数字思维、了解机器人流程自动化、迎接区块链带来的机遇和挑战。从国内监管角度来看，国务院印发的《"十四五"数字经济发展规划》提出，"强化协同治理和监管机制。规范数字经济发展，坚持发展和监管两手抓。探索建立与数字经济持续健康发展相适应的治理方式，制定更加灵活有效的政策措施，创新协同治理模式。"有关监管部门结合行业诚信监控体系，利用新一代信息技术助力政府和行业协会对会计师事务所的监管。例如，区块链的时间戳功能可用于鉴别会计师事务所和注册会计师是否按照规则全面记录，通过分布式账本实现实时监管，利用智能合约约束信息披露的内容和时间。数字经济作为一种新兴的经济业态，推动了国内外监管机构的协同。我国证监会于 2021 年 8 月 26 日宣布，中国证监会、财政部与美国公众公司会计监督委员会（PCAOB）签署了审计监管合作协议，标志着跨境审计监督合作水平更上一层楼。

第五节 会计大数据的监管层应用效应

一、会计人员角度的监管问题

大数据的应用给会计带来不可估量的改变,但是在欣喜技术进步和工作效率提高的同时,我们也要警惕技术带来的弊端和技术操纵者的滥用与渎职。注册会计师的审计工作仍存在不少风险亟待监管层实施监管(李晓慧和张明祥,2019)。

就目前来看,我国注册会计师在审计业务中面临多方问题,这些问题是目前大数据在审计流程中推广应用需要解决的。具体来说,我国会计行业应用大数据到审计业务流程存在以下问题:

第一,注册会计师对大数据的应用理念认识相对匮乏,应用方式单一,数据质量有待提高。在大数据技术的应用方面,理念是非常重要的,而目前注册会计师对这方面的了解还相对较少。同时,在应用方式方面也存在较大的问题,很多注册会计师还停留在传统审计方法上,没有充分发挥大数据技术的优势。此外,数据质量也是一个需要重视的问题,需要加强审计师对数据清洗和数据整合的能力,以提高数据的可信度和准确性。

第二,注册会计师的信息化水平不够,网络构建不完全,沟通渠道不畅,审计业务流程盲目性较大。信息化水平的不足、网络建设的不完善、会计师事务所之间沟通渠道的不畅,都会影响到大数据技术的应用。同时,审计业务流程盲目性较大,也需要更加科学的审计流程来保证审计质量。因此,企业需要加强信息化建设和沟通渠道的畅通性,同时也需要建立更加科学的审计流程。

第三,部分被审计单位存在隐瞒账目或者贿赂行为,会计师事务所数量的骤增会使事务所之间形成恶性竞争,注册会计师审计与大数据应用模式融合中存在断裂状态,不利于审计数据与注册会计师之间有效沟通。在大数据技术的应用方面,数据的真实性和准确性非常关键,而一些被审计单位存在的隐瞒账目和贿赂等行为,会影响到审计数据的真实性和准确性。同时,会计师事务所之间的恶性竞争也会影响到审计质量。因此,相关机构应加大监管力度,防止一些不正当行为的发生,同时也需要建立更加完善的审计数据与注册会计师之间的沟通渠道,以确保大数据技术能够充分发挥作用。

为了推广大数据在审计流程中的应用,以上问题需要得到解决。应加强注册会计师对大数据应用的理解,采用更加多样化的大数据应用方式,提高数据质量;加强信息化建设和沟通渠道的畅通性,建立更加科学的审计流程;加大监管力度,防止被审计单位发生隐瞒账目或者贿赂等行为,阻止会计师事务所之间的恶性竞争,同时建立更加完善的审计数据与注册会计师之间的沟通渠道,这些都是推广大数据在审计流程中应用的必要条件。

二、市场角度的监管层应用效应

(一)监管广度

大数据技术在监管层的应用效应一部分体现在拓展了监管的广度,数据来源的范围扩大,纳入监管范围内的对象增加。信息联网、数据的快速传输,将市场上所有的被监管者都纳入系统中接受监督(孙雪娇等,2021)。

以金融平台的风险分析为例,在线平台的重要组成部分之一是监管,监管部门包括中国人民银行、国家金融监督管理总局等,实时掌握网上经营动态,一旦发现共谋就会去及时遏制,以此保证整个链条的及时性和可靠性。在网上供应链金融中,真实的贸易情况通常是贸易融资提供者提供补偿贸易融资的前提是真实的贸易事项。当核心企业与中小企业进行经济事项来往时,商业银行会以此为依据向中小企业分配资金,同时监管规范交易的流动。中小企业在获得贷款后,需要按照规定还本付息。贷款偿还行为一结束,商业银行就会对宏观环境因素、供应链上下游状况、融资企业财务风险情况、核心企业经营状况、融资资产质量等进行综合信用评价。

近年来,随着信息技术的不断发展,区块链技术在我国政府治理与公共服务领域的应用越来越多。特别是在企业开办及不动产交易等政务服务领域,区块链技术得到广泛的关注和应用。区块链技术具有保护数据安全、防止数据被篡改等特点,可以实现去中心化,从而有效保障政务服务的安全性和可靠性。同时,区块链技术还可以简化办事流程,提高政务服务的效率和便捷性。为了探索区块链技术在政务服务领域的应用,北京市海淀区市场监管局在这方面做了实践。工作人员通过区块链技术实现了数据互联互通,构建了包括不动产登记、企业登记和公安以及房屋产权人信息在内的区块链服务系统,从而简化了办事流程,并保障了数据的安全。通过这种方式,政务服务可以更加高效地运行,市场监管部门也可以更好地保障消费者权益。

此外,在大数据推进市场监管方面,区块链技术需要建立在信息共享平台高度融合的基础上,实现政务服务共享平台、统一身份认证系统、政府审批服务和监管全程电子化服务机制等。这种机制可以使政府监管部门掌握实时数据,从而更加精准地监管市场,提高监管效能。同时,这种机制还可以实现政务服务的全流程电子化,提高政务服务的质量和效率。因此,区块链技术在政务服务领域的应用前景广阔,也是我国政府治理现代化的必然选择。

(二)监管力度、深度

治理监管机构需要发挥作用的一方面是为大数据制定治理框架,以组织对大数据的使用,同时避免滥用这项技术,造成不良后果。需要通过完善会计信息系统和会计信息资源的获取渠道,建立全面、多层次、立体的保护体系,确保会计信息环境的绝对安全。会计信息的处理和保护应在确保会计数据完整性与有效性的前提下有效结合。另一方面,由于大数据技术的存在,监管的规范性大大提升,地区的限制不再影响监管的效力(如部分企业利用程序漏洞逃避监督),也减少了监管层中个人行为影响监管力度的问题（如贪污等）。

《中华人民共和国会计法》明确提出,我国已形成单位内部监督、以注册会计师为主体的社会监督和以政府财政部门为主体的政府监督三位一体的会计监督体系。单位内部监督的典型特征是事后监督,事前和事中的控制和决策作用不明显。由于存在以会计师事务所为主体、审计多流程、主要针对大型集团的特点,社会监督难以溯源。在政府监管方面,证监会面对规模庞大的众多企业,只能通过预警指标进行判断,然后发送问询函进行核实,这将大大降低监管效率。大数据技术的存在,降低了监管过程中获取数据的难度,可以有效提高效率。

监管工作需要对各种来源和各种维度的信息进行汇总与分析,这样可以更好地管理和利用信息。但由于信息来源种类繁多,信息孤岛问题容易出现,即信息之间难以进行联动和交流,导致监管效果不尽如人意。为了解决这一问题,可以运用大数据技术,实现联动的信息和数据管理。这种方法可以避免信息孤岛问题,确保独立的数据发挥价值,同时实现数据和信息的互通与有效利用。另外,风险预警管理也是监管工作的重要方面。运用大数据技术建立更完善的风险预警机制,可以对风险点进行动态监督,并将监督资源用于更关键的环节,从而提高监管效率。同时,建立惩罚和预防并重的现代化监管模式,不仅可以保护监管对象的合法权益,还可以促使监管对象自觉遵守相关规定,从而达到更好的监管效果。

当今技术条件下,使用大数据是实现社会信用共治的重要途径。例如,在社会信息高速增长的背景下,美国金融科技公司 Zest Finance 认为,建立一个完善的征信评估机制是有效监管企业信用的方法。总而言之,在使用大数据技术后,相关使用方可以利用大数据即时的特点对数据进行实时快速的挖掘;利用大数据高效的处理能力,对不同渠道的数据进行整合分析,并摒弃外界人为因素的干扰;利用大数据技术全面的特点,对传统指标的效果进行再验证和补充,提升统计工作的效率。

第六节　会计大数据的其他利益相关者应用效应

一、概述

典型的其他利益相关者包括一般消费者,会计信息的质量会影响到其他利益相关者的行为。比如,公司董事的社会责任、企业对待员工的方式(如克扣薪水、过度加班)等信息,会对员工和普通群众的利益造成影响。除此之外,银行、债权人、股东、广告商、政府都涵盖在利益相关者的范围之中。

在银行、保险公司和经纪公司等大多数金融机构中,由于存在大量大规模的交易和活动,大数据很常见。金融服务业如何能够使用大数据分析来预测客户行为,以更好地了解客户、竞争对手和员工,从而获得竞争优势?预测建模和实时决策对金融机构在动态市场中寻求获胜优势发挥着关键作用。人们认为,分析金融大数据的能力是成功竞争的核心,因此,大量金融机构主动引入并运用大数据技术。例如,2012年,许多金融机构——欧洲对冲基金、全球投资银行、亚太国家银行、投资研究机构、社区银行等利用大数据成功地获得了不同的成就,如优化大型投资组合交易和掉期的价格发现与投资策略,帮助优化零售客户的报价和定价,跟踪社交媒体进入精细调整的市场活动等。

二、其他利益相关者应用效应

面对日新月异的社会,会计的进步是不可或缺的。随着受教育水平的提高,人们日益增长的对美好生活的需求带来利益相关者对减少信息不对称的要求和对控制风险因素的需求,会计大数据的发展能够更好地满足这一群体的需求。

（一）减少信息不对称

区块链具有高安全性、高自治性、高透明性和不可篡改等优点，是解决信息不对称问题、实现多个主体之间的信任协作和协同行动的重要方法。通过区块链技术披露企业信息，有助于追溯企业披露路径，重建财务报告的信任关系。具体体现在：第一，区块链技术可以实现记录顺序与业务逻辑一致的实时记录。第二，交易一旦发生，就能被及时记录在区块链技术下的分布式账本中。一旦交易成为分布式账本的组成部分，它就永久不会被篡改。这从根本上避免了上层机构可能的操纵，也避免了若上层机构被破坏则信息被篡改的风险。区块链技术带来的高度标准化使得财务报表中的大部分数据能够得到自动验证。随着区块链技术的发展，审计将摆脱对专业人员的依赖，变得更加自动化和普及。

2018年3月，普华永道对北方信托的私募股权运营采用了基于区块链的审计服务。2018年5月，美国专利商标局批准了两项IBM区块链专利用于审计流程，以确保基于区块链的交易和认证符合合规要求。

数据分析在银行的营销手段中发挥了很大的作用。由于与个人银行业务相比，企业银行业务通常涉及更大的交易金额，因此企业银行业务的研究工作一直集中在风险管理上。研究发现，企业银行业务的关键成功因素在于客户关系管理。值得注意的是，因为一家企业通常同时与多家银行合作，所以企业客户市场的价值更高，也更复杂。此外，与个人客户相比，银行与企业客户之间的关系更密切、受到的检查更频繁。由于一个企业客户可能在不同的银行拥有多个企业贷款账户，因此银行希望与企业客户建立长期关系，以期在金融市场和客户业务中获得适度或更大的份额。此外，保留一个活跃的现有企业客户比获得一个新客户的成本要低得多。企业客户的一笔违约贷款比个人贷款违约的后果要严重得多。因此，对于企业客户，研究工作主要集中在风险管理上，包括额外的管理或监控机制，以减少信息不对称和进行更准确的信用评估，以排除高风险企业。

传统的供应链金融存在许多不足,其中最突出的问题之一是参与者众多、信息复杂。这意味着,供应链金融通常涉及许多不同的实体,如供应商、批发商、零售商和金融机构等。每个实体都有自己的信息系统和操作规范,信息交换变得非常复杂,由此会产生信息不对称问题。此外,传统的供应链金融还存在融资效率低下的问题。传统的融资过程需要大量的人力资源和时间,以及大量的文件处理和沟通,这导致整个融资过程非常耗时,还容易出现错误和纰漏。另外,传统的供应链金融对于中小企业的贷款可能不及时,这可能导致整个供应链出现"断链"现象,影响到整个供应链的运作。

相比之下,在线供应链金融具有三大优势。首先,它可以实现在线融资。在线供应链金融通过数字化的融资方式,使融资过程更加高效、快捷和安全。融资过程在线上进行,节省了传统融资中需要的大量人力资源和时间,也减少了文件处理和沟通环节,从而提高了融资效率。其次,在线供应链金融使贷款信息可见。在线供应链金融使得贷款信息对于每个参与者都是可见的,从而提高了透明度和信任度。每个参与者都可以清楚地了解贷款的状态和进度,从而更好地规划自己的业务和资金流动,减少信息不对称的问题。最后,在线供应链金融可以实现有效的融资。在线供应链金融可以将物流、信息流、业务流和资金流整合在一起,从而确保整个供应链的平稳运行。这意味着,供应链中的每个参与者都可以更好地协调业务流程,减少缺少资金导致的供应链断链现象,同时,整个供应链的工作效率得到了提高,运营成本得到了降低。因此,在线供应链金融具有极大的潜力,可以为供应链金融领域带来巨大的改变。

(二)控制风险因素

银行、政府这类利益相关者对风险因素的把控有着极高的需求,大数据会计的产生和应用在一定程度上就是为应对这类需求。大数据会计所具有的几种特点(如信息的及时性、透明性、全面性等)都对这类利益相关者产生了极强的应用效应。

大数据在银行业的应用体现在四个不同的方面：风险管理、银行分析、数据存储和安全、欺诈检测。银行需要通过发放货币来提供贷款和通过扩大业务活动来降低风险。从这个意义上讲，Hadoop 等大数据工具可以准确地分析所涉及的风险和影响，提供明智的决策过程，根据客户档案、市场行为和潜在客户分析交易数据。在过去的几十年里，银行客户的行为发生了变化，随着技术的进一步扩散，通信方式也产生了新的变化，银行范围内面对面的互动越来越少。银行和客户之间的在线互动不断增加，而这种互动的结果是，客户数据也在增加。银行拥有更多的客户数据，可以复制一些电子商务平台的成功，如阿里巴巴和亚马逊，提供更高效的个性化服务。然而，由于银行流程中的客户智能水平较低，这些方法在银行业的复制一直较为缓慢。大数据分析技术的引入可以刺激、挖掘和最大化客户数据。

银行存储大量数据，可用于分析潜在客户和现有客户的行为模式，这可以帮助银行预测客户的需求以及他们对新产品的反应，并更好地定价贷款，更仔细地计算还款概率。风险管理是金融行业大数据分析和应用的一个关键领域，在 2008 年金融危机之后，风险管理才变得越来越重要。金融风险管理是指企业使用金融工具来管理各种类型的风险，如运营风险、信贷风险、市场风险、外汇风险或流动性风险（周宏等，2020），对风险的主要来源进行分析和衡量，并采取应对措施。机器学习可以用来识别、区分和监控不同的风险。算法可以帮助企业开发更准确的风险评估模型，且更具成本效益。金融机构可以使用大量的客户数据，但是这些数据的数量和结构各不相同，处理半结构化或非结构化数据可能具有挑战性且耗时。自然语言处理、数据挖掘和文本分析是可以将大量数据转换成更容易使用的形式的技术。

中信银行建立了一个数据库，用以记录客户概况，包括人口统计信息（如交易数据、客户属性、居住信息等）和在线行为信息（如交易和风险偏好、社交网络活动等）。中信银行利用这些信息提高其精准营销能力，更高效地瞄准信用卡客户。中信银行过去的信贷审批流程只使用收入和就业状况等指标,导致大量合格客户被拒绝。而近年,据报道,对于通过银行在线渠道申请信贷的新客户,批准率从过去的约25%提高到70%—80%。

大数据在提高信息透明度和降低交易成本方面发挥着不小的作用,多样化数据源的使用有助于降低信息的不透明度,而将活动数字化、最小化或完全消除贷款人和借款人之间的物理交互,有助于降低交易成本。

思考题

1. 会计的哪些方面可以高效地应用大数据工具和技术?
2. 大数据在会计发展中带来的会计人员的应用效应可以分为哪些方面?有什么样的前景和挑战?
3. 结合实际,阐述大数据如何针对信息中介者产生应用效应。

参考文献

管彦庆,杨喜梅,博斌. 我国企业财务报告的可视化研究:基于上市公司合并资产负债表的 Treemaps 图形化视角[J]. 中国注册会计师. 2014(9):74-79.

何瑛,杨琳,张宇扬. 新经济时代跨学科交叉融合与财务管理理论创新[J]. 会计研究,2020(3):19-33.

洪永淼,汪寿阳. 大数据如何改变经济学研究范式[J]. 管理世界,2021(10):40-55.

黄瑞宏. SQL 语言在会计数据分析中的应用:基于用友会计软件的实证分析[J]. 中国乡镇企业会计,2017(11):228-230.

李晓慧,张明祥. 会计监管的演进与发展研究[J]. 会计研究,2019(2):42-48.

李增福,骆展聪,杜玲,等."信息机制"还是"成本机制":大数据税收征管何以提高了企业盈余质量[J]. 会计研究,2021(7):56-68.

梁清源,朱琪豪,孙泽宇,等. 基于深度学习的 SQL 生成研究综述[J]. 中国科学:信息科学,2022(8):1363-1392.

廖理,崔向博,孙琼. 另类数据的信息含量研究:来自电商销售的证据[J]. 管理世界,2021(9):90-104.

廖敏霞. 大数据技术对管理会计的影响及应对[J]. 企业经济,2018(1):103-108.

刘慧龙,张玲玲,谢婧. 税收征管数字化升级与企业关联交易治理[J]. 管理世界,2022(6):158-176.

刘俊一. 基于人工神经网络的深度学习算法综述[J]. 中国新通信,2018(6):193-194.

刘梅玲,黄虎,佟成生,等. 智能财务的基本框架与建设思路研究[J]. 会计研究,2020(3):179-192.

牛艳芳,薛岩,邓雪梅,等. 审计大数据关联的网络分析平台构建及应用研究[J]. 审计研究,2018(5):35-42.

审计署昆明特派办理论研究会课题组,周应良,陈波,等. 新时代大数据审计实践研究:以医疗保障基金审计为例[J]. 审计研究,2020(2):7-13.

审计署上海特派办理论研究会课题组,居江宁,高杰,等. 大数据技术在国家重大政策措施落实情况跟踪审计中的应用研究[J]. 审计研究,2020(2):14-21.

舒伟,曹健,王华,等. 我国会计本科人才培养的现状、挑战及对策[J]. 会计研究,2021(8):177-189.

孙雪娇,翟淑萍,于苏. 大数据税收征管如何影响企业盈余管理:基于"金税三期"准自然实验的证据[J]. 会计研究,2021(1):67-81.

田启川,王满丽. 深度学习算法研究进展[J]. 计算机工程与应用,2019(22):25-33.

王大江. 基于 Treemapper 的成本还原可视化研究[J]. 会计之友,2016

（7）:44–48.

王天恩. 大数据的结构开放性及其人类发展意义[J]. 武汉科技大学学报（社会科学版）,2022(3):320–327.

王彦光. 内幕交易能算出来吗:大数据在司法中的一种实践思路[J]. 证券法律评论,2019(00):129–147.

谢剑斌. 视觉机器学习20讲[M]. 北京:清华大学出版社,2015.

徐宗本,冯芷艳,郭迅华,等. 大数据驱动的管理与决策前沿课题[J]. 管理世界,2014(11):158–163.

杨德明,夏小燕,金淞宇,等. 大数据、区块链与上市公司审计费用[J]. 审计研究,2020(4):68–79.

杨柔坚,李洋,苏艳阳. 基于大数据的政策跟踪审计方法研究:以就业政策跟踪审计为例[J]. 审计研究,2020(4):28–34.

叶强,高超越,姜广鑫. 大数据环境下我国未来区块链碳市场体系设计[J]. 管理世界,2022(1):229–249.

叶钦华,叶凡,黄世忠. 财务舞弊识别框架构建:基于会计信息系统论及大数据视角[J]. 会计研究,2022(3):3–16.

张川,潘飞,John Robinson. 非财务指标与企业财务业绩相关吗:一项基于中国国有企业的实证研究[J]. 中国工业经济,2006(11):99–107.

张新民,金瑛. 资产负债表重构:基于数字经济时代企业行为的研究[J]. 管理世界,2022(9):157–175.

张悦,杨乐,韩钰,等. 大数据环境下的审计变化、数据风险治理及人才培养[J]. 审计研究,2021(6):26–34.

张宗新,张晓荣,廖士光. 上市公司自愿性信息披露行为有效吗:基于1998—2003年中国证券市场的检验[J]. 经济学(季刊),2005(1):369–386.

赵婧. 大数据背景下企业会计数据的新特点[J]. 财会月刊,2014(21):105–108.

赵鹏.可视化借款面板法下复杂借款利息的账务处理[J].财会月刊,2017(7):56-60.

赵云辉,张哲,冯泰文,等.大数据发展、制度环境与政府治理效率[J].管理世界,2019(11):119-132.

郑健,王志明,张宁.一种基于深度学习的改进人脸识别算法[J].计算机与现代化,2018(12):90-95.

周宏,赵若瑜,李文洁,等.大数据背景下市场竞争与债券信用风险:基于企业多元化发展的实证检验[J].会计研究,2020(12):125-136.

周守亮,唐大鹏.智能化时代会计教育的转型与发展[J].会计研究,2019(12):92-94.

ABHYANKAR K,GANAPATHY S. Technology-enhanced learning analytics system design for engineering education[J]. International journal of information and education technology,2014,4(4):345-350.

CAI L,ZHU Y. The challenges of data quality and data quality assessment in the big data era[J]. Data science journal,2015,14(1):21-23.

DHALIWAL D S,LI O Z,TSANG A,et al. Voluntary nonfinancial disclosure and the cost of equity capital: the initiation of corporate social responsibility reporting[J]. The accounting review,2011,86(1):59-100.

FIORDELISI F,RICCI O. Corporate culture and CEO turnover[J]. Journal of corporate finance,2014,28:66-82.

GOH G B,HODAS N O,VISHNU A. Deep learning for computational chemistry[J]. Journal of computational chemistry,2017,38(16):1291-1307.

GUGGENMOS R D,VAN DER STEDE W A. The effects of creative culture on real earnings management[J]. Contemporary accounting research,2020,37(4):2319-2356.

HALL J A. Accounting information systems[M]. 7th ed. Stamford: South-

Western Educational Publishing,2010.

IBRAHIM S,LLOYD C. The association between non-financial performance measures in executive compensation contracts and earnings management[J]. Journal of accounting and public policy,2011,30(3):256-274.

IMMONEN A,PÄÄKKÖNEN P,OVASKA E. Evaluating the quality of social media data in big data architecture[J]. IEEE access,2015,3:2028-2043.

PAN Y,SIEGEL S,WANG T Y. Corporate risk culture[J]. Journal of financial and quantitative analysis,2017,52(6):2327-2367.

SOCEA A-D. Managerial decision-making and financial accounting information[J]. Procedia-social and behavioral sciences,2012,58:47-55.

附　录

附录一：基于 SQL 语言的机器学习和深度学习
（以 k 最近邻算法为例）

01//传输数据库的表包含的字段列名和限制条件：

```
SELECT KNN_result
FROM(
SELECT
KNN_select(features1,features2,features3),
KNN_parameter(n_neighbors=5,radius='auto',leaf_size=30),
FROM Table1
)t
```

02//解析整个 SQL 语句（通过 read_sql 保存为一个 DataFrame 输出）：

```
pandas.read_sql(
            sql,
            con,
            index_col=None,
            coerce_float=True,
            params=None,
            parse_dates=None,
            columns=None,
            chunksize=None)
```

//将原本的 SQL 语句输入数据库,将得到的数据作为数据集输出:

```
# Connect to the database
connection = pymysql.connect(host = 'localhost',
                             user = 'user',
                             pswr = 'xxx',
                             database = 'db',
                             port = '3306',
                             charset = 'utf8mb4',
                             cursorclass = pymysql.cursors.DictCursor)
```

03//将提取出来的关键字段与机器学习的 sklearn 算法关联:

```
from sklearn.linear_model import LogisticRegression
from sklearn.tree import DecisionTreeClassifier
from sklearn.discriminant_analysis import LinearDiscriminantAnalysis
from sklearn.neighbors import KNeighborsClassifier
from sklearn.naive_bayes import GaussianNB
from sklearn.svm import SVC
```

//将获取到的 DataFrame 输入机器学习算法得到结果:

```
LR = LogisticRegression()
LR.fit(X = X_train, Y = Y_train)
predictions = LR.predict(X_test)
print(accuracy_score(Y_test, predictions))
print(confusion_matrix(Y_test, predictions))
print(classification_report(Y_test, predictions))
```

04//输出 DataFrame,此时产生两种表格:一种为直接输出的结果表,包含计算或预测后的结果表;另一种为基于划分的测试集得到的 ROC、AUC、准确率等数据的表。

```
DataFrame.to_sql(name,con,schema=None,if_exists='fail',
index=True,index_label=None,chunksize=None,dtype=None)
from sqlalchemy import create_engine
import sqlalchemy
import pymysql
import pandas as pd
import datetime
from sqlalchemy.types import INT,FLOAT,DATETIME,BIGINT
date_now=datetime.datetime.now()
data={'id':[888,889],
      'code':[1003,1004],
      'value':[2000,2001],
      'time':[20220609,20220610],
      'create_time':[date_now,date_now],
      'update_time':[date_now,date_now],
      'source':['python','python']}
insert_df=pd.DataFrame(data)
schema_sql={'id':INT,
            'code':INT,
            'value':FLOAT(20),
            'time':BIGINT,
            'create_time': DATETIME(50),
            'update_time': DATETIME(50)}
insert_df.to_sql('create_two',engine,if_exists='replace',index=False,dtype=schema_sql)
```

//对基于划分的测试集得到的 ROC、AUC、准确率等数据的表另外创建新表保存：

CREATE TABLE `create_two`(`id` int DEFAULT NULL,`code` int DEFAULT NULL,`value` float DEFAULT NULL,`time` bigint DEFAULT NULL,create_time datetime DEFAULT NULL,update_time datetime DEFAULT NULL,`source` text
)ENGINE=InnoDB DEFAULT CHARSET=utf8mb3.

附录二:基于 dask-sql 查询引擎的机器学习算法（集成 Python ML 库）

01//初始化 Jupyter 笔记本:

```
from IPython.core.magic import register_line_cell_magic
from dask_sql import Context
# Create a context to store the tables and models
c = Context()
# Small helper function to make our life easier
@register_line_cell_magic
def sql(line,cell=None):
    if cell is None:
        cell = line
        line = None

    if not line:
        line = {}
    return c.sql(cell,return_futures=False,**line)
```

//在每个 SQL 命令前加上 %% sql

02//导入数据(以基于 CSV 格式从 Internet 提取【鸢尾花数据集】为例):

```
CREATE OR REPLACE TABLE iris WITH(
    location = 'https://datahub.io/machine-learning/iris/r/i-
```

```
ris.csv',
    persist = True
)
```

//数据集被加载并存储为名为"iris"的表。persist = True 使 dask-sql 将数据缓存在内存中

//检查数据是否正确加载:

```
DESCRIBE iris
```

//显示数据的前十行:

```
SELECT * FROM iris LIMIT 10
```

//数据集描述鸢尾花及其种类的测量结果:

03//运用无监督的聚类算法:

//在每个ML管道中执行"特征提取"步骤(以萼片长度乘以萼片宽度为例):

```
SELECT
    *,
    sepallength * petallength AS new_feature
FROM iris
LIMIT 10
```

//为这一增强型表引入别名"data0501":

```
CREATE OR REPLACE TABLE data0501 AS(
    SELECT
        *,
        sepallength * petallength AS new_feature
    FROM iris)
```

04//训练机器学习模型(以 k-Means 聚类算法为例):

```
CREATE OR REPLACE MODEL clustering WITH(
    model_class ='sklearn.cluster.KMeans',
    wrap_predict = True,
    n_clusters = 3
)AS(
     SELECT sepallength, sepalwidth, petallength, petalwidth, new_feature
    FROM data0501
)
```

//使用新 SQL 构造 CREATE MODEL 进行训练,并从 scikit-learn 中选择 k-Means 算法,将我们期望的组或簇数设置为三个(有三个种类)

//检查性能:

```
SELECT * FROM PREDICT(
    MODEL clustering,
    SELECT * FROM data0501
    LIMIT 10
)
```

//再次引入别名(results0501)进行更多的计算:

```
CREATE OR REPLACE TABLE results0501 AS(
    SELECT class AS label,target AS predicted FROM PREDICT(
        MODEL clustering,
        SELECT * FROM data0501
    )
)
```

//快速浏览结果,并检查物种和预测簇的分布:

```
SELECT
```

```
    label,predicted,COUNT(*)AS numbers
FROM iris_results
GROUP BY label,predicted
```

//通过 BI 工具自动绘制前述结果(数字):

```
df = c.sql("""
SELECT
    label,predicted,COUNT(*)AS numbers
FROM iris_results
GROUP BY label,predicted
""",return_futures = False)
dfdf = df.set_index(["label","predicted"])
df.numbers.unstack(0).plot.bar(ax = plt.gca())
```

//绘制的柱状图表已生成

附录三:基于 BigQueryML 实现流失预测

01//建立相关的数据集:

```
CREATE   TABLE FIRST_REV_DATE_TABLE AS
SELECT
    anonymous_id,rev_date as first_rev_date
FROM(
SELECT anonymous_id
        ,DATE_TRUNC('d',sent_at)作为 rev_date
        ,RANK()OVER(PARTITION by anonymous_id
                ORDER BY sent_at DESC)as rank
FROM RUDDER.track
```

```sql
    WHERE event = 'revenue'
  ) WHERE
rank = 1
```

02//建立模型:

```sql
CREATE OR REPLACE MODEL `rudder_project..tbl_create_model_1`
OPTIONS(
model_type = 'LOGISTIC_REG'
,auto_class_weights = TRUE
,data_split_method = 'NO_SPLIT'
,input_label_cols = ['churn']
,max_iterations = 12)
AS
SELECT *
FROM `rudder_project..tbl_player_reg`
where player_pool = "training" and high_value = 'false'
```

03//评估性能:

```sql
SELECT *
FROM ML.EVALUATE
(MODEL `rudder_project..tbl_create_model_1`,
(SELECT *
    FROM `rudder_project..tbl_player_reg` WHERE player_pool = "test" and high_value = 'false'
)
)
```

04//流失预测环节:

```sql
SELECT * FROM (
```

```sql
SELECT  u as user_id,predicted_churn
FROM  ML.PREDICT
(
MODEL `rudder_project..tbl_create_model_1`,
        (
SELECT *
    FROM `rudder_project..tbl_player_reg`
    WHERE high_value ='true'
)
,STRUCT(0.5 AS threshold)
)order by predicted_churn
)
```

附录四:基于 PostgreSQL 和 Arctype 的数据分析与可视化 SQL 语句

01//设置 PostgreSQL：

```
psql --version
sudo -u postgres psql postgres
\password postgres
```

//退出 Postgres 提示符：

```
\q
```

//在 PostgreSQL 中创建一个名为"超市"的数据库：

```
CREATE DATABASE supermarket;
```

//查看创建的数据库"超市"是否在 Postgres 的数据库列表中：

```
\l
```

//下载 Arctype SQL 客户端

//将 Arctype SQL 客户端与 Postgres 集成:

名称:超市数据集

主机:127.0.0.1

端口:5432

用户:postgres

密码:*postgres 密码*

数据库:超市

//输入 Postgres 凭据后,单击底部的"测试连接"按钮以确保凭据正确。若凭据正确则点击"测试连接"按钮右侧的"保存"按钮,完成 Postgres 和 Arctype SQL 客户端集成

//使用 Arctype 将 CSV 文件导入 Postgres

//使用 Arctype 运行 SQL 查询:

```sql
SELECT store_area,store_sales AS Sales FROM stores GROUP BY store_id,store_sales ORDER BY store_sales DESC LIMIT 10
```

附录五:SQL 数据库 by 高级语言可视化

//连接数据库:

```python
from tkinter import *
import pymssql #引入 pymssql 模块
connect = pymssql.connect('LAPTOP-GHS***','sa','***','test')#服务器名,账户,密码,数据库名
if connect:
    print("连接成功!")
def ini():
    Lstbox1.delete(0,END)
```

```
cursor = connect.cursor()
    # sql = "insert into tab2(col1)values(21)"
# connect.commit()
    sql = "select sno,sname,ssex,sage,sdept from student"
cursor.execute(sql)
    row = cursor.fetchone()
    list_items = []
    while row:
        print("name:% s" % row[0])
        list_items = row
        for item in list_items:
            Lstbox1.insert(END,item)
        row = cursor.fetchone()
    cursor.close()
connect.close()
```

//基于 C#的 SQL 可视化过程：

```
root = Tk()
root.title('SQL 连接')
root.geometry('320x240')
frame1 = Frame(root,relief = RAISED)
frame1.place(relx = 0.0)
frame2 = Frame(root,relief = GROOVE)
frame2.place(relx = 0.5)
```

附录六：基于深度学习的 MyBatis SQL 语句

//# 创建库：

```
create database mybatis_demo;
```

```sql
CREATE TABLE `student`(
    `id` int(10) NOT NULL AUTO_INCREMENT,
    `cls_id` int(10) NOT NULL COMMENT '班级 ID',
    `name` varchar(32) NOT NULL COMMENT '名字',
    `age` int(3) NOT NULL COMMENT '年龄',
    `create_time` timestamp NOT NULL DEFAULT CURRENT_TIMESTAMP COMMENT '创建时间',
    PRIMARY KEY(`id`)
) ENGINE = InnoDB;
```

//# 创建表:

```sql
CREATE TABLE `cls`(
    `id` int(10) NOT NULL AUTO_INCREMENT,
    `name` varchar(32) NOT NULL COMMENT '班级名称',
    `create_time` timestamp NOT NULL DEFAULT CURRENT_TIMESTAMP COMMENT '创建时间',
    PRIMARY KEY(`id`)
) ENGINE = InnoDB;
```

//插入测试数据:

```sql
INSERT INTO `student`(`id`,`cls_id`,`name`,`age`,`create_time`) VALUES(1,1,'张三',13,now());
INSERT INTO `student`(`id`,`cls_id`,`name`,`age`,`create_time`) VALUES(2,2,'李四',14,now());
INSERT INTO `cls`(`id`,`name`,`create_time`) VALUES(1,'初一 1 班',now());
INSERT INTO `cls`(`id`,`name`,`create_time`) VALUES(2,'初一 2 班',now());
```

//Java 类配置信息:

```
@Data
@NoArgsConstructor
@AllArgsConstructor
public class Student {
    private Integer id;
    private String name;
    private Integer clsId;
    private Date createTime;

    //班级信息:
    private Cls cls;
}

@Data
@NoArgsConstructor
@AllArgsConstructor
public class Cls {
    private Integer id;
    private String name;
}
```

//单个简单参数引用:

```
<select id="selectStudentXml" resultMap="StudentMap">
  select * from student where id=#{id}
</select>
int insertStudent(Integer clsId,String name,Integer age);
```

//多个简单参数引用:

```
<insert id="insertStudent" keyColumn="id" keyProperty="id" useGeneratedKeys="true">
```

```
    INSERT INTO student(cls_id,name,age,create_time)
    VALUES(#{param1},#{param2},#{param3},now());
</insert>
int insertStudent2(Student s);
```

//对象属性引用：

```
<insert id="insertStudent2" keyColumn="id" keyProperty="id" useGeneratedKeys="true">
    INSERT INTO student(cls_id,name,age,create_time)
    VALUES(#{clsId},#{name},#{age},now());
</insert>
int insertStudent2(Student s);
```

//map 方式：

```
<insert id="insertStudent3" keyColumn="id" keyProperty="id" useGeneratedKeys="true">
    INSERT INTO student(cls_id,name,age,create_time)
    VALUES(#{clsId},#{name},#{age},now());
</insert>
int insertStudent3(Map<String,Object> map);
```

//变量名称引用：

```
<build>
    <!--并且在pom.xml中加入-->
    <plugins>
      <plugin>
        <groupId>org.apache.maven.plugins</groupId>
        <artifactId>maven-compiler-plugin</artifactId>
        <version>3.3</version>
```

```xml
    <configuration>
       <source>1.8</source>
       <target>1.8</target>
       <compilerArgs>
          <arg>-parameters</arg>
       </compilerArgs>
    </configuration>
  </plugin>
  </plugins>
</build>
```

//关联查询

//简单查询：

```xml
<resultMap id="StudentMap" type="com.xm.chapter1.Student">
  <id property="id" column="id"/>
  <result property="clsId" column="cls_id"/>
  <result property="createTime" column="create_time"/>
</resultMap>

<select id="selectStudentXml" resultMap="StudentMap">
  select * from student where id=#{id}
</select>
```

//关联查询 - 进行一次 select：

```xml
<resultMap id="StudentMap" type="com.xm.chapter1.Student">
  <id property="id" column="id"/>
```

```xml
<result property="name" column="name"/>
<result property="clsId" column="cls_id"/>
<result property="createTime" column="create_time"/>
<association property="cls" javaType="com.xm.chapter1.Cls">
  <id property="id" column="cls_id"/>
  <result property="name" column="cls_name"/>
</association>
</resultMap>

<select id="selectStudentAssociation" resultMap="StudentMap">
  SELECT s.*,c.id as cls_id,c.name as cls_name from student s
  left join cls c on s.cls_id=c.id
  where s.id=#{id}
</select>
```

//动态SQL：

```xml
<select id="selectWhere" resultMap="StudentMap">
  SELECT * from student where id=#{id}
  <where>
    <if test="title!=null and title!=''">
      and name=#{name}
    </if>
    <if test="age!=null">
      and age=#{age}
    </if>
  </where>
  order by id
</select>
```

// 使用 when + 默认值：

```
<select id = "selectUserListSortBy" resultMap = "StudentMap">
SELECT * FROM student
<choose>
    <when test = "sortBy = ='name' or sortBy = ='age'">
      order by ${sortBy}
    </when>
    <otherwise>
      order by name
    </otherwise>
</choose>
</select>
```

// **MyBatis - 任选一**：

```
<select id = "findActiveBlogLike"
    resultType = "Blog">
  SELECT * FROM BLOG WHERE state = 'ACTIVE'
  <choose>
    <when test = "title ! = null">
      AND title like #{title}
    </when>
    <when test = "author ! = null and author.name ! = null">
      AND author_name like #{author.name}
    </when>
    <otherwise>
      AND featured = 1
    </otherwise>
  </choose>
</select>
```

//update 语句中的 set：

```
<update id = "updateAuthorIfNecessary">
  update Author
    <set>
      <if test = "username ! = null">username = #{username},</if>
      <if test = "bio ! = null">bio = #{bio}</if>
    </set>
  where id = #{id}
</update>
```

//对一个集合进行遍历：

```
<select id = "selectStudentListSortBy" resultMap = "StudentMap">
SELECT * FROM student where id in
    <foreach collection = "list" item = "item" index = "index" open = "(" separator = "," close = ")">
    #{item}
    </foreach>
</select>
```

```
List<Student> selectStudentListSortBy(@Param("list")List<Integer> list);
StudentMapper mapper = session.getMapper(StudentMapper.class);
List<Student> code = mapper.selectStudentListSortBy(Arrays.asList(1,2,3));
System.out.println(code);
```

//同一个 mapper 多个 statement 存在多个相同的 sql 片段：

```
<sql id = "files">
id,name,createTime
```

```xml
</sql>

<include refid="files"/>
```

//扩展动态SQL
//引入依赖：

```xml
<dependency>
    <groupId>org.mybatis.scripting</groupId>
    <artifactId>mybatis-freemarker</artifactId>
    <version>1.1.2</version>
</dependency>
```

//定义：

```java
List<Student> selectByIds(@Param("ids")List<Integer> ids);
```

```xml
<select id="selectByIds"
resultMap="StudentMap"
        lang="org.mybatis.scripting.freemarker.FreeMarker
        LanguageDriver">
  SELECT * FROM student where id in(${ids? join(',')})
</select>
```

//查询：

```java
@Test
public void language(){
  StudentMapper mapper=session.getMapper(StudentMapper.class);
  List<Student> code=mapper.selectByIds(Arrays.asList(1,2,3));
  System.out.println(code);
}
```

附录七：基于外部表关联对恶意篡改会计信息进行检测

01//新增字段 ccode_nameX，并设定为字符型：

ALTER TABLE gl_accvouch

ADD ccode_nameX char(30)NULL

02//在新增字段 ccode_nameX 的凭证表中，导入会计科目表中的名称：

UPDATE gl_accvouch

set gl_accvouch.ccode_nameX = code.ccode_name from code

where gl_accvouch.ccode = code.ccode

03//被恶意篡改后的会计凭证在凭证表中的会计名称显示为空的记录：

SELECT * FROM

gl_accvouch where ccode_nameX is null

附录八：SQL 语言在会计凭证、总账及会计报表中全程应用

01//建立具有全面信息的新表 data0501：

SELECT GL_accvouch.iperiod,GL_accvouch.ino_id,GL_accvouch.cdigest,GL_

accvouch.ccode,code.ccode_name,GL_accvouch.md,GL_accvouch.mc into

aaa FROMGL_accvouch INNER JOIN code ON GL_accvouch.ccode = code.ccode。

02//对字段多维角度提取分析所需数据：

//在表 data0501 中新增一个字段 ccodenew：

ALTER TABLE data0501

ADD ccodenew char(11)NULL;

//把表中月份设为字符型字段：

ALTER TABLE aaa ALTER COL - UMN iperiod char(11)NULL;

//按"一级科目 + 月份"的生成组合条件提取数据：

UPDATE aaa

set ccodenew = SUBSTRING(iperiod,1,2) +'月' + SUBSTRING(ccode,1,4)

//以一级科目码和月份为条件分别进行求和，形成总账本期额度信息表 Y：

SELECT ccodenew,SUM(mc)AS 贷方发生额,SUM(md)AS 借方发生额 intobbb FROM aaa GROUP BY ccodenew;

ALTERTABLE data0501 ADD ccode_name111 char(40)NULL

UPDATE Data

Set 111.ccode_name3 = 222.ccode_name from 222

where 111.ccodenew = 222.ccodenew

//将期末余额和期初余额导入，形成完整的数据表，添加期末余额字段和期初余额字段：

ALTER TABLE bbb ADD 期末余额 money,期初余额 money;

//提取科目的期初数据，从而形成新表 333：

SELECT into ccc from GL_accsum

//将 cco - denew 增加到表 333 里面,且形成一级科目码和月份的数据：

ALTER TABLE ccc ADD ccodenew char(11)NULL;

ALTER TABLE ccc ALTER COLUMN iperiodchar(11)NULL;UPDATE ccc set ccodenew ='月 +'SUBSTRING(iperiod,1,2) + SUBSTRING(ccode,1,4);

//将期末余额和期初余额导入：

update set 111

111. 期初余额 = 333.mb from 333

where 111.ccodenew = 333.ccodenew

//生成期末余额：

UPDATE 111 set 期末余额 + 借方发生额 = 期初余额—贷方发生额 wheresubstring(ccodenew,4,2) ='2'

//最终的结果呈现为：

SELECT ccodenew,ccode_name111,期初余额,贷方发生额,借方发生额,期末余额 FROM 111

参考文献

黄瑞宏. SQL 语言在会计数据分析中的应用：基于用友会计软件的实证分析[J]. 中国乡镇企业会计,2017(11):228 - 230.

基于 SQL 语言实现机器学习以及深度学习[EB/OL]. (2023 - 03 - 01)[2024 - 09 - 26]. https://blog.csdn.net/master_hunter/article/details/127677441.

如何使用 SQL 对数据进行分析和可视化[EB/OL]. (2022 - 11 - 20)[2024 - 09 - 26]. https://blog.csdn.net/vvoennvv/article/details/127956092.

SQL 数据库 by 高级语言可视化[EB/OL]. (2020 - 04 - 30)[2024 - 09 - 26]. https://blog.csdn.net/Freedomhy/article/details/105846623.

教辅申请说明

　　北京大学出版社本着"教材优先、学术为本"的出版宗旨,竭诚为广大高等院校师生服务。为更有针对性地提供服务,请您按照以下步骤通过**微信**提交教辅申请,我们会在1～2个工作日内将配套教辅资料发送到您的邮箱。

◎ 扫描下方二维码,或直接微信搜索公众号"北京大学经管书苑",进行关注;

◎ 点击菜单栏"在线申请"—"教辅申请",出现如右下界面:

◎ 将表格上的信息填写准确、完整后,点击提交;

◎ 信息核对无误后,教辅资源会及时发送给您;如果填写有问题,工作人员会同您联系。

温馨提示: 如果您不使用微信,则可以通过以下联系方式(任选其一),将您的姓名、院校、邮箱及教材使用信息反馈给我们,工作人员会同您进一步联系。

联系方式:

北京大学出版社经济与管理图书事业部

通信地址:北京市海淀区成府路205号,100871

电子邮箱:em@pup.cn

电　　话:010-62767312

微　　信:北京大学经管书苑(pupembook)

网　　址:www.pup.cn